이 책은 진정한 평화주의자가 되길 희망하는 내가
온 정성을 다해 조사하며 기록해나간 전쟁 역사이다.

_시오노 나나미

십자군 이야기

1

JYUJIGUN-MONOGATARI vol 1
by Nanami Shiono

Copyright ⓒ 2010 by Nanami Shiono
All rights reserved.
Original Japanese edition published by SHINCHOSHA Publishing Co., Ltd,
Korean translation rights arranged with SHINCHOSHA Publishing Co., Ltd,
through Eric Yang Agency Co., Seoul.
Korean translation rights ⓒ 2011 by MUNHAKDONGNE Publishing Corp.

이 책의 한국어판 저작권은 에릭양 에이전시와 SHINCHOSHA Publishing Co., Ltd를 통해
저자와 독점 계약한 (주)문학동네에 있습니다.
저작권법에 의해 한국 내에서 보호를 받는 저작물이므로
무단 전재 및 무단 복제를 금합니다.

이 도서의 국립중앙도서관 출판시도서목록(CIP)은
e-CIP홈페이지(http://www.nl.go.kr/cip.php)에서 이용하실 수 있습니다.
(CIP제어번호 : CIP2011002562)

Story
of the
Crusades

십자군 이야기

1

시오노 나나미

송태욱 옮김 | 차용구 감수

문학동네

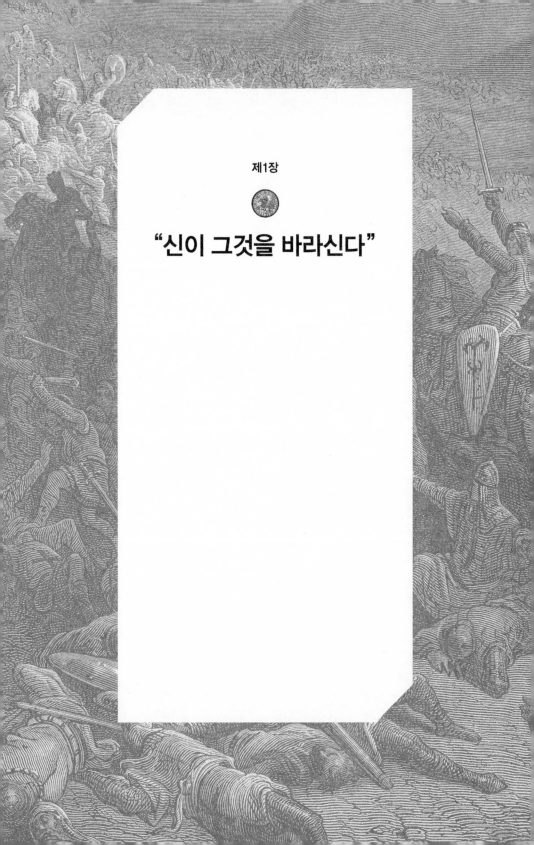

제1장

"신이 그것을 바라신다"

전쟁은 인간이 여러 난제를 한꺼번에 해결하려 할 때 떠올리는 아이디어다.

　구원을 요청하기 위해 서유럽을 방문한 비잔틴제국 황제의 특사를 접견한 후, 교황 우르바누스 2세 역시 그랬는지 모른다.

　역사상 동로마제국이라고도 불리는 비잔틴제국은 그리스도교를 국교로 삼은 대국으로 고대 로마제국의 동쪽 절반을 지배하고 있었다. 하지만 7세기 전반에 아라비아 반도에서 일어난 이슬람 세력에 눈 깜짝할 사이에 침략당해, 제국 안에서도 특히 풍요로운 지역인 시리아, 팔레스티나, 이집트, 북아프리카 등을 잃었다. 게다가 11세기 말인 이 시기에는 수도 콘스탄티노플에서 작은 배로도 건널 수 있을 만큼 가까운 소아시아까지 이슬람 세력이 육박해온 상황이었다.

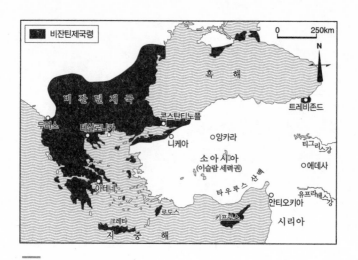

제1차 십자군 직전의 비잔틴제국

　같은 그리스도교도이면서도 마찰이 끊이지 않았던 그리스정교회와 가톨릭교회는, 이슬람 세력이 수도에서 사흘 거리까지 육박해오자, 교리 해석의 차이 따위를 논하고 있을 여유가 없었다. 그리스정교회의 수장이기도 한 비잔틴제국 황제는 가톨릭교회 수장인 로마 교황에게 원군 파견을 정중히 요청했다.

　사실 원군 요청은 이때가 처음이 아니었다. 비잔틴제국은 그때까지 몇 차례 서유럽에 도움을 요청한 바 있었다. 하지만 그 요청은 늘 대답 없는 메아리로 끝났다. 그러나 이 11세기 말, 로마 교황 자리에 앉아 있던 이는 가톨릭교회의 개혁파를 자처하던 클뤼니 수도원 출신의 우르바누스 2세였다.

샹파뉴 지방의 귀족 가문에서 태어난 이 프랑스인은 랭스에서 자라고 클뤼니 수도원에서 수학했다. 일찍부터 수도원 고위층의 주목을 받아온 젊은이였는지, 수도원장이 로마로 갈 때 동행하라는 명령을 받는다. 그때 로마에서 교황 그레고리우스 7세와 알게 되었다. 교황도 이 영리하고 젊은 수도사가 각별히 마음에 들었다. 그레고리우스 7세 자신도 클뤼니 수도원 출신이었던 것이다. 그후 젊은 수도사는 프랑스가 아니라 이탈리아에서 경력을 쌓게 되었다.

우르바누스 2세는 서른여섯 살에 로마 근처 오스티아의 주교로 임명되었고, 그후에도 자주 교황의 대리인으로서 황제와 왕, 유력한 제후와의 교섭을 담당했다. 그가 교황에 선출된 것은 1088년, 마흔여섯 살 때다. 그로부터 7년 후 이 교황 우르바누스 2세에 의해 십자군 원정이 제창된다.

그런데 개혁과 전쟁은 어떤 연관성을 갖고 있을까.

우르바누스 2세는 클뤼니 수도원에서 수학했고 교황 그레고리우스 7세에게 중용되었다. 그는 개혁파를 자임했으며, 당시 개혁파의 일인자로 평가되던 그레고리우스 7세에게 찬동의 뜻을 감추지 않았다.

그렇다면 그들에게 개혁의 대상은 무엇이었을까.

가난에 허덕이는 그리스도교도에게 도움의 손길을 내밀어야겠다는 생각은, 한 세기 후에 등장하는 성 프란체스코에게나 기대해야 할 것이었다.

그보다 백 년도 전인 이때 가톨릭교회 상층부의 머릿속에 있던 개혁이란, 인간세계의 모든 악을 해결하려면 신의 위임을 받은 성직자 계급이 앞장서야만 한다는 신념에서 비롯되었다. 이러한 그들의 입장에

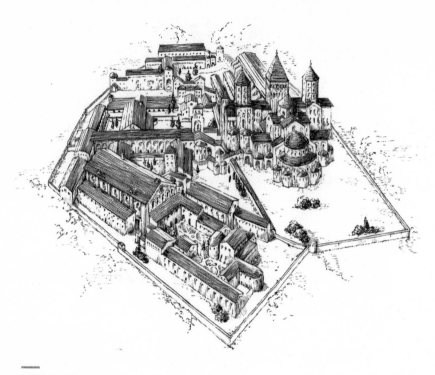

클뤼니 수도원(11~12세기)

서 보면, 그 길을 힘차게 나아가려는 로마 교황 앞을 가로막는 자는 설사 그가 황제나 왕이라 할지라도 그리스도교 세계의 적이 되고, 지상에서 신의 대리인인 교황은 그를 파문으로 엄하게 벌할 권리와 의무가 있는 것이다. 쉽게 말하면, 종교적인 면만이 아니라 그리스도교 세계의 모든 것을 로마 교황을 위시한 가톨릭교회가 지도하고, 세속의 군주들은 충실히 따르기만 하면 된다는 것이다.

후세의 역사가가 한 말을 빌리자면 '인간사회의 수도원화'였는데, 이에 반발한 사람이 신성로마제국의 황제 하인리히 4세였다.

카노사의 굴욕

1077년, 고등학교 세계사 교과서에도 실려 있는 '카노사의 굴욕'이 알려지자 서유럽 전역의 선남선녀들은 경악한다. 황제가 행한 인사(人事)에 교황이 반대한 것이 발단이었는데, 교황은 자신의 반대를 무시한 황제를 곧바로 파문에 처한 것이다.

파문의 위력은, 파문당한 자와 관계를 지속하면 그 사람도 파문당해 그리스도교의 적으로 간주된다는 점이다. 중세 사람들은 신앙심이 깊었다. 당연히 가신과 병사들은 파문당한 주인을 떠난다. 즉 파문이란 사회로부터 전면적인 추방을 의미했던 것이다.

젊고 혈기가 드센 하인리히도 한동안은 버텼지만 끝내 항복한다.

독일에서 비밀리에 이탈리아로 들어온 황제는 교황이 체재중인 카노사 성 앞에 섰다. 죄를 뉘우치고 용서를 구하는 자답게 얇고 수수한 옷차림으로, 줄기차게 쏟아지는 1월의 눈을 맞으며 내내 맨발로 서 있었다.

카노사 성은 이탈리아 중부에 광대한 영지를 갖고 있으며 개혁파의 지지자로 알려진 마틸데 백작부인이 거처하는 곳이었다. 그 성 안, 큼직한 난로에서 불이 기세 좋게 타오르는 따뜻한 거실에서 승리감을 만끽하는 쉰일곱 살의 교황. 한편 성 안에 있는 사람들이 내려다보는 가운데, 눈 속에 홀로 서 있는 스물일곱 살의 황제.

'카노사의 굴욕'은 서유럽 전역의 그리스도교도에게 교황의 권위와 권력을 일깨운 일대 사건이 되었다. 파문은 풀렸으나 교황의 완승으로 끝났기 때문이다.

그러나 그 이후의 일은 세계사 교과서에 실려 있지 않은데, 그후 8년 동안 황제 하인리히는 교황 그레고리우스를 바싹 궁지로 몰아넣는다. 젊고 혈기가 드센 남자에게 많은 사람들 앞에서 굴욕을 주고 치욕을 안기는 일은 현명한 방식이 아닌데, 교황 그레고리우스는 강단은 있었으나 정치적인 인간은 아니었던 것이다.

그레고리우스 7세는 나중에 로마 교회에 의해 성인의 반열에 오르게 되지만, 그가 죽은 곳은 그의 거처인 로마가 아니라 도피처였던 살레르노였다.

"나는 정의를 사랑하고 정의 아닌 것을 증오했다. 그래서 추방된 몸으로 죽는 것이다"라는 말을 남기고. 그렇지만 그레고리우스가 말한 '정의'는 어디까지나 로마 교회와 로마 교황이 모든 것 위에 있다는 생각과 다름없었다.

이 그레고리우스의 뒤를 이은 사람은 온후한 성격의 빅토르 3세였으나, 그는 황제와의 관계를 개선하지 못한 채 2년 만에 죽는다. 그 뒤를 이어 교황에 선출된 사람이 우르바누스 2세다. 1088년 봄, 젊은 수도사였던 그도 이제 마흔여섯 살이었다.

모든 가톨릭교도의 인도자로 여겨지는 사람이 로마 교황이지만, 중세의 교황은 오늘날처럼 일요일마다 산피에트로 광장에 모인 신도들을 향해 평화와 올바른 생활을 설교할 만큼 평온한 존재는 아니었다.

중세란, 좋게 말하면 군웅할거, 적나라하게 말하면 힘이 좌우하는 무질서한 세계였다. 지상에서 신의 대리인으로 여겨지는 로마 교황에게도 평온한 일상이 보장되지 않았던 것이다.

그레고리우스가 죽은 곳은 이탈리아 남부의 살레르노였는데, 우르바누스가 교황으로 선출된 곳도 그 근처 도시인 테라치나였다. 이 시기의 교황들에게는, 죽는 것도 교황이 되는 것도 로마 밖에서만 가능했던 것이다. 황제 하인리히는 아직 서른여덟 살. 카노사에서 당한 굴욕을 잊지 않은 황제는 군사력으로 교황을 몰아붙임과 동시에 교회 내부를 분열시킴으로써 대립교황을 선출하게 했다. 로마 교황이 지닌 권위를 뿌리째 무너뜨리는 책략을 부린 것이다.

그러나 그레고리우스 7세의 정신을 계승했다고 말하기를 주저하지 않던 우르바누스 2세는, 그것을 추진하는 방식에서는 보다 교묘했다. 눈 속에 세워두어 이기는 것보다 적이 쉽게 손쓸 수 없는 상황을 만들어 이기려고 한 것이다. 바로 적은 갖고 있지만 그 자신에게는 없는 것을 손에 넣겠다는 생각이었다.

하지만 교황은 군사력을 가질 수 없었다. 그러므로 다른 누군가의 군사력을 이용해야 한다. 그 '누군가'는 그레고리우스가 하인리히에게 내몰릴 때마다 그를 도와주었던, 이탈리아 남부의 노르만 왕조였다. 덧붙이자면, 그레고리우스가 숨을 거둔 도시인 살레르노도, 우르바누스가 교황으로 선출된 테라치나도 이탈리아 남부와 시칠리아를 지배하고 있던 노르만인의 영토였다.

교황에 즉위한 우르바누스 2세는, 시칠리아를 2백 년 만에 이슬람의 지배로부터 되찾은 공로자이기도 한 노르만 왕조와의 관계를 더욱 공고히 한다. 주교들이 모이는 공의회도, 하인리히가 지원하는 대립교황 때문에 로마에서 열 수 없었으므로, 노르만이 지배하는 도시에서 열었다.

또한 그는 교황에 취임하고 8개월이 지나서야 간신히 로마 땅을 밟을 수 있었는데, 그것도 노르만 병사들의 호위를 받고서였다. 하지만 이때도 테베레강에 떠 있는 섬에 단기간 머물렀을 뿐 산피에트로 대성당이나 교황의 공저인 라테라노 궁전에는 다가갈 엄두도 내지 못했다. 가톨릭교회의 가장 중요한 시설들이 모두 대립교황 클레멘스와 황제파의 지배 아래 있었기 때문이다.

그리스도교를 공인한 콘스탄티누스 대제가 기증한 이래, 8백 년 가까운 세월 동안 로마 교황의 거처였던 라테라노 궁전에조차 발을 들여놓을 수 없는 교황. 이것이 프랑스 땅에서 십자군을 제창하기 전 우르바누스 2세가 처해 있던 실상이었다. 즉 교황이 직면한 가장 큰 난제는 신성로마제국이 지닌 강대한 힘으로부터 어떻게 로마 교황의 권위를 지켜내는가 하는 것이었다.

그러나 이렇게 혼란스러운 상황의 한복판에 살면서 황제나 왕, 제후 등 누구보다 더 광범위한 정보를 꿰뚫고 있던 사람은 로마 교황이었다. 신도가 사는 땅이라면 어디에나 있는 사제. 그런 그들을 통솔하는 주교. 군주들 가까이에 반드시 대기하고 있는 고해신부. 그리고 각 지방을 담당하는 주교를 통하지 않고 로마 교황과 직접 연결되어 있는 수도원. 이 수도원들은 그 지방의 생산기지이자 경제기지였다.

비록 로마에 있지 못하고 각지를 전전할 수밖에 없다 해도, 이러한 정보원들로부터 온갖 종류의 정보가 교황에게 집중되고 있었던 것이다. 중세는 정보를 전달하는 사람이 상인과 성직자라고 해도 좋은 시

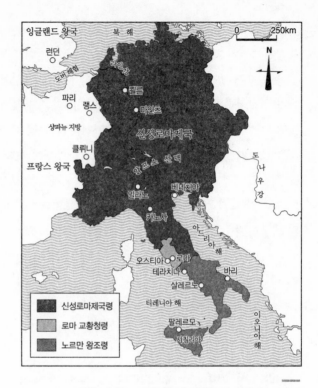

신성로마제국, 교황청 및 노르만 왕조의 각 영지(11세기 말)

대였다. 더군다나 상인과 성직자의 관계는 의외로 밀접했다. 자주 입장이 바뀌었지만 상인과 성직자는 매도자와 매수자 관계였기 때문이다. 이러한 사정 때문에 로마 교황은 폭넓은 시야로 책략을 세우는 데 누구보다도 유리한 위치에 있었다. 또한 세속의 군주들에 비해 '학식' 있는 이가 많았다.

우르바누스 2세는 교황에 취임한 해부터 프랑스에서 십자군 원정을 제창하기까지 7년 동안 로마에 거의 발을 들인 적이 없었다. 신성로마 제국의 황제 하인리히가 서른여덟 살부터 마흔다섯 살이 될 때까지 여전히 교황에게 적대적인 자세를 누그러뜨리지 않았기 때문이다. 하지만 그 기간 동안 이탈리아 각지를 전전하면서도 정보에는 부족함이 없는 상태에서, 이 명석한 두뇌의 그리스도교 세계 개혁론자는 나름의 생각이 있었던 게 아닐까. 당시의 군주들이 자기 영토에만 관심을 집중하고 있는 가운데, 지금으로 말하면 글로벌한 입장에서 생각할 수 있었던 사람은 로마 교황이었을 테니까. 그리고 이 시기 유럽에서는, 이후 시대에 큰 영향을 미치게 될 대사건이 잇달아 일어나고 있었다.

노르만인의 잉글랜드 정복—1066년.
이것이 유럽 북서부 전역에 엄청난 지각변동을 일으킨다.

또다른 노르만 부족에 의한 이탈리아 남부와 시칠리아의 해방—1072년.
그리스도교의 본산이라 해도 좋을 로마에서 채 일주일도 걸리지 않는 거리까지 다가와 있던 이슬람 세력의 확대에 제동을 걸었다는 것만으로도, 이 사건이 초래한 역사적 영향은 컸다. 유럽에서 이를 정복이 아니라 '해방'이라고 부르는 것도, 원래는 그리스도교 나라였던 것이 이슬람 세계에 정복되었다가 다시 그리스도교로 돌아왔다는 것을 의미한다. 그레고리우스와 우르바누스 교황 둘 다 이탈리아 남부에 막 수립된 노르만 왕조에 의지한 것도, 단지 거리가 가깝고 군사력을 지닌 군주라는 이유 때문만은 아니었다. 이탈리아 남부와 시칠리아에서 이교도 이슬람을 타도한 그들의 공적을 인정했기 때문이기도 했다.

'카노사의 굴욕' — 1077년.

교황과 황제의 권력 범위를 어디서 어떻게 선을 그어 구분할 것인가 하는 문제는 아직 해결의 기미조차 보이지 않았다. 그러나 그 직후 시작된 황제 하인리히의 반격 기간과, 교황이면서도 로마에 있을 수 없었던 세월까지 총 15년 동안 교황 우르바누스 2세는 '거처가 정해지지 않은 생활'을 해왔다. 또한 카노사에서 보여준 강경책의 결과가 어땠는지도 직접 경험해왔다. 연구자들에 따르면, 우르바누스는 그레고리우스에 비해 꽤 정치적인 인물이었다. 그는 상대가 가진 힘(군사력)에 대항하는 데 다른 군주의 군사력을 이용하는 것이 아니라, 상대가 가지려야 가질 수 없는 힘, 즉 교황만이 가질 수 있는 힘을 이용하여 상대를 약화시키려는 생각을 했던 게 아닐까. 제아무리 강력한 군사력을 갖고 있다 해도 황제는 "신이 그것을 바라신다"는 말은 절대 할 수 없으니까.

톨레도의 해방 — 1085년.

이베리아 반도는 이슬람 세력이 급속하게 확대되었던 8세기에 일찌감치 이슬람의 지배하에 들어갔는데, 2백 년 동안 조금씩 레콘키스타(Reconquista, 재정복)가 진행되어 11세기 말에는 스페인 중부까지 그리스도교 세력이 회복되었다. 중세의 그리스도교도에게는 이 스페인 전선도 상대가 이슬람이라는 점에서 어엿한 성전(聖戰)이었다. 예루살렘과 로마 다음으로 순례자가 많은 산티아고 데 콤포스텔라의 성지를 지키는 싸움이기도 했던 것이다. 십자군의 2백 년 역사에서 오리엔트로 원정을 간 스페인인은 거의 없다. 성전이라면 자기 집 마당에서도 진행중이었으므로, 다른 땅에서 벌어지는 성전에까지 참가할 여유가 없었기 때문이다.

이베리아 반도에서 이슬람을 상대로 한 전쟁의 근황은 로마 교황에게 기쁜 소식이었음에 틀림없다. 하지만 교황의 제창으로 병사들을 스페인에 보낼 생각은 없었을 것이다. 이베리아 반도에서 벌어지는 '레콘키스타'에 가슴이 뜨거워지는 것은 스페인 사람과 피레네 산맥 바로 북쪽에 사는 일부 프랑스인에 불과했다. 유럽에 사는 모든 그리스도교도의 가슴을 뜨겁게 달굴 무언가를 찾아낼 필요가 있었다.

성전을 호소하다

1094년 가을, 교황은 이탈리아의 중부 도시 피사에 있었다. 교황 일행은 그곳에서 피렌체를 거쳐 이탈리아 북부의 피아첸차로 향한다. 피아첸차에서 그레고리우스 7세파, 즉 그리스도교 세계의 개혁에 찬동하는 주교들을 모아 공의회를 열기로 한 것이다.

공의회란 근대국가의 의회와 유사하다. 원래는 가톨릭교회의 중요한 사항을 결의하는 기관이지만, 교황 그레고리우스 7세의 선언에 따르면 교회는 신앙상의 문제뿐만 아니라 신도의 생활 전반에 관여하고 책임을 져야 하므로 공의회에는 갖가지 문제가 올라온다. 남편의 불륜을 호소하는 왕비가 찾아오는가 하면, 이슬람 세력의 압박에 구원을 요청하는 비잔틴제국 황제의 특사도 피아첸차에서 교황을 기다리고 있던 사람 중 하나였다.

교황 우르바누스 2세는 그곳 피아첸차에서 겨울을 보낸 것으로 추정된다. 봄이 오기를 기다렸다가 알프스 산맥을 넘어 프랑스로 들어가, 론강을 따라 북상해 우선 클뤼니 수도원으로 향했다. 우르바누스가 태어난 곳은 샹파뉴 지방의 전원이고, 소년기를 보낸 곳은 고도(古都) 랭스, 수학한 곳은 클뤼니 수도원이다. 황제의 군대를 피해 이동생활을 계속해야 했던 이탈리아에서와는 달리 마음이 편했는지 그는 그 넓은 프랑스를 자유롭게 여행하며 돌아다닌다. 하긴 그것도 모두 그해 11월에 클레르몽에서 열릴 공의회의 사전 준비를 위해서였긴 했지만.

1095년 11월 클레르몽에서 개최된 공의회의 주요 무대는 실내가 아니라 실외였다. 우르바누스 2세는 대성당 앞의 광장을 가득 메운 군중에게 직접 호소하는 방식을 택했던 것이다.

이때 했던 연설의 정확한 내용은 남아 있지 않다. 하지만 연대기 작가가 남긴 기록을 참조하면 교황의 '호소'는 전반부와 후반부로 나뉘어 진행됐던 것 같다. 이제 쉰세 살이 된 옛 클뤼니 수도원의 수도사는, 그에게 인생의 승부처인 이 클레르몽에서 모든 청중을 향해 강력하게 설파한다.

먼저 전반부에서는 현재 그리스도교 세계를 뒤덮고 있는 윤리의 타락을 개탄한다. 신의 가르침에 반하는 이기적인 행위가 횡행하고 있는 현 상황을 규탄하고, 이대로 방치하면 신의 노여움을 살 것이라고 질책한다. 그리고 그러한 사태를 막는 수단으로 '신의 휴전'을 제창했다. 같은 그리스도교도들이므로, 영토의 보전을 위해서든 확장을 위해서든 전쟁을 그만두어야 한다고 주장한 것이다.

교황은 연설 전반부에서 그리스도교도를 비난했지만, 후반부에서는 그 공격의 화살을 이교도에게 돌린다. 그리스도교도들 사이에서 '휴전'이 실현된다 해도, 우리에게는 아직 중요한 일이 남아 있다며 말을 이었다. 동방에서 끊임없이 도움을 청하고 있는 '형제'에게 달려가, 이 신앙의 동포에게 도움의 손길을 내밀어야 한다고. 그리고 왜냐하면, 이라고 말한 뒤 다음과 같이 말을 이었다.

"이슬람교도는 지중해까지 세력을 확장해 너희 형제를 공격하고, 죽이고, 납치해 노예로 삼고, 교회를 파괴하고, 파괴하지 않은 곳은 모스크로 바꾸고 있다. 그들의 폭력을 더이상 용납해서는 안 된다. 지금이야말로 그들에게 맞서 일어설 때다." 그리고 한층 목소리를 높여 말했다.

"이것은 내가 명하는 것이 아니다. 주 예수 그리스도가 명하는 것이다. 그 땅으로 가서 이교도와 싸워라. 설사 그곳에서 목숨을 잃는다 해도 너희의 죄를 완전히 용서받게 될 것이다. 신께 부여받은 권한으로, 나는 여기서 그것을 분명히 약속한다.

어제까지 도적이었던 자가 그리스도 전사가 되고, 형제나 친지와 다투던 자가 이교도와의 정당한 싸움터에서 그 분노와 원한을 풀 날이 온 것이다. 지금까지는 푼돈을 받고 하찮은 일을 하며 세월을 보내던 자도, 이제부터는 신이 바라시는 사업에 참가하여 영원한 보수를 받게 될 것이다.

출발을 미뤄서는 안 된다. 각자 집으로 돌아가라. 그리고 겨울이 지나고 봄이 오면 곧장 주 예수 그리스도가 이끄는 대로 동방을 향한 진군을 시작한다. 신이 바라시는 성스러운 임무를 수행하기 위해."

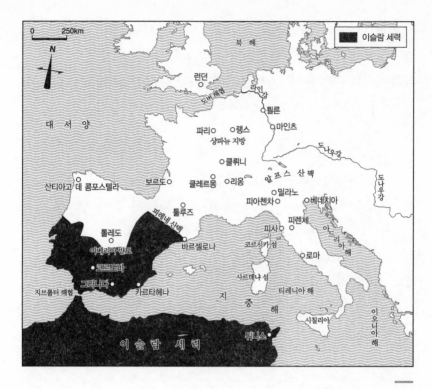

이슬람 세력

지도 내 지명:
북 해
런던
도버 해협
라인강
퀼른
마인츠
대 서 양
파리
랭스
상파뉴 지방
도나우강
클뤼니
도나우강
산티아고 데 콤포스텔라
보르도
클레르몽
리옹
알프스 산맥
밀라노
피아첸차
베네치아
피렌체
아
드
리
아
해
톨레도
피레네 산맥
톨루즈
피사
아베리아만토
바르셀로나
코르시카섬
코르도바
로마
그라나다
사르데냐 섬
지브롤터 해협
카르타헤나
지 중 해
티레니아 해
이 오 니 아 해
이 슬 람 세 력
시칠리아
튀니스

그리스도교 세계와 이슬람 세계(11세기)

연설을 듣고 있던 사람들은 한 사람도 빠짐없이 감동했다. 군중 사이에서 자연스레 "신이 그것을 바라신다(Deus lo vult)"라는 함성이 터져나왔고, 그 커다란 함성 속에서 한 사람이 막 연설을 끝낸 교황 앞으로 나아갔다. 그리고 교황 앞에 무릎을 꿇고 원정에 참가하겠다는 서약을 했다.

맨 처음으로 성전에 지원한 그 사람은 르퓌의 주교 아데마르였는데, 교황이 사전에 이 공의회를 준비하면서 만난 이들 중 하나였다. 또한 이 클레르몽 공의회에는 참석하지 않았지만 곧바로 성전에 참가하겠다는 의사를 밝혀온 사람이 있었다. 바로 툴루즈 백작 레몽이다. 스페인에서 이슬람을 상대로 싸워온 베테랑이기도 한 이 남자 역시 교황 우르바누스 2세가 공의회를 준비하는 중에 만난 사람이었다.

이렇게 1095년 클레르몽에서 열린 공의회에서 오리엔트 원정이 정식으로 결정되었다. 하지만 이때 정해진 것은 다음 세 가지뿐이었다.

그리스도교도들끼리는 곧바로 '신의 휴전'에 들어갈 것.

성스러운 전쟁에 참가하는 이들은 모두 가슴이나 등에 붉은 천으로 만든 십자 표시를 붙일 것.

동방으로 출발하는 날은 이듬해인 1096년 성모 마리아의 승천일(8월 15일)로 할 것.

참가하는 사람들은 모두 옷 위에 붉은 십자 표시를 붙이도록 했는데, 십자는 십자가를 의미하므로 그리스도교도라는 것을 나타내고, 붉은색은 그리스도를 위해 피를 흘릴 각오를 하고 있다는 뜻이었다. '십자군'이라는 명칭은 여기에서 유래했다.

그전까지 성지순례자는 위쪽이 십자 모양인 지팡이를 가지고 다녔는데, 이번에는 지팡이 대신 무기를 들고 순례를 떠나는 것이다.

일신교의 '순례'에는 속죄, 즉 나날의 생활에서 범한 수많은 죄를 순례를 통해 한꺼번에 씻는다는, 쉽게 말하자면 '장부의 기록을 지운다'는 의미가 있다. 그러므로 신도에게는 더할 나위 없이 중요한 임무인

셈이다. 그리스도교도는 이러한 마음으로 예루살렘으로 향하고, 이슬람교도는 메카를 향해 떠났다.

그러므로 중세의 그리스도교도에게는 십자군 원정도 순례행이었다. 다만 무력행사가 따르는 순례행이었다.

클레르몽에서 공의회를 열었을 때, 교황이 '예루살렘 해방'이란 말을 입에 담았다는 기록은 없다. 교황 우르바누스의 생각으로는 다른 무엇보다도 유럽의 세속 군주들이 벌이고 있는 전쟁을 멈추게 하는 '신의 휴전'의 성립이 가장 우선이었기 때문일 것이다.

그러나 인류 역사에서 전쟁은, 단지 그만두자고 주창하는 것만으로 중지된 적이 없다. 그러한 인간세계에서 군주들 사이의 휴전을 실현하려면, 지금 서방에서 서로 부딪치고 있는 힘과 에너지를 다른 데로 돌리는 수밖에 없었다. 동방을 그 목표로 삼은 것은, 동방으로 향하면 같은 휴전이라도 '신(神)의'라는 말을 붙일 수 있기 때문이었다. 즉 '예루살렘 해방'이라는, 당시 그리스도교도의 입장에서 더할 나위 없는 '대의'이자 '명분'을 가질 수 있었기 때문이다.

클레르몽에서 교황 우르바누스가 한 연설에서 고위 성직자 특유의 완곡하고 점잔빼는 표현을 모두 걷어내고 요점만 정리한다면, 지금까지 유럽 안에서 그리스도교도끼리 해온 일을 이제는 그리스도의 전사로서 오리엔트로 가서 이슬람교도를 상대로 하라는 것이었다. 이것이 진심이라면 교황은 굳이 예루살렘 해방이란 말을 꺼낼 필요가 없었다. 오늘날에는 상상도 할 수 없을 정도로, 중세의 성직자와 신자는 서로의 생각을 읽을 줄 아는 사이였다.

어쨌거나 '성지 탈환' '성지 해방'이라는 슬로건은 매우 적절한 것이라고 할 수 있었다.

우선 서유럽 전역의 그리스도교도의 가슴을 뜨겁게 했을 뿐만 아니라, 설령 그렇지 않은 사람이 있다 하더라도 반대하기가 어렵기 때문이다. 게다가 성공한다면 그 주창자인 로마 교황의 권위는 비약적으로 치솟는다.

우르바누스 2세는 대담한 승부를 건 것이다. 선임자인 그레고리우스 7세는 황제를 사흘 밤낮 눈 속에 세워둠으로써 로마 교황의 권위를 과시했지만, 그 강경책의 결과를 직접 경험한 우르바누스 2세는 로마 교황의 권위, 즉 세상의 모든 군주를 지도할 수 있는 힘을 지닌 것은 다름 아닌 로마 교황이라는 것을 수십만 명이나 되는 사람들을 동방에 보내 예루살렘을 무력으로 탈환함으로써 보여주려 한 것이다.

십자군의 탄생

그러나 우르바누스 2세가 아니라 그 누구라 해도, 11세기 당시 이슬람측의 만행을 십자군의 원정 이유로 삼기는 어려웠다.

이슬람교는 메카 순례를 중요시해왔다. 그리스도교도의 예루살렘 순례도 총체적으로는 이해심을 가지고 대했다.

하지만 때로는 만행도 저질렀다. 그중 하나가 이집트의 칼리프였던 알 하킴이 1008년부터 1009년에 걸쳐 예루살렘의 성묘교회를 파괴한 사건인데, 그렇지만 이것도 클레르몽에서 공의회가 열린 해로부터 90여 년 전에 일어난 일이다.

그후 얼마 지나지 않아 예루살렘을 포함해 팔레스티나 일대가 셀주크투르크의 지배를 받게 되었는데, 이슬람교도가 된 지 얼마 되지 않아 유독 용맹스러웠던 투르크인들은 때로 유럽에서 온 순례자 무리를 습격하기도 했으나 강탈의 수준을 넘어선 것은 아니었다. 요컨대 이슬람교가 지배하는 중근동에서, 서유럽의 그리스도교 세계가 비분의 목소리를 낼 만큼 순례자들을 대량으로 학살하거나 하는 일은 없었던 것이다.

물론 법도 질서도 없는 것이나 마찬가지인 중세시대에 성지순례란 유럽에서 중근동까지의 긴 여행을 감행하는 일이다. 강도에게 습격당할 위험도 컸을 것이고, 긴 여행 도중에 낭떠러지에서 떨어지거나 강물에 빠지거나 병들어 쓰러지는 사람도 많았을 것이다. 이탈리아 상인들의 기부로 예루살렘에 세워진 순례자용 의료시설은 이슬람측도 인정해주었고, 이슬람이 지배하고 있을 때도 계속 운영되었다.

우르바누스 2세가 클레르몽에서 한 연설 중 동방에서 끊임없이 도움을 구하는 형제들을 같은 그리스도교도인 우리가 도우러 가야 한다는 부분이 나오는데, 여기서 말하는 '동방'이란 이슬람 세력에 정복당하기 전에는 비잔틴제국령이었던 곳으로, 그리스정교도가 많이 살고 있던 지역이다. 이슬람이 지배하게 되자 이슬람교로 개종한 사람이 많았지만, 모든 사람이 이슬람교도가 된 것은 아니었다. 단순히 이교도에 대한 증오만으로 죽일 수 있는 규모를 넘어서는 상당한 수의 그리스도교도와 유대교도가 살고 있었던 것이 11세기 당시의 중근동이었다.

동방의 지배자가 된 이슬람의 위정자들이 이들 이교도의 존속을 인정하기로 했기 때문이다. 다만 여러 가지 제약을 받는 2등 시민으로.

게다가 '지즈야(jizyah)'라 불리는 일종의 '이교도세'를 내야 하는 의무도 부과되었다.

이슬람 세계에서 이교도에게만 부과되었던 여러 제약과 '지즈야'의 상세한 내용에 대해서는 『로마 멸망 이후의 지중해 세계』 상권에 이미 썼으므로 그 책 184쪽을 참조하기 바란다. 여기서 다시 자세하게 서술하면 본론에서 너무 벗어나기 때문이다.

'지즈야'만 내면 다른 종교에 대한 신앙을 인정한다는 것이 이슬람교도가 자화자찬하는 '이슬람의 관용'의 실태였다. 오리엔트에 사는 그리스도교도와 이슬람교도가 평등한 입장에서 공생관계를 형성했던 것은 결코 아니다.

교회의 종을 치는 것도 금지되었고, 말을 타고 가는 것도 금지되었으며, 이슬람교도가 걸어오면 길가에 서서 지나가기를 기다려야 했다. 이래서야 설사 겉으로는 '공생'이라 해도 평등한 것과는 한참 거리가 멀었다.

이슬람측은 '지즈야'라는 인두세가 지배자인 이슬람교도가 이교도를 보호해주는 대가라고 주장했지만, 진짜 의미는 '이교도의 존재를 참아주는 대신에 받는 세금'이었다.

그러나 이교도의 존재를 참아주지도 않았던 것이 같은 시대 서방의 가톨릭 세계였다. 그리고 이 시대에 동방에 살고 있던 그리스정교의 그리스도교도들은, 2등 시민이라는 지위를 감수하며 '지즈야'를 내고 있기는 했지만, 이미 3백 년이 넘는 세월 동안 그리스도교도로서 이슬람 세계에서 살아가는 것에 익숙해진 사람들이었다.

이 사람들이 서방에 있는 로마 교황에게 자신들을 이러한 상황에서 해방시켜달라고 요청했다는 사료(史料)는 현재까지 발견되지 않았다. 교황에게 원군을 파견해달라고 요청한 것은, 일찍이 비잔틴제국령이었던 중근동을 되찾길 바랐던 비잔틴제국의 황제였다.

어쨌거나 교황 우르바누스 2세는 선동가로서 상당히 유능한 사람이었고, 이후 조직책으로서도 뛰어난 재능을 보여준다. 그는 한때의 감격과 흥분은 금세 사그라진다는 것을 알고 있었을 것이다. 이후 열흘 동안 공의회가 토의를 거쳐 결정한 것은 다음과 같은 사항이었다.

1. 십자군에 참가하는 자에게는 완전한 면죄가 주어진다.

인간은 태어날 때부터 원죄를 지닌 몸이라는 것이 가톨릭 교리의 기본인데, 그 원죄에 일상생활에서 범하는 사소한 죄까지 더하면 특별히 나쁜 일을 하지 않아도 죽은 후 천국에 갈 확률이 점점 줄어든다. 중세에는 그렇게 생각하는 선남선녀가 대부분이었다. 그런데 십자군에 참가하기만 하면 천국에 가는 것이 확실하다고 하니, 이들이 구원을 받았다고 기뻐한 것도 당연했다.

또한 완전한 면죄란 살인 등의 흉악한 죄를 범한 자에게도 '면죄'를 부여하겠다는 것이다. 즉 십자군에 참가하기만 하면 지금까지의 모든 악행을 없던 것으로 해주겠다고 하니, 무법자들까지 앞다투어 참가하게 되었던 것이다.

2. 질병 등 불가피한 이유로 참가하기 힘든 자는 다른 사람의 참가에 필요한 비용, 즉 의복이나 무기를 구할 돈을 헌금할 것.

이러한 결정은 빈민들도 십자군에 참가할 수 있는 길을 열어주었다.

3. 동산과 부동산을 불문하고 참전자가 남기고 가는 자산은, 로마 교황이 보증하고 소속 교구의 사제가 직접 책임지고 감시해서, 그가 귀국할 때까지 보전한다.

즉, 뒷일은 걱정 말고 안심하고 떠나라는 것이다.

4. 십자군 참가에 필요한 비용을 마련하기 위해 자산을 팔아야 하는 경우, 또는 그 자산을 담보로 빚을 내는 경우는, 정당한 값을 받을 수 있도록 교황이 보증하고 주교와 사제가 책임지고 감시한다.

5. 십자군에 참가하기를 원하는 자는 먼저 자기가 속한 교구의 사제에게 신청하고 허가를 받은 후, 십자가에 서약하고 나서야 출발할 수 있다.

이것은 십자군에서 오합지졸을 배제하기 위한 조건이었지만, 실제로 거의 기능을 발휘하지 못했다. 그것은 나중에 서술할 '민중 십자군'이 실증해준다.

6. 십자가에 서약한 후에도 출발하지 않거나, 혹은 출발했어도 도중에 일찌감치 돌아와버리는 자는 곧바로 파문에 처한다.

이것을 보면 교황 우르바누스 2세는 당초 상당한 수준으로 조직화된 군사력을 동방에 보낼 생각이었던 것으로 보인다. 이교도를 타도하겠다는 마음이 아무리 강해도 전력에 보탬이 안 되는 사람들은 필요 없다고 생각했던 게 틀림없다.

그러나 아무리 치밀하게 짜낸 안이라 해도 어딘가에서 계산착오가 일어나는 법이다.

은자 피에르

이 프랑스인 수도사는 남루한 수도복을 걸치고 당나귀를 타고서 마을을 돌아다니는 순회 설교사였는데, 그의 진솔함에 감명받은 사람이 많았다. 성지에서 벌어지는 이슬람교도의 횡포를 한탄하며, 지금 당장 성지를 탈환해 예수 그리스도가 태어나서 자라고 죽은 땅을 이교도의 손에서 되찾아오자고 호소하는 피에르의 열변은, 남기고 갈 자산도 없고 갖가지 채비를 갖출 여유도 없는 가난한 사람들에게 깊은 감동을 안겨주었다. 그리하여 사제의 허가도 받지 않은 남자, 여자, 어린이까지 은자 피에르의 뒤를 따르게 된다. 중세의 하층민에게는 일상생활 자체가 이미 가혹한 것이었다. 그들에게 십자군 참가는 그 혹독한 나날에서의 해방을 의미하기도 했다. 이렇게 하여 '민중 십자군'이 형태를 갖추어갔다.

그렇지만 교황 우르바누스 2세가 생각한 십자군과, 은자 피에르의 십자군이 전혀 다른 것이었다고는 할 수 없다.

양측 모두 자신들의 손으로 예루살렘을 주 예수 그리스도의 성도로 되돌리고 싶다는 공통된 생각을 갖고 있었던 것이다.

이슬람교도는 그리스도교도의 성지순례를 금지한 적이 없고 방해한 적도 거의 없으며, 약간의 돈만 지불하면 예루살렘을 방문해 성묘 교회를 비롯한 그리스도교도의 성스러운 사적을 참배할 수도 있다고 이 사람들에게 말해봤자, 그런 말은 신앙이 없기 때문에 신자들의 마음을 이해할 수 없는 사람의 핑계일 뿐이라는 대답이 돌아올 것 같기도 하다.

예를 들어보자. 로마의 산피에트로 대성당에 들어가는 데는 입장료가 필요하지 않다. 그 안에는 미켈란젤로의 〈피에타〉를 비롯한 인류 최고의 예술품이 많이 있지만, 산피에트로 대성당은 어디까지나 기도하는 장소이고 그럼으로써 신에게 다가가는 장소이기 때문이다.

한편 바로 옆에 있는 바티칸 미술관은 입장료를 받는다. 그 안이 아무리 종교색 짙은 작품으로 가득하다 해도 미술관이지 성당이 아니기 때문이다.

이러한 관습은 다른 어느 성당에서나 똑같이 행해지고 있다. 오직 카라바조의 걸작을 감상할 목적으로 '산 루이지 데이 프란체시 성당'에 들어간다 해도, 그림이 있는 곳이 성당이기 때문에 아무도 입장료를 내라고 하지 않는다.

이것이 기도하는 장소와 예술작품을 감상하는 장소의 차이다. 그 증거로 성당 앞에는 구걸하는 사람이 있어도 미술관 앞에는 없지 않은가. 성당 앞에 있는 거지는 분명히 존재 이유가 있다. 신에게 기도한 후, 불우한 사람들에게 얼마간 기부하는 선행을 쌓게 하기 위해서다. 미술관을 보고서 감격한다 해도 거기서는 선행을 쌓는 것까지 요구하지는 않기 때문에, 신자가 아닌 나도 그건 나름대로 논리적이라고 생각한다.

또한 미술관에 들어갈 때는 복장을 주의할 필요가 없다. 민소매 옷이든 가슴이 파인 옷이든 상관없다. 하지만 성당에서는 어디선가 수도사가 나타나서 스카프 같은 것으로 가려달라고 말한다. 성당 안에서 베일로 머리를 가리는 습관이 오랫동안 이어져왔으므로, 맨살을 드러낸 어깨나 가슴골을 가려달라는 것도 당연한 일이다. 여기서도 신앙의 장소와 예술품 감상의 장소가 가진 차이가 드러난다.

이러한 관습이 21세기인 지금까지 답습되고 있으니, 지금으로부터 천 년 전인 중세 사람들은 더욱 당연하게 불만을 갖지 않았을까. 자신들이 신앙을 바치는 사람의 발자취를 더듬는, 말하자면 기도하고 예수에게 가까이 다가가기 위한 장소인데, 왜 입장료를, 그것도 이교도에게 지불해야 하는가, 라고 말이다.

이러한 생각은 교황이나 군주나 일반 서민이나 다르지 않았을 것이다. 이런 그들은 '성지 탈환' '예루살렘 해방'이라는 슬로건을 자연스럽게 받아들였을 것이고, 유럽에서 오리엔트로 가는 도중에 그것이 점점 더 강해지지 않았을까. 주 예수가 바라시는 일을 하러 간다는 확고한 신념과 함께.

▌민중 십자군

▌가장 먼저 유럽을 떠나 동방으로 향한 것은 은자 피에르가 이끄는 빈민들로 구성된 십자군이었다. 남겨두고 가는 자산의 처분을 걱정할 필요도 없고, 이렇다 할 군비(軍備)를 갖출 것도 없었으므로 누구보다 먼저 떠날 수 있었다. 이듬해인 1096년 8월 15일을 출발일로 정한 교황 우르바누스의 말은 지킬 생각도 없이, 그들은 1096년 봄이 오기를 기다리지도 않고 움직였다고 한다.

프랑스 북부에서도, 라인강 근처의 독일 서부에서도, 물줄기가 하나로 합쳐지듯이 모여든 참가자의 수가 얼마나 되는지는 아무도 몰랐다. 인솔자 피에르 자신도 알지 못했고, 알려고도 하지 않았을 것이다. 연구자들도 5만에서 10만 명쯤으로 추정할 뿐이다. 그중 대부분은 농민이나 도시의 하층민에 속하는 사람들이고, 도둑 등 범죄자들도 포함되어 있었다. 남자뿐만 아니라 여자와 어린아이까지 있었다. 대부분은 제대로 된 무기조차 들지 않았고 군장을 갖춘 사람은 극히 소수였는데, 그들도 당시 떠돌이 기사라 불리던, 일본으로 말하자면 '낭인'이었다.

당연히 규율 같은 것도 존재하지 않았고, 당나귀를 타고 가는 은자 피에르의 뒤를, 어떤 자는 짐수레를 타고 대부분은 걸어서 따라가는 게 행군의 전부였다. 물론 병참의 개념 같은 건 약에 쓰려 해도 찾아볼 수 없었지만, 유럽 내에서는 그나마 거쳐가는 지역에 사는 사람들의 인정에 의지할 수 있었다.

하지만 그것을 바랄 수 없을 때는 주저하지 않고 강탈했다. 유대교도가 사는 지역에서는 당연히 이교도라는 이유로 강탈이 더욱 심했는데, 그 지역이 신성로마제국의 영내였기 때문에 황제 하인리히로부터 강력한 제지를 받게 된다. 군대가 파견되자 도망갈 수밖에 없었지만, 그래도 천 명에 가까운 유대인이 희생되었다. 그리고 독일을 뒤로하고 헝가리 왕의 영내로 들어간 뒤에도, 같은 그리스도교도에게도 폭행을 계속하며 행군하는 양상은 달라지지 않았다.

그러나 이 '민중 십자군'에는 절대적인 강점이 있었다. 인적 희생에 전혀 무관심하다는 점이었다. 강탈행위를 하다가 몇 명이 살해당하든, 먹을 것이 없어서 도중에 쓰러져 숨을 거두는 사람이 속출하든 은자 피에르도 신경 쓰지 않았고, 함께 걷는 십자군 동료들 중에도 그런 것을 마음에 두는 사람은 없었다.

같은 규모의 군세라면 인적 희생에 민감하지 않은 편이 강하다. 유럽을 떠난 시점에는 10만 명이었던 것이 소아시아로 들어갈 때는 5만 명이 되었다고 해도, 그것을 걱정하는 사람도, 또 그 참상을 문제시하는 사람도 없었다.

'민중 십자군'은 그 상태로 비잔틴제국의 수도 콘스탄티노플에 도착했다. 1096년 8월 1일이었다고 하니, 교황 우르바누스가 출발일로 정한 날보다 2주일이나 앞서 도정의 절반을 답파한 것이다.

▌제후들

교황 우르바누스가 클레르몽에서 한 '호소'는 사실 군사력을 가진 군주들을 향한 것이었다. 그러므로 누가 그 호소에 응하느냐가 무척 중요했는데, 그것이 황제나 왕이 아니라 그 아래 지위인 제후에 머물고 만 것에는 다음과 같은 사정이 있었다.

서유럽의 모든 그리스도교 세계의 원정이라고 공언한 이상, 누가 생각해도 첫번째로 거론해야 하는 사람은 그리스도교 세계를 지키는 것이 존립의 이유였던 신성로마제국의 황제였다. 게다가 그 당시 황제 하인리히 4세는 십자군이 출진할 예정인 1096년에 마흔여섯 살이 되니 충분히 총사령관을 맡을 수 있는 나이였다.

하지만 이 사람과 로마 교회는 '카노사의 굴욕' 이후 계속해서 험악한 관계였다. 또한 교황 우르바누스의 속마음에는 십자군을 성공시켜 교황의 권위를 강화하고 황제의 권력을 약화시키려는 생각이 있었다.

교황은 하인리히 4세에게 부탁의 말조차 꺼내지 않았다.

황제를 제외하면 다음으로 생각할 수 있는 사람은 프랑스 왕이다. 프랑스 왕 필리프도 마흔네 살이었으므로 지위나 연령 면에서 총사령관에 적격이었을 테지만, 이 사람은 사생활에 문제가 있었다.

불륜을 저질렀을 뿐만 아니라 그 상대를 왕비로 삼으려 했고, 그 때문에 현 왕비와 이혼하려고 해서 교황의 분노를 사 파문당한 것이다. 클뤼니 수도원이 내세운 개혁은 교회 내부만이 아니라 그리스도의 가르침에 따르는 세속의 윤리를 개선하는 것이 목표였다. 그 개혁파에 속한 우르바누스 2세는 그런 면에서 문제가 있는 프랑스 왕을 내버려둘 수 없었으므로 파문에 처했던 것이다.

그러나 필리프는 교황의 권위에 대항해 파문당한 것은 아니었다. 교황이 자신의 이혼에 반대하는 것을 받아들이지 않았을 뿐이다. 그래서 파문도 미온적으로 이루어졌고, 가신들도 동요하지 않았으며, 하인리히처럼 눈 속에 서서 파문을 풀어달라고 할 것까지는 없었다. 그렇지만 아무래도 신이 바라는 십자군이라는 성스러운 사업을 맡길 수는 없었다. 그러나 파문을 당했을지언정 교황과 험악한 관계는 아니었던 프랑스 왕은, 자기가 안 된다면 동생을 대신 보내겠다고 제안했다.

그 때문에 1096년 서른아홉 살의 베르망두아 백작 위그가 십자군에 참가하게 되었다. 제1차 십자군이 '제후들의 십자군'이라 불리게 된 것도 피치 못하게 독일 황제와 프랑스 왕이 제외되었기 때문이다.

다만 제후라고 해서 자잘한 군주들의 집합을 떠올린다면, 이 시대에는 전혀 그렇지 않았다. 중앙집권 시스템은 십자군 이후의 시대에 확립되었고, 11세기의 제후들은 황제나 왕에 비해 지위는 낮아도 그 역량은 결코 뒤떨어지지 않은 존재였다.

공작이니 백작이니 하는 칭호로 불리긴 하지만, 이 제후들은 황제나 왕에게서 영토를 하사받아 영위했던 게 아니었다. 이미 자기 영토를 갖고 있던 상황에서, 황제든 왕이든 '저 사람이라면 지금으로서는 내게 불이익이 없겠지' 싶은 인물에게 일단 충성을 서약했던 것이다.

그들의 마음가짐을 이렇게 표현한 것은, 사정이 여의치 않으면 간단히 반기를 들었기 때문이다. 황제 하인리히가 눈 속에 서 있으면서까지 파문을 해제해달라고 호소했던 것은, 교황의 파문 조치로 제후들이 자신에게 등을 돌릴지도 모르기 때문이었다.

이 당시 툴루즈 백작 레몽이나 로렌 공작 고드프루아 같은 경우는 직할영토의 면적, 바꿔 말해 세금을 걷을 수 있는 사람의 수와, 그것을 사용해 유지할 수 있는 군사력 등은 프랑스 왕에 비해서도 결코 뒤떨어지지 않았다. 그러므로 교황 우르바누스 2세가 이 제후들에게 십자군에 참가할 것을 호소한 것은 당대 상황을 정확히 파악하고 내린 판단이라 할 수 있다. 그리고 제후들도 황제나 왕이 불참하는 것은 문제 삼지 않고 자주적으로 당당하게 응했다. 어쨌든 그들 대부분은 독립된 영토를 가진 한 지역의 어엿한 주인이었다.

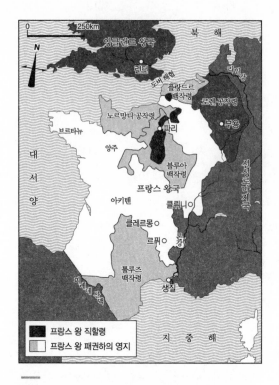

북 해

대 서 양

지 중 해

프랑스 왕 직할령
프랑스 왕 패권하의 영지

프랑스 왕 직할령과 제1차 십자군에 참가한 제후들의 영지

　군대란 지휘계통이 통일되어야 효력을 발휘할 수 있는 조직이다. 통일되지 않고 뿔뿔이 흩어져 제멋대로 행동한다면 각자가 가진 힘이 유기적으로 활용되지 못하고 에너지가 낭비되므로, 설사 목적을 달성한다 하더라도 훨씬 많은 시간이 걸린다. 그러므로 전쟁을 일으키기로 결정했을 때 가장 중요한 것은 지휘계통의 일원화라 할 수 있는데, 교황 우르바누스 2세도 그것의 중요성을 알고 있었던 것 같다.

보통 같으면 다른 어떤 참가자보다 지위가 높은 프랑스 왕의 대리인인 위그가 총대장을 맡는 것이 당연했다. 서른아홉 살이라는 나이도 부족함이 없었다.

하지만 그는 대규모의 군사력을 갖고 있지 않다는 것이 문제였다. 형인 프랑스 왕은 자기 대신 참가하라고 말했을 뿐, 자기 휘하의 병사들을 절반 정도도 내어주지 않았다.

게다가 위그의 태도는 항상 거만했고, 용기는 있었지만 냉정함이 부족했다. 통찰력 있는 사람이라면 그를 한번 보기만 해도, 이 사람을 총대장으로 삼으면 원정에 실패할 거라고 판단했을 것이다. 다행히 위그 백작은 야심도 없었다.

십자군에 참가하겠다는 의사를 표한 제후들 중, 위그 백작만한 세력가는 아니어도 대규모의 강력한 군대를 갖추지 않았다는 점에서는 마찬가지인 이들은 다음 세 사람이다.

노르망디 공작 로베르, 블루아 백작 에티엔, 플랑드르 백작 로베르.

노르망디 공작 로베르는 영국을 정복해 노르만 왕조를 창설한, 역사상 '정복왕 윌리엄'이라는 이름으로 알려진 사람의 장남으로 태어났다. 하지만 아버지에게 반발하여 반란을 일으키는 바람에 영국 왕위를 날려버린 남자였다. 왕위는 그보다 훨씬 교활한 동생 윌리엄 2세에게 넘어갔는데, 영국을 공격하기 전까지 노르만족의 본거지였던 프랑스 북서부의 노르망디 지방이 아직 로베르의 영토로 남아 있었다.

정치적으로만이 아니라 경제적으로도 현명하지 못했는지, 로베르는 무슨 일에든 가장 먼저 필요한 돈이 충분하지 않았다. 그래서 노르망디 공작령을 저당 잡히고 동생에게 돈을 빌려 원정 비용을 충당했다.

이 일이 나중에 그의 입장을 악화시키게 되지만, 그는 교황 우르바누스의 호소에 진심으로 찬동하여 응한, 즉 십자군에 의한 예루살렘 해방을 추호도 의심하지 않았던 제후 중 한 사람이었다. 출발할 때의 나이는 마흔두 살, 몇 년이 걸릴지 알 수 없는 오리엔트 원정을 떠나기에 아주 적합한 나이였다.

블루아 백작 에티엔은 사정이 상당히 달랐다. 참가한 제후 중 가장 유복하다는 소리를 들을 정도였으므로 원정 비용을 걱정할 필요는 없었다. 하지만 그는 중세의 제후 중에서 찾아보기 힘든 타입으로, 그 시절에 일상다반사였던 영토 싸움에는 흥미를 보이지 않고, 학문을 좋아하고 온화하며 평화로운 생활을 사랑했다.

다만 유복한 영주였으니만큼 정복왕 윌리엄의 딸 아델라를 아내로 맞았다. 위대한 아버지를 의식하는 정도는 묘하게도 아들보다 딸이 더 강하다. 그래서 교황 우르바누스가 제창한 십자군 원정 소식이 전해지자마자, 백작부인은 남편에게 "노르망디 공작도 간다고 하니 당신도 가세요"라고 말한 것이다. 그렇지만 그는 예루살렘으로 향하기도 전에 전선에서 이탈해 귀국하게 되는데, 이때도 아직 서약을 못 지키지 않았느냐는 백작부인의 말에 반박하지 못하고 다시 오리엔트로 향한 걸 보면, 중세는 의외로 여자가 강한 시대였던 모양이다.

블루아 백작이 인솔한 군대는, 광대한 토지를 가진 유복한 영주이니만큼 정확한 수는 알 수 없지만, 어느 정도의 병력, 즉 수백에서 천 명 정도는 되었던 것 같다.

또 한 사람은 플랑드르 백작 로베르인데, 이 사람은 철이 들 무렵부

노르망디 공작가

(빨간색 바탕에 노란색 사자)

베르망두아 백작가

(노란색과 파란색 체크무늬)

플랑드르 백작가

(노란색 바탕에 검은색 사자)

블루아 백작가

(파란색 바탕에
은색과 노란색 대각선 띠)

터 주변 영주들과의 작은 전투에 익숙했고, 아직 재위에 있는 아버지도 풍족해서, 원정 비용이나 인솔해가는 병사나 딱히 강대하다고는 할 수 없어도 정예병을 갖출 수 있었다. 유럽에서 그리스도교도끼리 싸우는 대신 오리엔트로 가서 이슬람교도를 상대로 싸우라는 교황 우르바누스의 속내에 가장 적절하게 부합하는 사람이었다. 기병 5백 명을 인솔한 출진이었다고 한다. 나이는 아직 서른하나로, 세 사람 중에서 가장 젊었다.

블루아 백작 에티엔을 제외한 두 사람에게는 이외에도 세 가지 공통

점이 있었다.

첫째, 십자군의 목적인 예루살렘 해방을 진심으로 믿고 있었다.

둘째, 그러므로 전장에서도 용감하게 싸웠다.

그리고 셋째, 목적을 달성한 후 유럽으로 돌아갔다. 즉 오리엔트 땅에서의 영토 획득에는 야심이 없었다는 점이다. 특히 로베르 백작이 이끄는 플랑드르 사람들은 싸우는 것도 훌륭했지만 물러가는 것도 훌륭했다. 그리고 이 세 사람은 우연찮게 출발과 행군을 함께하게 된다. 세 사람 모두 독자적으로 오리엔트까지의 먼 길을 답파하는 데 필요한 병력을 갖추고 있지 않았기 때문이었을 것이다.

툴루즈 백작 레몽 드 생질

교황 우르바누스는 클레르몽에서 공의회를 열 때부터 이미 십자군 총대장으로 툴루즈 백작 레몽을 생각하고 있었을 것이다.

오십대 중반이라는 나이는 당시로서는 노인이었지만, 참전하는 제후들 중 유일하게 이슬람교도와 전투를 해본 경험이 있었다. 스페인에서 '레콘키스타'에 참전하는 것은 프랑스 남부에 광활한 영토를 가진 레몽에게는 당연한 일이었다.

교황 우르바누스는 클레르몽에서 십자군 원정을 제창하기 전에 이미 레몽을 만났다. 또한 클레르몽 공의회에 오지는 않았지만 누구보다 먼저 십자군에 참가하겠다고 선언한 사람이 레몽이었다.

교황은 자신의 대리인 자격으로 십자군에 참가하기로 한 르퓌의 주교 아데마르를 이 툴루즈 백작 레몽의 측근으로 붙여주었다. 레몽은

교황의 대리인이 항상 옆에 있고
나이도 제후 중에서 가장 많은 자
신이 바로 총대장이리라고 믿어
의심치 않았을 것이다. 십자군 원
정에 찬동하는 마음에 조금의 흔
들림도 없었으며, 아내와 차남까
지 동행하게 하는 등 마음을 쏟는
모습이었다. 주변의 소영주들까
지 소집하고 보니 그를 따르는 군
대가 5만 명에 육박할 정도였다.

툴루즈 백작가
(파란색 바탕에 노란색 백합)

　그런데 이 사람은 인망이 없었다. 동료가 될 제후들에게 인망을 얻
지 못한 것은 그가 사소한 것에 너무 고집을 부렸기 때문이다. 또한 따
르는 병사들로부터도 인망을 얻지 못했는데, 감정이 앞선 나머지 쓸모
없는 전투에까지 전력을 다한 것이 그 원인이었다. 그런 탓에 출발 당
초에는 상당한 군세였음에도, 그는 적과 싸울 때마다 수많은 병사를
잃게 된다. 그래도 병사가 따른 것은 그가 큰 부자였으므로 급료 지급
은 확실했기 때문일 것이다.

　툴루즈 백작 레몽의 이런 면을 주목하지 않고 총대장으로 판단한 걸
보면, 교황 우르바누스 2세는 국제정치에서는 달인일지언정 전쟁에
대해서는 잘 몰랐다고밖에 할 수 없다. 그것이 잘못된 판단이라는 것
을 교황은 끝내 깨닫지 못했던 듯하다. 어쨌든 툴루즈 백작은 자신이
총대장이라고 믿고 출발했다. 이것이 팔레스티나에 도착한 이후 그가
한때 원정에서 벗어나는 원인이 된다. 십자군의 의미를 믿고, 전장에

서도 상당한 활약을 할 사람이었으므로 십자군 전체로 보면 안타까운 일임에 틀림없다.

▌로렌 공작 고드프루아 드 부용

▌교황 우르바누스가 총대장으로 고려하지 않았음에도 아주 자연스럽게 총대장으로 여겨지던 사람이 로렌 공작 고드프루아 드 부용이다. 현재의 벨기에에 해당하는 하(下)로렌 지방의 영주로, 나이도 레몽보다 열여덟 살이나 어린 서른여섯이었다. 로렌 지방이 14세기 이후 프랑스 왕의 패권 아래로 들어가고 나서 이 사람의 이름도 프랑스식 발음으로 바뀌는데, 11세기 말인 이 시대에는 아직 신성로마제국에 속한 봉건 제후 중 한 사람이었다. 그러므로 로렌 공작 고드프루아는 프랑스인보다 독일인으로 보는 게 맞다.

어쩌면, 아니 거의 확실하게, 교황 우르바누스는 이 인물이 십자군에 참가하리라고 예상하지 못했을 것이다.

신성로마제국에 속하는 영지의 군주인 로렌 공작은, 신성로마제국 황제의 신하이며, 황제 하인리히 4세 편이어서 로마 교황을 적대시하는 사람 중 하나였기 때문이다. 심지어 하인리히가 교황 그레고리우스를 로마에서 내몰 때에도 동조했던 인물이라고 한다. 그런데 왜 그는 그레고리우스의 후계자임이 분명한 우르바누스가 제창한 십자군에 참가하기로 결심한 것일까.

연구자 중에는 제후들 가운데 이 고드프루아만은 왜 십자군에 참가했는지 모르겠다는 사람도 있다. 하지만 나는, 바로 그렇기 때문에 참가하기로 결정한 것이라고 생각한다.

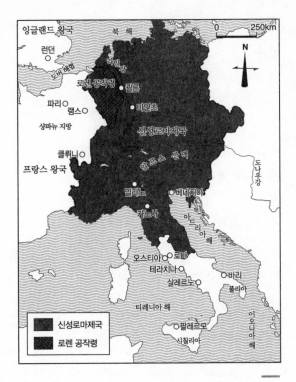

신성로마제국에서의 로렌 공작령

　그 시절 삼십대 중반이라는 나이는 인생의 중간쯤에 해당한다. 즉 지금까지의 인생에서 자신이 무엇을 해왔는지 돌아볼 나이이기도 한 것이다.

　그때까지 로렌 공작 고드프루아의 반생은, 그레고리우스에게 복수하겠다는 일념에 사로잡혀 교황을 몰아붙일 생각밖에 머릿속에 없던 황제의 뜻에 따라, 그레고리우스를 산탄젤로 성에 가두고, 교황이 된 우르바누스가 로마의 땅을 밟을 수 없게 하는 데 허비되어왔다.

만약 자신의 이 반생을 돌아본 고드프루아가 이제부터는 전혀 다른 인생을 살고 싶다고 생각했다면? 그리고 우르바누스의 클레르몽 연설을 전해듣고 그런 마음에 불이 붙었다고 한다면?

후대에 그려진 그림을 보면 로렌 공작 고드프루아는 실제 나이에 어울리지 않은 원숙한 얼굴로 표현되어 있다. 어떤 학자는 그가 동료들끼리 분열하는 일이 잦은 제후 가운데에서도 그런 분열에 가담하지 않은 인격을 갖춘 자였기 때문이라고 해석하기도 한다. 하지만 나에게는 자기 인생의 목표를 확실히 정한 사람의 고요하고 차분한 모습으로 보인다.

그렇지만 실제로 로렌 공작 고드프루아가 왜 황제 곁을 떠나 교황 측에 가담하는 것이나 마찬가지인 십자군에 참가할 마음을 먹었는지는, 그 자신이 글로 써서 남긴 것이 없으므로 전혀 알 길이 없다. 그러나 일단 정한 이상 로렌 공작은 필요한 준비에 만전을 기했다. 만약 교황이 그 모습을 봤다면 틀림없이 그를 다시 보았을 만큼 규모도 군비도 완벽했다. 역시 완벽주의를 선호하는 독일인답다는 생각이 들만큼.

십자군 원정에 필요한 모든 비용은 각자가 부담한다고 클레르몽 공의회에서 결정되었으므로 제후들은 각자의 방식으로 비용을 마련할 수밖에 없었는데, 광대한 영토를 가진 로렌 공작 고드프루아도 그렇게 많은 돈을 당장 구할 수 있는 상황은 아니었다. 병사들이 수만 명이나 되고, 게다가 몇 년에 걸쳐 써야 할 비용이었기 때문이다.

하지만 그에 앞서, 한 지역의 군주인 이상 피해갈 수 없는 문제부터 해결해야 했다. 남기고 가는 하로렌 공국의 통치를 상로렌의 영주인

형에게 맡긴 것이다. 고드프루아
는 자식이 없었고, 두 동생 외스타
슈와 보두앵도 십자군에 동행하
기로 되어 있었다.

　그다음 문제는 원정에 필요한
비용을 마련하는 것이었는데, 우
선 꼭 필요하지 않은 토지는 모두
팔아치웠다. 또 개인물품 중에서
도 비싼 값으로 팔릴 만한 것들은
몽땅 팔았다. 그래도 부족해서 백
성들에게 기부금을 걷었다. 그런

로렌 공작가
(노란색 바탕에 대각선의 빨간색 띠와 독수리)

데 예상보다 많은 기부금이 모였다는 걸 보면, 로렌 공작 고드프루아
는 당시로서는 드물게 선정(善政)을 베푼 영주였는지도 모른다.

　고드프루아가 차남이었으므로 그와 동행해 십자군에 참가하는 두
동생은 셋째와 넷째였다. 삼남 외스타슈는 작은 영지의 영주였던 모
양으로 그저 단순한 영주 일가의 일원은 아니었다. 하지만 사남 보두
앵은 자기 영지가 전혀 없는 처지였다.

　아들이 많아 모두에게 영토를 나눠줄 수 없는 경우, 그중 한 사람에
게는 성직의 길이 마련된다. 보두앵에게도 이런 종류의 취직 자리가
있었지만, 그의 성직 경력은 일찌감치 끊어진다. 성직자가 되기 싫은
젊은이가 스스로 뛰쳐나왔는지 아니면 무슨 문제를 일으켜 쫓겨났는
지는 알 수 없다. 어쨌든 보두앵의 성직 경력은 시작하자마자 좌절되었
고, 이제 막 삼십대에 들어선 젊은이는 아무것도 상속받지 못하는 처지

이면서 결혼까지 한 상태였다.

고드프루아는 이 막내동생 보두앵 외에 동명이인인 또다른 보두앵도 십자군에 동행하도록 했다. 이 보두앵은 그들과는 사촌지간인데, 영주의 사촌이라면 그 역시 재산을 전혀 상속받지 못했을 가능성이 크다. 하지만 고드프루아와 이 두 명의 보두앵으로 이뤄진 로렌 공작 일족은 제1차 십자군에서 무척 중요한 역할을 하게 된다.

그렇다면 제1차 십자군이란 마치 여러 일족 무리가 떠난 원정이라 할 수 있지 않을까 싶다면, 그 생각이 맞다.

노르망디 공작에 블루아 백작, 툴루즈 백작, 로렌 공작. 이들은 공작과 백작인 만큼 우아하고 화려하며 귀족적인 사람들이었을 거라고 생각하겠지만, 그건 중세 후기가 되어서야 나타나는 중앙집권 시대의 산물인 궁정 귀족들에게나 해당되는 얘기지, 기나긴 중세의 전기와 후기의 경계에 해당하는 십자군 시대에서는 전혀 그렇지 않았다.

그 시대의 공작, 후작, 백작, 남작이란, 자기 힘으로 획득하고 자기 힘으로 유지하는 영지의 주인이고, 그것을 위해 없어서는 안 될 군사력으로, 핏줄로 이어진 일족 무리를 이끄는 우두머리였다.

역사에서는 '귀족'이라고 쓰지만 실상은 '호족'이자 '부족'이며, 스코틀랜드로 치면 '일가'라는 뜻의 '클랜(Clan)'이었던 것이다. 그 증거로 그들 모두 유래가 있는 문장(紋章)을 가지고, 행군할 때는 그것을 그려넣은 깃발을 앞세웠으며, 전장에서는 그 각양각색의 깃발 아래 분투하게 된다.

교황 우르바누스가 십자군 전사는 누구나 가슴이나 등에 붉은 십자를 달라고 한 것도, 가지각색의 표시를 방치하게 되면 십자군으로서의 통일성을 기할 수 없고, 그렇다고 그 문장들을 모두 없애는 것도 비현실적이니 최소한 붉은 십자 표시로 통일성을 기하자는 의도도 있었다. 군웅할거 시대에 이러한 '영웅'들을 하나의 목적을 위해 내보내는 것은, 서유럽 그리스도교도의 최고 우두머리이기도 한 로마 교황에게도 간단한 일이 아니었던 것이다.

그러나 공작이나 백작으로 호칭되지만 실상은 '클랜의 우두머리'였기 때문에, 우두머리가 십자군 원정이라는 모험에 나서겠다고 결정한 이상 일족 무리는 그에 따라야 했다. 이것이 당시 남자들에게는 당연한 삶의 방식이었다.

여러 면에서 제1차 십자군에 참가하는 제후의 전형에 해당하는 로렌 공작과 그 일족 무리가 이끄는 군대의 규모는 기병 1만 명과 보병 3만 명에 이르렀다고 한다. 하지만 이것은 상당히 과장된 숫자이고, 연구자들은 잘해야 그 절반이었을 거라고 말한다. 그래도 역시 제후들의 우두머리로서는 바람직한, 프랑스 왕 못지않은 군사력이었다.

더구나 기병과 보병 전원이 작은 철제 고리를 그물 모양으로 짠 '호버크(hauberk)'로 온몸을 감싸고, 그 위에 둔탁하게 빛나는 강철 갑옷을 걸친 중무장이었다. 그러므로 전투에서 이 2만의 병사가 접근해오는 것만으로도 적은 압도당했을 것이다. 더군다나 군대의 규율도 엄격해, 그들은 로렌 공작의 명령이 떨어지기만 하면 한 덩어리가 되어 돌격하는 전사 집단이었다.

풀리아 공작 보에몬드 디 알타빌라

제1차 십자군에는 로렌 공작 고드프루아 외에 또 한 사람, 왕자라는 의미이기도 한 '프린치페(principe)'라 불렸지만 사실은 이탈리아어로 우두머리를 뜻하는 '카포(capo)'로 불리는 것이 더 어울리는 남자가 있었다. 그는 풀리아 공작 보에몬드다.

이 시대는 노르만족이 크게 활약한 때이기도 한데, 일부는 북쪽으로 나아가 영국을 정복해서 노르만 왕조를 수립했고, 다른 일부는 지중해로 진출해 이탈리아 남부에서 비잔틴제국 세력을 쫓아내고 이슬람 세력하에 있던 시칠리아까지 정복해서 지중해 한가운데에 노르만 왕조를 세웠다. 그들이 바로 알타빌라 가(Casa d'Altavilla)에 속한 사람들이다. 게다가 이탈리아 남부에서는 아드리아 해만 건너면 바로 닿는 그리스에 상륙해 곧 비잔틴제국 심장부에까지 다가갈 기세였다. 풀리아 공작 보에몬드도 그 이전 몇 년간은 비잔틴제국의 군대와 싸워왔다.

비잔틴 군대와 싸운 전력이 있는 보에몬드가, 비잔틴제국 황제의 요청으로 시작된 십자군에 마흔일곱이라는 나이로 참가하기로 한 이유는 무엇일까.

답은 실로 간단하다. 자신만의 영지, 그것도 광대하고 풍요로운 영지를 원했다는 것.

시칠리아의 왕위는 아버지 로베르 기스카르의 총애를 받고 있던 동생 로제르가 차지하고 있었다. 보에몬드는 다른 곳으로 뜻을 펼칠 요량으로 전력을 쏟아부어 그리스를 침략했지만 비잔틴제국의 요청을 받은 베네치아 해군에 가로막혀 좌절되었다. 지상에서는 강했지만 노르만인은 해군을 갖고 있지 않았던 것이다. 그 해군을 손에 넣기 위해 이탈리아 해양국가 중 하나인 아말피를 한창 공격하던 중에, 클레르몽에서 우르바

알타빌라 가
(파란색 바탕에 흰색과 붉은색 체크무늬 대각선 띠)

누스 2세가 십자군 원정을 제창했다는 사실을 알게 된다.

두말없이 즉시 참가 의사를 알리고 십자가에 서약했지만, 풀리아 공작 보에몬드는 십자군에 참가한 제후 중에서 예루살렘 해방이라는 슬로건에 조금도 감흥이 없었던 남자가 아니었을까 싶다.

그래도 그는 마흔일곱이 될 때까지 대부분의 시간을 전장에서 보낸 남자였다. 원정에 무엇이 중요한지 익히 알고 있었다.

이탈리아 남부 전역에 총동원령을 내린 결과 보에몬드는 기병 1만 명에 보병 2만 명을 모으는 데 성공한다. 다만 이 경우 역시 연구자들에 따르면 도합 3만 명이라는 숫자는 과장된 것이고 잘해야 그 절반이라고 하므로, 실제로는 1만 5천 명이 채 안 되었을 것이다.

하지만 전투가 벌어질 때 최전선에서 병사들을 지휘하며 싸우는 부

대장급으로는, 이탈리아 남부와 시칠리아에 흩어져 있던 노르만 일족 중에서 특별히 젊고 유능한 남자들을 뽑아왔다. 모두 '귀족'으로 불렸지만 사실은 소영주들로 나름 전투에 익숙했고, 전투가 없을 때는 마상 창시합 등을 하며 일상적으로 실력을 연마해온 남자들이었다.

이런 '귀족'들의 수를 따지면 레몽이나 고드프루아의 군대보다 보에몬드의 군대 쪽이 훨씬 많았다.

이것을 보면 레몽 군대의 숫자와 고드프루아 군대의 장비에 비해 보에몬드의 군대는 정예병을 모아놓은 것이 특징이었다고 생각할 수 있다.

이때 보에몬드가 뽑은 최고의 정예 전사는, 보에몬드의 조카이자 이제 막 이십대에 접어든 탄크레디였다.

보통 제후들의 외모에 대해서는 기록이 없어 알기 어렵지만 풀리아 공작 보에몬드만은 예외다. 여자들이 그의 외모를 묘사한 글이 남아 있는데, 이 보에몬드라는 남자는 이상하게 여자들에게 인기가 많았다. 게다가 그리스도교도뿐 아니라 적인 이슬람교도 여자들한테까지 인기가 있었다고 한다.

비잔틴제국의 수도 콘스탄티노플에서 만난 황제의 딸 안나 콤네나의 눈에 비친 마흔일곱 살의 보에몬드는 다음과 같은 남자였다.

전체적으로 키가 큰, 유럽에서 온 제후들 속에 섞여 있어도 머리 하나만큼은 더 크고, 금발이며, 몸은 마른 편이나 탄탄한 체격이다. 파란 눈으로 쏘아보듯 사람들을 바라보고, 당당한 행동거지는 자존심이 세다는 것을 보여주며, 거친 성격이면서도 냉정하고 교활하다. 그러면서 뭐라 표현할 수 없는 매력을 풍긴다.

여자란 결혼상대를 고를 때는 안정을 최우선으로 생각하지만, 그게 아니라면 사회의 통념에서 벗어나 있고 신뢰할 수도 없는 형편없는 인간이라는 것을 알아도 미워할 수 없는 남자에게 끌리는 법이다. 위험하다는 걸 알면서도 모험에 나서는 남자에게 매력을 느끼는 것이다. 이런 유의 남자는 여자에게 나이와 종교의 차이를 넘어 그저 '남자'로만 보이는 존재다. 성도 예루살렘의 해방이라는 슬로건에 가슴이 뜨거워지지 않는 것쯤은 여자에게 아무 상관이 없는 것이었다.

이 보에몬드를 포함한 제후들이 제1차 십자군의 주인공이다. 하지만 그중에서도 주요 멤버를 고른다면 다음의 세 쌍, 여섯 명일 것이다.

툴루즈 백작 레몽과 교황의 대리인인 아데마르 주교.

로렌 공작 고드프루아와 그의 동생 보두앵.

그리고 풀리아 공작 보에몬드와 그의 조카 탄크레디.

이 멤버는 모두 강력한 군대를 이끌고 있었는데, 전장에서는 군사력의 대소가 발언권을 좌우한다. 그러나 그들이 주요 멤버가 된 이유는 그것만이 아니었다. 다른 무언가를, 그들은 갖고 있었다.

연대기 작가가 말하는 숫자를 믿는다면, 이들 제후가 이끈 병사의 총수는 족히 10만 명을 넘는 대단한 군세였다. 이것이 사실이라면 로마제국 전성기의 황제였던 트라야누스가 오리엔트 원정을 떠날 때 이끌었던 규모에 필적하는 셈인데, 오늘날의 연구자들 말을 믿는다면 실제 수는 그 절반인 5만 명 정도였을 것이다. 그래도 대군이다.

하지만 이 십자군에 최고사령관은 처음부터 끝까지 존재하지 않았다. 아니, 최고사령관을 정하자고 말을 꺼낸 사람조차 없었다. 그 때문에 지휘계통의 일원화는 끝내 이루어지지 않았고, 따라서 5만 명의 군대가 유기적으로 활용되는 일은 좀처럼 없었다.

오리엔트로 갈 때도 각자 다른 길을 택했고, 출발 시기도 제각각이었다. 그래도 집결지는 정해져 있었는데, 그것은 비잔틴제국의 수도 콘스탄티노플이었다.

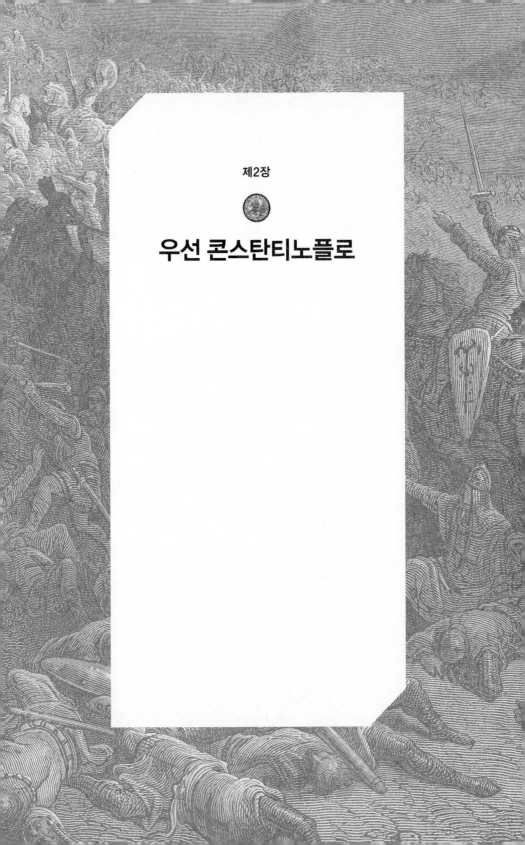

제2장

우선 콘스탄티노플로

'민중 십자군'의 운명

은자 피에르의 십자군은 교황이 정한 1096년 8월 15일이라는 출발일을 지키기는커녕 그보다 훨씬 빠른 시기에 출발했다. 비잔틴제국 황제 알렉시우스는 7월 말에 벌써 그들이 콘스탄티노플에 접근중이라는 보고를 받고 깜짝 놀랐다. 도착이 빨라서 놀란 것이 아니었다. 접근중이라는 십자군의 실태에 깜짝 놀랐던 것이다.

교황에게 원군 파견을 요청했을 때 황제가 기대했던 것은 전문 병사들의 파견이었다. 고대 로마제국과 달리 강력한 상비군의 전통이 없는 비잔틴제국은 용병을 쓰는 데 익숙했다. 이 시기 수도 콘스탄티노플을 지키는 병사 중에는 노르만족에 정복당한 영국에서 도망쳐온 색슨족이 많았다. 즉시 전선에 투입할 수 있을 만큼 훈련된 상태가 아니라면 돈을 주고 고용하는 의미가 없다. 황제 알렉시우스는 교황 우르바누스의 제창에 응해 일어난 제후들의 이야기를 전해 듣고, 돈으로 고용해 바로 전장에 나설 수 있는 병사들이 도착하기를 기다리고 있었던 것이다.

그런데 맨 처음에 모습을 드러낸 것은, 무기다운 무기도 없이 군장은커녕 누더기를 몸에 걸친 대집단이었다. 그것도 유럽에서 헝가리를 가로질러 발칸반도를 남하하는 반년의 세월 동안 피폐해질 대로 피폐해져서, 영락없는 거지 떼로밖에 보이지 않았다. 유럽을 뒤로할 때의 절반 이하로 줄었다고는 하지만, 그래도 수만 명에 이르는 군중이다. 남자만이 아니라 여자나 어린아이까지 포함된 수많은 사람들이 먹을 것과 입을 것, 그리고 여름이니 잠만 잘 수 있으면 충분하다 해도, 거처까지 요구해온 것이다.

황제 입장에서 보면 은자 피에르가 이끄는 십자군은 쓸모없을 뿐만 아니라 오히려 문제를 일으킬 게 뻔한 존재들이었다. 가난한 민중이 밀려들자 수도 근처에 사는 주민들의 불만의 목소리도 들려왔다. 황제는 이 민중 십자군 중 단 한 사람도 수도에 들어오는 것을 금했다. 아니, 금하는 정도가 아니라 아예 군대를 보내 철저하게 저지하고, 피에르만 궁전으로 불러들였다. 이만한 사람들을 선동하는 데 성공한 당사자를 보고 싶다는 호기심도 있었다.

황제 알렉시우스는 그해 마흔아홉 살이었다. 황제는, 프랑스 북부 출신에 사십대 후반에 접어든 남루한 차림의 은자를 보자마자 그들이 원하는 바를 알아차렸던 모양이다. 피에르가 요구하는, 하루빨리 성지 팔레스티나로 가고 싶다는 희망을 들어주기로 한 것이다. 황제는 피에르가 이끄는 십자군에게 먹을 것과 입을 것을 주었다. 그리고 보스포루스 해협을 건너 소아시아에 상륙하는 데 필요한 배도 제공했다.

그저 성가신 존재를 내쫓은 것이었을 뿐, 은자 피에르의 십자군이 언제쯤 보스포루스 해협을 건너 소아시아 땅을 밟았는지는 알려져 있지 않다. 하지만 그 수만 해도 수만 명이었다. 게다가 해협의 폭은 좁아도 파도가 높아 겨울이 다가올수록 바다를 건너는 것이 힘들어진다. 아마도 민중 십자군에 대한 이런 조치는 여름에 시작되어 가을에는 이미 끝났을 것이다. 은자 피에르의 십자군과 그후에 속속 도착하는 제후들의 십자군이 콘스탄티노플에서 맞닥뜨린 일은 없었기 때문이다.

이렇게 비잔틴제국 황제는, 그리스정교와 가톨릭이라는 종파의 차이는 있지만 같은 그리스도교도인 피에르와 그를 따라온 사람들을 이슬람 병사들이 기다리는 소아시아로 보내버렸다. 비잔틴제국령인 발칸 지역에서 그들이 행한 강탈과 행패가 변호의 여지 없는 만행이었다는 것은 사실이다. 또한 그렇게 많은 빈민들을 수도 근처에 머무르게 한다면 사회문제가 되었을 것이다. 소아시아로 보내버린 후의 결과는 누구라도 예상할 수 있었다. 그런데도 이 성가신 존재를 내쫓아버린 일은 비잔틴제국 주민인 그리스인들로부터 지지를 받았다.

이 시대 그리스인은 자신들이 라틴인이라 부르던 유럽인을 문명이 뒤떨어졌다며 멸시했다. 하지만 라틴인들 역시 십자군 원정을 통해 그들과 접촉하는 일이 잦아짐에 따라 그리스인을 혐오하게 된다. 그 시작이 은자 피에르의 십자군에 대한 그리스인들의 태도였다. 어쨌든 형식적으로는 친절한 배웅을 받고 떠난 민중 십자군을 기다리고 있었던 것은, 발칸 지역에서 만났던 것처럼 공포에 떠는 그리스도교도가 아니라, 이슬람 세계에서도 용맹하기로 소문난 셀주크투르크의 병사들이었다.

은자 피에르가 이끄는 십자군은 소아시아 땅에서 안개처럼 흩어져 사라진다. 이슬람측의 기록에 따르면 이 십자군은 투르크군과의 전투에서 2만 명이나 목숨을 잃었다고 한다. 그밖에 물과 먹을 것이 없어서 죽기도 했고, 기진맥진해서 쓰러져 있는 것을 인근 주민들이 죽이기도 했다. 여름에 보스포루스 해협을 건널 때만 해도 5만 명은 되었는데, 그해 가을에는 그중 절반 이상이 이미 '순교자'가 된 것이다. 교황 우르바누스는 십자군의 목적을 달성하지 못하고 도중에 죽어도 '순교자'로서 천국에 갈 수 있다고 보증해주었다.

이 고난 끝에 어느 정도의 사람들이 살아남았는지는 알 수 없다. 투르크군과의 전투 때 콘스탄티노플에 가 있어 목숨을 건진 은자 피에르와 그 외에 살아남은 사람들은 이듬해인 1097년 봄부터 소아시아로 향하기 시작한 제후들의 십자군에 흡수되기도 했고, 자기들 마음대로 동방으로 향한 사람들은 투르크 병사의 습격을 받거나 길가에 쓰러져 여기저기에 나뒹구는 주검 신세가 되었다. 은자 피에르의 열광적인 선동으로 들고일어나, 물도 먹을 것도 신이 준비해줄 거라고 믿고 고향을 떠나 동방으로 향한 '민중 십자군'은, 성지 가까이 다가가지도 못하고 소아시아에 발을 들여놓자마자 소멸한 것이다.

제후들, 속속 도착하다

이 '민중 십자군'이 소아시아로 떠난 해 가을에서 겨울에 걸쳐, 비잔틴제국의 수도 콘스탄티노플에는 '제후들의 십자군'이 도착하기 시작한다.

가장 먼저 도착한 프랑스 왕의 동생 위그가 이끄는 군대는 규모가 작았으므로 비잔틴제국의 황제도 대처하기에 용이했다.

교황 우르바누스가 정한 출발일에 맞춰 1096년 8월 15일 프랑스 북서부에서 출발한 베르망두아 백작 위그와 그 일행은, 클레르몽으로 남하한 후 남동쪽으로 접어들어 알프스 산맥을 넘었다. 이탈리아 반도에 들어가고 나서는 고대 아우렐리아 가도로 제노바, 피사, 로마를 거치고, 로마에서는 아피아 가도를 통해 바리에 도착해, 여기서 배로 아드리아 해를 횡단해 건너편 항구 두러스에 상륙했을 때는 이미 가을이 깊어가고 있었다.

이곳 두러스에서는 비잔틴제국의 수비대가 기다리고 있었다. 수비대가 수도까지 경호해주겠다고 하여, 그들을 따라 고대 에그나티아 가도를 통해 콘스탄티노플에 도착한 것이다.

비잔틴제국의 수비대가 길잡이로 나선 것은 황제의 명령을 받았기 때문인데, 그 명령에 숨겨진 속뜻은 비잔틴제국 영내에서 강탈 등의 폭력행위를 저지를 수 없도록 감시하며 수도까지 데려오라는 것이었다. '민중 십자군'은 비잔틴제국령인 발칸 지방과 그리스에서도 주민들에게 지울 수 없는 악감정을 남겼던 것이다.

콘스탄티노플에 도착한 위그는 황제의 손님으로 대우를 받았지만,

실상은 허울 좋은 인질이나 다름없었다. 이끌고 온 병사들과도 따로 떨어져 있었으니까.

위그에 이어 콘스탄티노플에 들어온 것은 로렌 공작 고드프루아가 이끄는 군대였는데, 그들도 8월 말에는 북유럽을 출발했었다. 이 군대는 로렌 지방에서 출발해 라인강을 따라 마인츠, 스트라스부르로 남하하고, 그후에는 길을 동쪽으로 틀어 도나우강을 따라 레겐스부르크, 빈을 통과한 다음 헝가리 왕의 영토로 들어갔다.

헝가리 왕과 주민은 반년 전 이 지역을 통과하면서 갖가지 폭력행위를 저지른 '민중 십자군'을 잊지 않고 있었다. 그렇지만 이번에 오는 건 중무장한 2만 명의 군대다. 무력으로 대항해서는 패배할 게 뻔했으므로, 헝가리 왕은 식량을 제공해달라는 고드프루아의 요구에 응하기로 했다.

하지만 식량을 제공했음에도 개의치 않고 군사력을 휘두를 것을 우려해, 로렌의 모든 군대가 헝가리 영토를 빠져나갈 때까지 붙잡아둘 인질을 요구했다.

쓸데없고 성가신 일을 피하고 싶었던 고드프루아는 막내동생 보두앵에게, 네가 가라고 명령했다. 보두앵은 인질이 되고 싶은 마음은 조금도 없었지만 형은 동생의 항변을 들으려고도 하지 않았다. 보두앵은 로렌군이 한 명도 빠짐없이 헝가리 영토를 벗어나 발칸반도에 들어갔음이 확인되고 나서야 형에게 돌아올 수 있었다.

비잔틴제국령이었던 발칸의 각 도시는 황제가 임명한 총독이 통치하고 있었다. 그들은 유럽에서 온 군대의 요구를 들어주라는 황제의 지령을 받은 상태였다. 이곳의 총독과 주민 역시 은자 피에르의 십자군이 통과할 때 당한 막대한 피해를 잊지 않았다. 유럽에서 온 병사라는 소리만 들어도 도망칠 정도였다. 게다가 서서히 접근하는 군대는 머리부터 발끝까지 무장한 이들이다. 황제의 지령이 없었어도 식량을 내놓았겠지만, 고드프루아도 그 이상은 요구하지 않았고, 대군이 행군할 때 일어나기 십상인 폭력사태도 일어나지 않았다. 이처럼 도중에서 병사를 잃는 일이 없었으므로 고드프루아는 병력을 그대로 유지한 채 콘스탄티노플에 도착할 수 있었다. 때는 1096년 12월 23일이었다.

그러나 1096년이 가기 전에 집결지 콘스탄티노플에 도착한 것은, 휘하 군대가 소규모였던 위그를 제외하면 로렌 공작의 군대뿐이었다.

다른 제후들은 출발이 늦었거나, 출발은 했으나 도중에 체류하는 기간이 길어지거나, 그도 아니면 비잔틴제국 수비대와 충돌하거나 해서 시간을 허비하는 바람에 육상으로나 해상으로나 이동하기 부적합한 겨울로 접어들고 말았다. 하는 수 없이 콘스탄티노플에 들어가려면 이듬해 봄까지 기다려야 했다.

노르망디 공작과 그의 매제인 블루아 백작, 그리고 플랑드르 백작으로 구성된 3인조는, 가을에 북서유럽에서 출발해 프랑스를 남하할 때까지는 좋았는데, 이탈리아로 들어간 후에는 행군이라기보다 수도원 시찰이나 각지의 관광을 즐기는 유람에 가까운 것이 되어버렸다. 이탈리아 남부의 항구 바리에 도착했을 때는 이미 겨울이었다. 겨울에 항해하는 것은 위험하다는 의견에 따라 기후가 온난한 이탈리아 남부에서 겨울을 지내기로 했다. 하루라도 빨리 팔레스티나로 가야 한다고 생각했던 플랑드르 백작은 기분이 상했다. 그래서 그 혼자 배를 조달해 자기 병사 5백 명만 데리고 먼저 떠났다. 남은 두 사람이 콘스탄티노플에 도착한 것은 이듬해인 1097년 5월에 접어든 뒤였다.

툴루즈 백작 레몽과 아데마르 주교는 10월이 되어서야 간신히 자기 영지가 있는 프랑스 남부에서 출발했는데, 프랑스 남부에서 곧장 동쪽으로 향해 이탈리아로 들어갔을 때는 이미 완연한 겨울이었다. 그래서 이탈리아 반도를 남하해 아드리아 해 서쪽 연안에 있는 바리에서 배를 타고 그리스로 가는 것이 아니라, 이탈리아 북부를 가로질러 아드리아 해 동쪽으로 나가 연안을 따라 남하하면서 두러스에 이르는 길을 택했다. 크게 우회하는 셈이지만 모든 도정이 육상이라 배에 의존할 필요가 없었기 때문이다.

하지만 병사의 수가 많은 것이 문제였다. 식량만 해도 엄청난 양이 필요한 군대를 이끌고 무사히 육로를 행군하는 것은 누구에게도 어려운 일이다. 더군다나 계절은 겨울이었다.

게다가 툴루즈 백작 레몽은 쉰다섯이라는 나이에도 자기 감정을 제대로 컨트롤할 줄 모르는 남자였다. 두러스까지 접근했을 때 사고가 일어나고 말았다. 레몽의 병사와 비잔틴제국 수비병이 서로 무기를 들고 격돌하는 바람에 아데마르 주교까지 부상을 당한 것이다.

이후 비잔틴제국 군대와의 사이에 긴장 관계가 이어졌지만, 그래도 이듬해인 1097년 4월에는 콘스탄티노플에 들어가는 데 성공한다. 하지만 3만은 되었다는 군대의 상당수를 행군중의 충돌로 잃었던 모양이다.

이탈리아 남부에서 출발했으니 답파할 거리가 제후들 중 가장 짧았음에도, 풀리아 공작 보에몬드와 그의 조카 탄크레디가 이끄는 이탈리아 남부의 노르만군은 1097년 4월에 접어들어서야 콘스탄티노플에 도착했다.

가깝다는 이유로 출발 자체가 늦어진 것도 있었다. 그러나 바로 얼마 전까지만 해도 비잔틴제국과 싸운 바 있던 보에몬드는 그리스를 잘 알고 있었다. 비잔틴제국 수비대가 지키는 두러스를 피해 남쪽으로 내려가 그리스 서쪽 연안에 상륙한 것이다. 게다가 그곳에서 그리스를 횡단해 콘스탄티노플로 향하는 길에 약탈을 거듭했다. 그렇다고 살인까지 저지르지는 않았던 모양이다. 말로는 군사훈련이라고 했으니 말이다.

그러면서 보에몬드는, 레몽의 군대가 콘스탄티노플 근처까지 다가왔다는 것을 알자 자기 군대의 지휘를 탄크레디에게 맡기고는 소수의 기병만 데리고 먼저 콘스탄티노플로 들어간다. 툴루즈 백작 레몽에게 추월당하는 것이 싫었기 때문인지도 모른다. 그나저나 비잔틴제국 황제의 영토 안에서 실컷 만행을 저질러놓고 당당하게 황제 앞에 나타난 걸 보면 그의 후안무치함도 대단하다. 하지만 이런 행위를 뻔뻔스

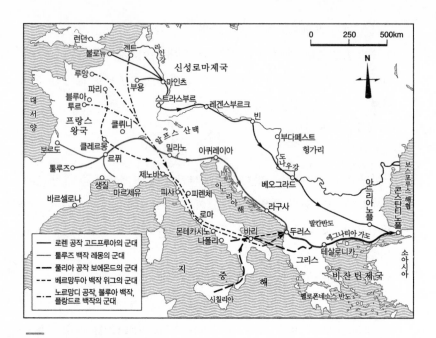

콘스탄티노플로 향한 제후들의 진로

럽게 해치우는 사람이 풀리아 공작 보에몬드이기도 했다. 물론 툴루즈 백작 레몽에게는 기분 좋은 이야기가 아니었다. 이후에도 이 두 사람은 사사건건 충돌하는 사이가 된다.

1095년 11월 클레르몽에서 교황 우르바누스 2세가 주창한 십자군의 구상은, 이렇게 1097년 봄 중계지인 콘스탄티노플에 전군이 집결함으로써, 성지 탈환과 성도 해방이라는 커다란 목적을 달성하는 길로 확실한 첫발을 내디딘 것처럼 보였다. 그런데 여기서 누구도 예상하지 못한 사태가 벌어진다. 위그를 제외하고는 가장 먼저 도착한 로렌 공작 고드프루아가 3개월이나 체류하면서도 받아들이려 하지 않았던 문제이기도 한데, 봄이 되어 제후들이 콘스탄티노플에 하나둘 도착하자 그것이 그들 앞에도 내밀어진다.

황제 알렉시우스의 음모

이 시기 비잔틴제국의 황제는 마흔아홉 살의 알렉시우스 콤네누스였다. 교황 우르바누스에게 원군을 파견해달라고 요청했던 사람이다. 알렉시우스는 황제이긴 하지만 오랜 세월에 걸쳐 제국의 고관이었던 유서 깊은 가문 출신은 아니다. 그가 속한 콤네누스 가문이 쿠데타를 일으켜 비잔틴제국의 황위를 손에 넣은 지 아직 반세기밖에 되지 않았다. 하지만 알렉시우스 자신은 15년이나 황위에 있었다. 그리고 그 15년간은, 보스포루스 해협 건너편까지 진출해온 이슬람 세력을 방어하느라 급급했던 세월이었다.

황제 알렉시우스는 발칸과 그리스 각지의 총독들의 보고를 통해, 서서히 접근해오는 제후들의 군대가 은자 피에르의 십자군과 전혀 다른 본격적인 전사 집단이라는 것을 알고 있었다. 그리고 일찌감치 도착해 황제 궁전의 손님으로 머무는 프랑스 왕의 동생 위그에게서, 이들의 최대 목적이 성지 팔레스티나의 탈환과 성도 예루살렘의 해방이라는 이야기도 들었을 것이다.

또한 위그는 이들 제후가 독립된 영토를 가진 한 지역의 당당한 주인이므로, 돈을 벌 요량으로 용병을 자처해 멀리 오리엔트까지 올 필요가 없는 이들이라는 것도 황제에게 이야기했을 것이다. 위그를 제외한 제후들 중에서 유일하게 1096년에 콘스탄티노플에 들어온 로렌 공작 고드프루아가 도착하기 전에, 황제 알렉시우스는 이미 일이 그가 기대하고 있던 것과는 다른 형국으로 진행되고 있다는 것을 알고 있었다. 노르만족이 정복한 영국에서 도망쳐온 색슨족을 용병으로 쓰는 것과는 전혀 다른 문제라는 것을.

그러나 황제 알렉시우스는 작전을 바꾸지 않았다. 도착하는 제후들 모두를 색슨족 용병을 고용하는 것과 같은 방식으로 대하기로 했다. 다시 말해 비잔틴제국 황제에게 충성을 서약하도록 한 것이다.

제후들이 오리엔트 땅에서 하려는 군사 행동에 대해서는 찬동한다. 오리엔트에 자신들과 같은 강력한 그리스도교도의 나라가 생기는 것도 찬성했는데, 그것은 이슬람 세계와 비잔틴제국 사이의 완충지대가 되기 때문이었다.

그러므로 그에 대한 지원은 약속하지만, 그 대신 제후들은 비잔틴제국 황제에게 절대적으로 충성을 맹세해야 한다고 한 것이다.

이렇게 되면 제후의 신분은 비잔틴제국 황제의 신하가 된다. 그렇다면 나중에 제후들이 그들의 군사력으로 정복한 땅의 모든 최고영유권도 자연스럽게 황제에게 돌아가게 되는 것이었다.

비잔틴제국 황제의 입장에서는, 소아시아는 바로 얼마 전까지 비잔틴제국의 영토였고, 시리아와 팔레스타나도 예전에는 비잔틴제국의 영토였다고 생각했는지도 모른다. 하지만 소아시아는 그렇다 쳐도, 시리아와 팔레스티나가 비잔틴제국의 영토였던 건 4백 년이나 지난 이야기였다.

요컨대 황제 알렉시우스는 유럽에서 온 군대를 이용해 이슬람교도에게 빼앗긴 옛 영토를 되찾으려고 한 것이다. 비유하자면 남의 떡으로 제사 지내자는 격이다.

이런 상황에서 황제가 갖고 있던 가장 효과적인 카드는 '배'였다. 대군이 보스포루스 해협을 건너려면 대량의 배가 필요하다. 지금 당장, 그것도 근방에서 그만한 배를 갖고 있는 것은 비잔틴제국뿐이었다. 그러므로 제후들이 황제에게 충성을 맹세하게 만들려면 그들의 군대가 보스포루스 해협을 건너기 전, 즉 그들이 아직 콘스탄티노플에 있는 동안에 해결해야 했다.

제후들에게는 도착하는 순서대로 서약서에 서명할 것을 요구하기로 했다. 전원이 모인 장소에서 요구하는 것이 아니라 각개격파를 노린 것이었다.

프랑스 왕의 동생 위그의 서명을 받는 건 간단히 끝났다. 사람이 좋아서 뒷일을 깊이 생각하지 않는 성격인 베르망두아 백작 위그는, 황제가 내미는 서약서에 서명했을 뿐만 아니라 콘스탄티노플에 막 도착한 로렌 공작 고드프루아를 설득하는 역할까지 맡고 나섰다.

로렌 공작 고드프루아의 군대는 황제의 지시에 따라 금각만을 사이에 두고 콘스탄티노플과 마주 보는 펠라 지역에 머무르고 있었다. 위그 백작은 황제의 배를 타고 그곳으로 찾아가 로렌 공작에게 서약서를 보여주며 서명을 권했다.

고드프루아는 비잔틴제국 황제와 얽히는 것을 피하고 싶었다. 자신은 서방의 황제인 하인리히 4세에게 충성을 맹세한 몸이므로 동방의 황제에게 같은 서약을 할 수는 없다며 정중하게 거절했다.

그러자 알렉시우스는 야영지에 있는 로렌군에게 식량 공급을 중단하는 수를 사용한다. 군량으로 압박하려 한 것이다. 그에 대해 로렌 공작은 곧바로 동생 보두앵에게 수도 근교의 마을들을 습격하도록 명했다. 그렇게 되자 황제도 식량 공급을 재개하지 않을 수 없었다.

그후에도 황제는 로렌 공작에 대한 압박을 포기하지 않았지만, 고드프루아는 태도를 바꾸지 않았다. 그래서 다시 식량 공급을 중단했고, 고드프루아는 전군을 이끌고 금각만 안쪽을 돌아 콘스탄티노플의 성벽 앞에 진을 치는 것으로 응수했다.

황궁은 성벽 가까이에 있었다. 곧바로 황제측도 활을 든 용병으로 구성된 수비대를 성벽 위에 일렬로 세워 단호한 방어 의지를 보였다. 하지만 군사충돌을 야기할 마음은 황제도 로렌 공작도 없었다. 고드프루아가 먼저 군대를 물리긴 했지만, 식량 공급은 재개되었다.

그러면서도 설득하러 찾아오는 위그 백작이 황제에게 가져가는 대답은 전혀 변하지 않았다. 어떤 때는 로렌 공작에게, 프랑스 왕의 동생이라는 신분을 생각하라는 일갈을 듣고 쫓겨난 적도 있었다.

그러나 봄이 다가오자 로렌 공작 고드프루아의 마음도 풀리기 시작한다. 툴루즈 백작 레몽의 군대도 가까이 왔고, 풀리아 공작 보에몬드의 군대도 접근했다는 보고가 들어왔다. 보스포루스 해협은 봄이 되면 건널 수 있다지만 대군이 한 번에 건널 수 있는 너비가 아니다. 수많은 배에 나눠 타고 건너야 한다. 또한 뒤따라 오는 군대가 도착하면 누구의 군대가 먼저 건널 것인가의 문제를 놓고 말썽이 일어날 것은 불 보듯 뻔했다.

그때 황제 알렉시우스가 내놓은 의견이, 아직 서약서에 서명을 안 했더라도 병사들이 보스포루스 해협을 건너는 건 상관없고, 배도 제공할 용의가 있다는 내용이었다. 고드프루아의 집요한 저항에 알렉시우스도 물러설 수밖에 없었을 것이다. 하지만 이것이, 봄이 찾아옴과 동시에 성지를 향한 행군을 재개하고 싶은 마음으로 가득했던 로렌 공작의 마음을 바꾸었다. 독일인답게 성실한 성격의 고드프루아도 어쩌면 3개월에 걸친 알렉시우스와의 줄다리기를 통해, 오리엔트화한 비잔틴제국 사람들의 사고방식을 배웠는지도 모른다. 충성 서약이란 그것을 서약한 자가 충성하고 싶다고 생각하는 동안만 유효하다는 사실을 말이다.

로렌 공작 고드프루아와 그의 군대가 콘스탄티노플에 들어간 것은 1096년 12월 23일이었다. 그가 서약서에 서명한 것은 이듬해인 1097년 4월 2일이 되고 나서다. 해상으로 가기 부적합한 계절이 끼어 있긴 했지만, 서명을 둘러싼 줄다리기가 벌써 3개월을 넘어서고 있었다. 그후에야 로렌군은 간신히 보스포루스 해협을 건너게 되었다.

도해가 시작된 것은 4월 4일. 고드프루아가 서명한 지 이틀밖에 지나지 않은 때였다. 도해는 순조롭게 진행되어, 그들은 승선 지점에서 동쪽으로 50킬로미터 지점에 있는 비잔틴제국의 최전선 기지에서 소아시아에서의 첫날밤을 맞았다.

　황제 알렉시우스가 대결한 다음 상대는 폴리아 공작 보에몬드였다.
　보에몬드는 예의 그 날카로운 시선을 황제에게서 떼지 않고 알렉시우스의 설명을 마지막까지 잠자코 들었다. 다 듣고 난 뒤에도 황제가 예상했던 것처럼 단칼에 거부하지는 않았다. 그 대신 황제의 얼굴에서 시선을 떼지 않고 말했다.
　오리엔트 전선을 담당하는 비잔틴제국군의 최고사령관으로 임명해준다면 서명하겠노라고.
　그 말에 황제도 말문이 막히고 말았다. 바로 얼마 전까지 있었던 비잔틴제국군과의 전투를 통해 보여준 이 노르만계 이탈리아인의 군사적 능력에 대해서는 지나치리만큼 잘 알고 있었다. 이 남자 손에 제국의 군사력을 맡긴다면, 그가 맨 먼저 할 일은 자신을 황제 자리에서 끌어내리는 것이리라고 알렉시우스는 생각했다.
　입을 다물어버린 황제를 보고 보에몬드는 입가에 미소를 띠며, 탁상에 놓인 서약서를 자기 앞으로 가져다가 재깍 서명했다. 서약 같은 것을 전혀 믿지 않는 남자에게 그것을 요구한 황제 알렉시우스가 오히려 어리석어 보이는 장면이었다.

　그러나 보에몬드의 오른팔로 나날이 명성을 높여가고 있던 탄크레디는, 도리에 어긋나는 일을 싫어하는 타고난 성격 때문에 서약서에 서명하는 것을 단호히 거부한다. 백부 보에몬드가 그냥 서명하라고 지시라도 했는지, 스물두 살의 이 젊은이가 마지못해 서명한 것은 소아시아로 건너가고 난 후였다.

이로써 보에몬드의 군대도 보스포루스 해협을 건너, 먼저 숙영지에 들어가 있던 고드프루아의 군대와 합류했다. 보에몬드의 군대가 해협을 건넌 것은 4월 26일이었다고 한다.

황제의 다음 상대는 그 직후 콘스탄티노플에 도착한 툴루즈 백작 레몽이었다. 동행하는 아데마르 주교는 성직자이기 때문에 이런 유의 충성과 무관했지만, 세속의 군주인 레몽은 대군을 이끌고 있다는 점에서도 황제가 반드시 굴복시켜야 할 거물이었다.

황제 알렉시우스가 다른 나라의 군사력을 이용해 자국의 안전을 보장하려 한다는 것은, 비잔틴제국 사람들이 촌뜨기라며 경멸하던 라틴인 레몽도 잘 알고 있었다. 황궁에 초대받아 서약서에 서명할 것을 강요당한 툴루즈 백작은, 자신보다 다섯 살 아래이며 호사스러운 황제 의상을 걸치고 있으나 빈약한 체격을 지닌 알렉시우스에게 한 마디 하지 않고는 배길 수 없었던 모양이었다.

"나는 신이 바라시는 일을 완수하러 이곳 오리엔트에 왔소. 그러므로 내가 따를 의무가 있는 것은 신과, 지상에서 그 신의 대리인인 로마 교황뿐이오." 그러고 나서 다시 덧붙였다.

"그러니 만약 비잔틴제국 황제인 당신이 직접 비잔틴제국군과 우리 군으로 구성된 그리스도교군을 이끈다면 나도 당신의 지휘에 따를 것이고, 당신이 요구하는 서약서에도 기꺼이 서명하겠소."

이것은 상당히 심술궂은 말이다. 용병을 부탁한 비잔틴제국에는 군사력이라 할 만한 것이 별로 없었고, 만약 있었다면 서유럽에 원군을 파견해달라고 요청할 필요도 없었을 것이다. 또한 자기 군사력이 없는 사람이 다른 사람을 지휘하는 총사령관을 맡을 수도 없었다.

황제 알렉시우스가 레몽의 이 말을 어떻게 생각했는지는 모르지만, 황제는 그 말에 아무런 대답도 하지 않고 서약서에 서명하라는 요구만 계속했다.

레몽 쪽에도 약점은 있었다. 첫째로 이미 앞서간 고드프루아와 보에몽드의 군대에 더이상 뒤처지고 싶지 않다는 것이었다. 하루라도 빨리 보스포루스 해협을 건너야 했다.

둘째로는 가슴속에 타오르기 시작한 고드프루아와 보에몽드에 대한 경쟁심 때문인지, 황제 알렉시우스와 좋은 관계를 유지해두는 것이 자신에게 유리하리라고 생각했던 것이다. 그래서 레몽은 타협하기로 했다. 보정(補正) 조항을 더하는 조건으로 서약서에 서명하기로 한 것이다.

그 보정 조항을 직역하면 다음과 같다.

"비잔틴제국 황제의 생명과 명예를 존중하고, 그것이 침범당하지 않도록 감시하며, 그 상태가 유지되도록 노력한다."

이렇게 되면 십자군이 정복하는 지방의 영유권을 비롯해서, 무엇을 어떻게 하는 것이 황제의 명예를 존중하고 또 침범하는 것인지 애매모호해진다. 이렇게 말뿐이고 알맹이는 없는, 다시 말해 해석하기 나름인 내용의 보정 조항을 꺼낸 레몽도 레몽이지만, 황제 쪽도 지금까지의 줄다리기로 많이 지쳐 있었다. 그렇다고 레몽 한 사람만 예외로 둘 수도 없었다.

그리고 레몽도 더이상 시간을 허비하고 싶지 않았다. 소아시아에서 로렌 공작의 군대가 일찌감치 움직이기 시작했다는 보고도 들어온 터였다. 툴루즈 백작 레몽은 기묘한 보정 조항을 더한 서약서에 서명했다. 그리하여 보에몬드의 군대보다 이틀 늦게 레몽의 군대도 보스포루스 해협을 건널 수 있었다.

이렇게 하여 드디어 고드프루아와 플랑드르 백작 로베르가 이끄는 북유럽의 군대, 보에몬드가 이끄는 이탈리아 남부의 군대, 그리고 레몽이 이끄는 프랑스 남부의 군대가 모두 본격적으로 이슬람 세계에 발을 들여놓은 것이다.

레몽의 군대까지 떠난 콘스탄티노플에, 5월이 되어서야 가까스로 도착한 것이 노르망디 공작과 블루아 백작 두 사람이었다. 각자 어느 정도 되는, 즉 수백 명에 달하는 병력을 이끌고 왔지만 앞서왔던 제후들의 군대에 비하면 소규모다. 앞서간 제후들도 서명했다는 말을 듣고 두 사람도 서약서에 서명했다.

소규모 전력밖에 이끌고 오지 못한 자는 전장에서든 외교의 장에서든 약한 입장에 놓일 수밖에 없다. 황제는 이들 두 사람에게는 줄다리기조차 시도하지 않았다. 선물 공세만 했을 뿐이다. 블루아 백작이 고향에 남겨두고 온 아내에게 보낸 편지의 내용처럼.

"사랑하는 아델라여, 그대의 아버지(정복왕 윌리엄)께서도 좋은 선물을 많이 주셨지만, 이곳 황제가 우리 두 사람에게 보내온 것들의 호

콘스탄티노플과 그 주변

화로움에 비하면 아무것도 아니라는 생각이 든다는 것을 고백하지 않을 수 없소."

귀스타브 도레의 그림에 나오는, 콘스탄티노플의 호화로움에 경탄하는 서유럽의 기사들이 바로 이 두 사람을 말하는 게 아닌가 싶기도 하다. 왜냐하면 이 두 사람은 서약서에 서명한 후에도 여전히 비잔틴 제국의 수도에 머물렀고, 보스포루스 해협을 건너 소아시아로 들어간 것은 앞서간 제후들이 니케아를 공격하기 시작했다는 것을 알고 난 뒤였기 때문이다.

황제 알렉시우스는 기분 좋은 나날을 보내고 있었다.
은자 피에르의 십자군은 아무것도 갖고 있지 않은 빈민들이어서 대처하기 어려웠지만, 성가신 그들을 서둘러 내보냄으로써 그 문제도 해결했다.

이어서 도착한 제후들의 십자군은 그와 반대의 의미에서 대처하기 어려운 집단이었다. 그들이 마음만 먹는다면 비잔틴제국도 날려버릴 수 있는 군사력을 갖고 있었기 때문이다. 하지만 이 문제도 서약서에 서명하게 함으로써 극복할 수 있었다.

이 시점에서 알렉시우스는 믿어 의심치 않았다. 서방의 촌놈들을 자기 생각대로 부릴 수 있게 되었다고.

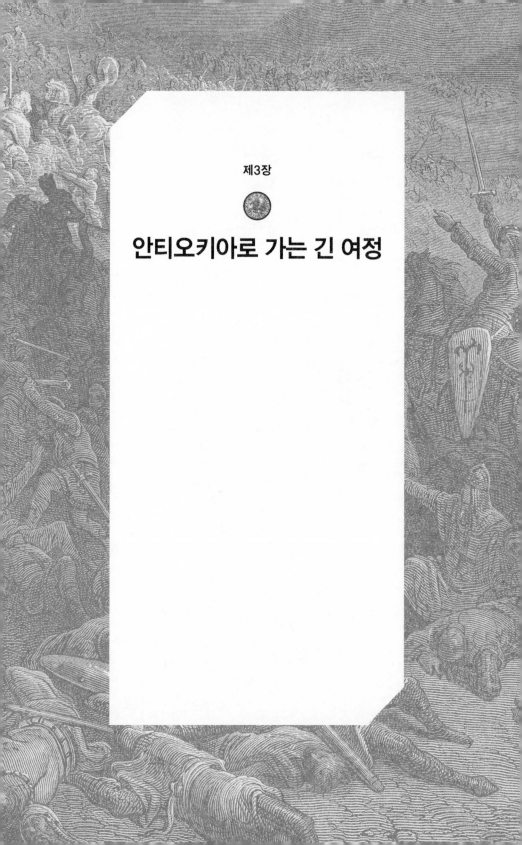

제3장

안티오키아로 가는 긴 여정

프랑크인

1097년 봄, 제후들이 발을 들여놓았을 당시의 소아시아는 셀주크투르크의 지배하에 있었다. 그렇지만 한 지배자 아래 통일되어 있었던 것은 아니다. 셀주크투르크 내의 두 부족이 영토 확장을 놓고 서로 싸우고 있었다.

크게 나눠보면 소아시아 서쪽은 니케아에 본거지를 둔 킬리지 아르슬란이, 동쪽은 코니아에 본거지를 둔 다니슈멘드가 지배하고 있었다. 이 두 사람은 몇 년 전부터 전쟁 상태에 있었다.

아르슬란은 용기는 부족할 것 없는 투르크인이었지만 아직 어린 열여섯 살이었다. 게다가 지난해에 은자 피에르가 이끄는 십자군을 상대로 대승을 거두었기 때문에 유럽인을 얕잡아보고 있었다. 제후들이 이끄는 군대가 상륙했다는 사실을 알고도 여전히 다니슈멘드를 상대로 전투를 계속하고 있었으니 말이다. 때문에 제후들이 니케아의 성벽 앞에 진을 쳤을 때, 니케아는 영주가 자리를 비운 상태였다.

소식을 들은 아르슬란은 황급히 다니슈멘드에게 휴전을 제안했고, 그것이 받아들여지자 서둘러 자기 군대를 이끌고 달려왔지만, 이 젊은 투르크 무장의 눈에 들어온 것은 자신의 수도를 포위하고 있는 프랑크인 대군이었다.

참고로 당시의 이슬람교도는, 투르크인이든 아랍인이든 이집트인이든, 어느 지역 출신이건 상관없이 서유럽 사람을 전부 '프랑크인'이라고 불렀다. 또한 비잔틴제국의 백성인 그리스인은 '로마인'이라 불렀다. 비잔틴제국이 공식적으로는 여전히 로마제국으로 칭해지고 있었기 때문일 것이다.

이 '프랑크인'이라는 호칭은 대충 정한 것으로 보여도 꽤 적확한 총칭이었다. 사실 유럽인들은 스스로를 '유럽인'이라고 칭하지 않았다. '유럽'이라는 개념조차 존재하지 않았고, 따라서 '유럽인' 자체가 존재하지 않았기 때문이다.

게다가 중세 유럽은 근대 이후처럼 프랑스, 영국, 독일, 이탈리아, 스페인 등으로 명확하게 나뉘어 있지 않았다. 그러므로 프랑스인, 영국인, 독일인, 이탈리아인, 스페인인으로 확실히 구분할 수도 없었다.

로렌 공작 고드프루아에게는 독일의 피도, 프랑스의 피도 흐르고 있었다.

툴루즈 백작 레몽은 프랑스 남부 일대의 영주이므로 프랑스인이라

할 수 있지만, 스페인의 아라곤 가문 사람을 아내로 맞이했다. 같은 프랑스라도 북동부 플랑드르 사람의 경우는 프랑스 쪽 피보다 스칸디나비아의 피를 더 많이 물려받았다.

게다가 이 시기에 크게 활약한 노르만인의 경우는 구분하기가 더 어렵다. 그들은 현지 적응력이 굉장히 좋아서, '노르만 정복'으로 영국인이 된 사람 외에도, 유럽 대륙에 남은 사람은 노르망디 지방의 프랑스인이 되고, 남하하여 이탈리아 남부와 시칠리아를 지배한 노르만인은 이탈리아인이 되었다. 그 때문에 2백 년도 지나지 않아 노르만족은, 이런 표현이 가능하다면, '적극적 소멸'을 하고 만다.

그렇게 이탈리아화했다는 이유로 이 책에서는, 같은 노르만인 중에서도 이탈리아를 지배하게 된 사람들은 풀리아 공작 보에몬드나 그의 조카 탄크레디처럼 이탈리아어식으로 표기하고 있다.* 독일인도 확실한 근거가 있다면 독일식으로 표기했다. 또한 영어식으로 읽을 수밖에 없는 사자심왕 리처드도, 실은 영국인이기 이전에 프랑스인이었고, 그의 영토 역시 프랑스까지 펼쳐져 있었다.

이것이 당시 유럽의 실정이었다. 그러므로 이슬람측이 이런 그들을 한데 묶어 '프랑크인'이라고 부른 것은 자연스러운 결과였다. 요컨대 '유럽인'이라는 호칭이 존재하지 않았던 시대의 유럽인이 '프랑크인'이었던 셈이다.

---

* 국내에서는 프랑스어식 표기인 '보에몽'과 '탕크레드'가 보편적으로 쓰이고 있으나, 저자 시오노 나나미의 의도를 존중해 본문과 같이 표기하였다. (옮긴이 주)

그러나 이슬람측이 '로마인'이라고 불렀던 비잔틴제국의 백성인 그리스인의 경우는 사정이 좀 다르다. 같은 이슬람교도면서 아프리카 북부에 살며 남유럽 일대를 휩쓸고 다녔던 해적들 역시, 『로마 멸망 이후의 지중해 세계』에서 이미 말한 것처럼, 지중해에 면한 남유럽에 사는 사람들을 '루미(Roumi, 로마인)'라고 불렀다. 이 사람들은 그리스인이 아니다. 하지만 이탈리아 남부와 시칠리아가 오랫동안 비잔틴제국의 영토였기 때문에 그렇게 부른 것이다.

중세의 비잔틴제국이 고대 로마제국을 계승한 나라라는 것은 비잔틴제국 스스로도 공식적으로 표명한 바 있다. 그러나 이슬람 세계는 고대 로마제국이 멸망한 후인 7세기에 발흥한 세계다. 이들은 로마가 로마였던 시대의 로마인을 모르는 사람들인 것이다. 그들이 알고 있는 것은 그리스도교화한 이후의 로마인이었다. 그러므로 비잔틴제국에 사는 그리스정교도와 남유럽에 사는 가톨릭교도를 한데 묶어 '루미'라고 부른 것이다. 아예 사정을 몰랐으니 그렇게 부르는 것에 저항감을 느끼지도 않았을 게 분명하다.

그러나 오늘날 우리는 천 년 전의 이슬람교도와 달리 '로마가 로마였던 시대의 로마인', 즉 그리스도교화하기 이전의 로마인을 알고 있다. 그러므로 천 년 전의 이슬람교도와 마찬가지로 비잔틴제국의 백성을 '로마인'으로 부르면 혼란스러워진다. 그래서 여기서는 '프랑크인'은 그대로 두더라도, 이슬람측이 생각하는 '로마인'은 '그리스인'이라는 호칭으로 바꾸기로 한다. 실제로 민족으로는 그리스인이었으니까.

또한 '프랑크인'은 동시대의 이슬람교도를 '아랍인'으로 불렀다. 아랍인이 아니라 투르크인이든 쿠르드족 출신이든 서유럽에서 온 그리스도교도에게는 모두 '아랍인'이었던 것이다. 코란이 아랍어로 쓰여 있으므로 교양인이라면 아랍어를 아는 것이 당연하게 여겨졌기 때문에, 이슬람교도의 대표라는 의미를 담아 그렇게 불렀는지도 모른다.

어쨌든 동방이나 서방이나 호칭 하나도 상당히 엉성했던 것이 중세시대이자 십자군 시대였다.

니케아 공략

니케아는 콘스탄티누스 대제가 최초로 공의회를 개최했던 곳이며, 고대 로마시대부터 널리 알려진 고도였다. 방어체제도 완비되어 있었는데, 6킬로미터나 되는 긴 성벽이 도시 전체를 둘러싸고 있었다.

하지만 주민 중에는 비잔틴제국령이었던 시대와 다름없이 그리스인이 많아서, 이슬람화한 지 3백 년이나 된 중동처럼 그리스도교도를 2급 시민으로 대우하지는 않았다. 말을 타는 것이나 무기를 휴대하는 것까지 금지하기에는 그 수가 너무 많았던 것이다.

이 시대 소아시아의 거의 모든 도시에서 지배자와 그 밑의 전사 계급은 셀주크투르크인이었지만, 그 이외의 주민들은 대부분 그리스인인 경우가 많았는데, 니케아도 그런 도시 중 하나였다.

니케아의 영주인 투르크인 아르슬란이 제후들이 접근하고 있다는 보고를 받고서도 여느 때처럼 비잔틴제국 황제가 옛 영토를 되찾으러 프랑크의 용병을 보낸 것이리라 생각한 것도 무리는 아니었다. 이 시점에서 종교가 얽혀 있으리라고는 생각도 못 했을 테니까 말이다.

제후들은 이 고도를 영유하는 데는 관심이 없었지만, 그렇다고 니케아를 그대로 두고 앞으로 나아갈 수도 없는 일이었다. 미지의 땅인 소아시아를 북서쪽에서 남동쪽으로 답파해야 하는 만큼 배후를 안심할 수 있게 만들어야 했으므로, 니케아를 이슬람측에 남겨둘 수는 없었던 것이다.

1097년 4월 26일 니케아를 목표로 일단 두 세력의 군대가 출발했다. 제1군은 고드프루아가 이끄는 로렌군으로, 마르마라 해안을 따라 나아가다 니코메디아 근처를 지나 니케아로 향했다. 은자 피에르를 포함한 민중 십자군의 생존자들을 만난 것은 이 길을 나아가던 도중이었다.

이보다 조금 늦게 출발한 것이 보에몬드가 이끄는 이탈리아 남부의 군대다. 다만 이때 보에몬드는 비잔틴제국 해군과의 공동투쟁체제를 매듭짓기 위해 콘스탄티노플로 돌아가 있었으므로, 행군의 지휘는 탄크레디가 맡았다.

두 군대가 니케아를 둘러싼 성벽 앞에 도착한 것은 5월 6일이 되고 나서였다.

도착하자마자 두 군대 모두 성벽 앞에 진을 쳤다. 고드프루아군은 북쪽 성벽 앞에, 탄크레디가 이끄는 보에몬드군은 동쪽 성벽 앞에 진을 친 것이다. 보에몬드가 돌아온 것은 일주일 후인 13일이었다.

그리고 다시 사흘이 지난 5월 16일, 레몽이 이끄는 프랑스 남부 군대가 도착했다. 그들은 남쪽 성벽 앞에 진을 친다. 이 진영에는 플랑드르 백작이 이끄는 5백 명의 기병도 가세하게 된다.

6월 3일이 되어서야 겨우 도착한 노르망디 공작과 블루아 백작이 어느 진영에 가담했는지는 밝혀져 있지 않다. 이들에게는 가고 싶은 곳을 마음대로 고르라고 했을지도 모른다.

서쪽은 포위하지 않고 남겨두었는데, 서쪽 성벽은 호수에 면해 있기도 해서 방어가 허술했다. 더구나 이 호수는 바로 근처에 있는 마르마라 해로 통한다. 그래서 서쪽은 비잔틴제국군이 담당하기로 되어 있었다. 비잔틴제국에서 군대다운 군대는 해군뿐이므로, 적어도 군량 보급은 책임지겠다는 것이었다. 게다가 어쩐 일인지 황제 알렉시우스가 직접 보스포루스 해협을 건너, 제후들이 떠나고 없는 전선기지 펠레카눔에 와 있었다.

제후들의 십자군은 먼 유럽에서 병사들을 이끌고 오는 것만으로도 벅차, 무거운 공성기(攻城器)까지는 가져오지 못했다. 병사 수는 부족하지 않았지만, 제후들도 눈앞에 우뚝 솟은 견고한 성벽에 무작정 자기 군대를 돌진시킬 정도로 어리석지는 않았다. 그들은 일단 레몽이 도착하기를 기다렸고, 그가 도착하고 나서도 나흘간은, 영주가 자리에 없음에도 니케아 방어의 의지를 분명히 표명하는 투르크의 수비대와 성벽을 사이에 두고 마주 노려보기만 했다.

5월 21일, 전투중이던 다니슈멘드와 휴전하고 달려온 아르슬란이 이끄는 투르크 기병 1만 명이 공격해왔다. 임신중인 아내를 니케아에 두고 온 만큼, 젊은 투르크인 영주는 필사적이었다.

투르크군은 남쪽에서 공격해왔기 때문에, 그에 맞서 싸운 것은 레몽의 군대였다.

배후에서 공격해오리라고는 예상치 못했던 레몽의 군대는, 플랑드르 백작의 선전에도 불구하고 처음 한동안은 어려운 싸움을 하지 않을 수 없었다. 하지만 곧 고드프루아와 그의 동생 보두앵, 그리고 보에몬드와 그의 조카 탄크레디가 달려온 덕에, 유럽에서 온 제후들과 셀주크투르크의 첫 전투는 '프랑크인'의 승리로 끝났다.

시종 격렬한 전투가 이어졌다는 사실은 양군의 희생자 수가 증명해주었다. 투르크측은 4천 명이 넘는 전사자를 내고 패주했는데, 승리한 제후측의 전사자도 2천 명에 이르렀다. 이 격렬한 전투에서 젊은 술탄 역시 정신이 번쩍 들어 도망치고 말았다.

승리한 직후 그리스도교측이 전사한 투르크 병사 2천 명의 머리를 잘라, 천 급(級)은 니케아의 성벽 안으로 던져넣고 나머지 천 급은 자루에 담아 황제 알렉시우스에게 보냈다는 에피소드가 그후 서유럽에 널리 퍼졌다.

하지만 이 비참하고 잔혹한 에피소드에 대해 근현대의 서유럽 연구자들은, 몇 급을 성벽 안에 던져넣은 것은 인정하지만, 그 수가 천 급이라거나 절반을 황제에게 보냈다는 것은 언급하지 않는다.

또한 이슬람측 사료에는 이 참사 자체가 기록되어 있지 않다.

나는 이것도 이런 유의 사건에서 곧잘 찾아볼 수 있는 과장이라고 생각한다. 비참하고 잔혹한 에피소드는 승자 쪽이 너무 기쁜 나머지 숫자를 과장해서 남기는 경우가 의외로 많다. 그리고 패자가 남기는 경우에는 비극을 강조하기 위해 과장하기도 한다.

　이러한 예는 역사를 대상으로 하는 자가 반드시 직면하는 문제인데, 이 사료들 사이를 통과해 최대한 사실에 가까이 다가가기 위해서는 다음 두 가지 조건이 필요하다.

　첫째, 양자와 이해관계가 없는 제삼자가 남긴 기술이 존재할 것.

　그러나 십자군의 역사에는 이런 제삼자가 없었다.

　둘째, 정확성을 기하는 것이 습관이자 전통인 민족이 남긴 기록을 참고할 수 있을 것.

　지금까지 내가 경험한바, 그 경우에 해당하는 나라는 둘밖에 없다. 중세 르네상스의 베네치아 공화국과 고대 로마제국이다.

　베네치아 공화국은 상업국가였으므로 숫자가 정확하지 않으면 장사가 성립되지 않았기 때문이고, 로마제국은 다종교 다문화의 백성을 통합해 운명공동체로 기능하게 하기 위해 최대한 현상을 정확하게 파악할 필요가 있었기 때문이다. 고대 로마제국은 이미 멸망했고, 또한 베네치아 공화국은 이 당시 십자군에는 관여하지 않았다.

　하지만 죽은 투르크 병사의 머리 몇 급을 니케아 성벽 안으로 던져 넣은 것은 사실이다. 성을 방어하는 투르크 병사의 사기를 떨어뜨리려는 의도였을 게 틀림없다. 실제로 전투에서 패한 술탄이 패주한 마당에 죽은 동료들의 머리까지 날아오자 방어하는 측의 사기는 급격히 떨어졌다. 하지만 이 기회를 활용한 것은 제후들이 아니라 근처에서 정세의 전개를 지켜보고 있던 황제 알렉시우스였다.

　전사자를 매장하고 부상자 치료도 끝난 6월 17일, 제후들의 모든 진영은 니케아에 대한 총공격 준비를 완료했다. 다음 날 해가 뜨는 것을 신호로 북쪽, 동쪽, 남쪽 세 방향에서 동시에 공격을 가해, 그날 일몰 때까지는 니케아를 함락할 계획이었다.

6월 18일 이른 아침. 이미 각군은 성벽 앞에 진열을 정비하고 지휘관의 공격명령만 기다리고 있었다.

그런데 그때 소리 없는 외침이 일었다. 모두가 아연실색해 바라보는 가운데, 니케아 성벽에서도 가장 높은 곳에 있는 탑 위로 비잔틴제국의 깃발이 올라가 나부꼈던 것이다.

니케아가 이미 비잔틴제국의 영토라는 것을 이런 식으로 알게 된 제후들은 분개했다. 특히 젊은 탄크레디는 미친 듯이 격노했다.

황제 알렉시우스는 니케아를 무력으로 탈환할 마음이 처음부터 없었다. 니케아는 소아시아 중 콘스탄티노플과 가장 가까운 거리에 있으며 방어가 견고한 도시다. 주민 대부분이 그리스인이고, 비잔틴제국의 백성과 마찬가지로 그리스정교를 믿었다. 황제는 그런 니케아를 피 흘리지 않고 손에 넣는다면, 셀주크투르크에 빼앗긴 소아시아의 옛 영토를 수복하는 데 필요한 전선기지를 얻을 수 있을 거라고 생각했다.

그래서 황제는 비잔틴제국측의 담당구역이던 서쪽에서 성내로 밀사를 잠입시켰다. 투르크인이든 그리스인이든 병사와 주민 모두의 신변안전을 보장한다고 말하며, 비잔틴제국에 항복할 것을 권유했던 것이다.

믿고 있던 우군이 프랑크인에게 패하고, 그 군대를 이끈 술탄은 어디로 도망쳤는지도 모르는데다, 성 안으로 날아든 투르크 병사의 머리를 보고 놀라 어쩔 줄을 모르던 니케아 주민들은 황제의 권유를 받아들였다. 임신중이던 젊은 술탄의 아내도 갓 태어난 아기와 함께 콘스탄티노플로 보내져 안전한 생활을 보장받게 되었다.

제후들이 황제에게 분개한 것은, 약삭빠르게 니케아를 손에 넣은 황제의 방식 때문이 아니었다. 제후 중 그 누구도 니케아 왕 자리에 앉을 마음이 없었고 어서 동쪽으로 가고 싶어했다. 그러나 황제 알렉시우스는 투르크군과의 전투가 벌어진 5월 21일부터 총공격 개시일로 정해진 6월 18일까지 28일간, 제후들에게는 아무것도 알리지 않고 물밑에서 일을 진행했던 것이다. 게다가 그 성과가 분명해진 후에도 아무것도 몰랐던 것을 항의하는 제후에게, 전후사정을 해명하는 것이 아니라 콘스탄티노플에서 서명한 서약서를 들이밀 뿐이었다. 그때 서명한 것을 실행했을 뿐이라고. 그리고 곧바로 목숨만 살려주고 추방해버린 투르크 수비대를 대신해, 비잔틴제국 수비대를 보내 방어태세를 새로이 갖추었다.

탄크레디만큼 노골적으로 분노를 드러내지는 않았어도 모든 제후들이 결정적으로 황제 알렉시우스를 불신하게 된 시기는 이 니케아 공략 때부터다.

그러나 제후들에게는 아직 황제가 필요했다. 군량 보급과 함께 앞으로 소아시아를 답파하는 데 빼놓을 수 없는, 믿을 수 있는 길잡이가 필요했기 때문이다. 앞으로는 적지임이 분명한 지역을 가기 때문에 식량은 약탈을 해서라도 구할 수 있지만, 길 안내는 소아시아의 지세를 숙지하고 있는 그리스인에게 의지해야 했던 것이다. 그리고 그것을 제공할 수 있는 사람은 황제밖에 없었다.

6월 26일, 가져갈 수 있는 만큼의 물자를 받고 그리스인인 길잡이도 얻은 제후들은 차례로 니케아를 뒤로했다. 옛 로마 가도를 지나 드디어 소아시아의 내륙 깊숙이 발을 들여놓는다.

이런 프랑크군을 셀주크투르크의 대군이 기다리고 있었다. 패배 후 도망친 젊은 술탄이 숙적인 다니슈멘드를 찾아가, 프랑크인은 공동의 적이라고 설득해 군대를 제공받는 데 성공한 것이다.

도릴라이움 전투

니케아에서 동남쪽으로 30킬로미터쯤 나아간 곳에 있는 마을에 숙영하던 밤, 제후들은 회의 끝에 전군을 둘로 나눠 행군을 계속하기로 했다.

앞서가는 제1군은 풀리아 공작 보에몬드가 이끌고, 이탈리아 남쪽에서 온 그의 군대 외에도 프랑스 북부 사람이라고 해도 좋은 블루아 백작과 플랑드르 백작의 병사들이 가세한다.

조금 늦게 그 뒤를 쫓는 제2군은, 보에몬드 밑으로는 죽어도 들어가지 않겠다고 결심한 툴루즈 백작 레몽이 이끄는 프랑스 남부 군대였다. 이 제2군에는 레몽보다 강력한 군대를 이끌고 왔으면서도 라이벌 의식을 초월한 로렌 공작 고드프루아의 군대가 가세한다. 또한 프랑스 왕의 동생 위그도 이 군대에 가세했다.

이외에 병력이 10분의 1밖에 되지 않아 제3군이라고 하기에는 조금 부족한 군대도 같은 시기에 행군을 시작했다. 이 군대를 이끄는 사람은 주교 아데마르였다. 길 안내를 맡은 사람도 황제의 인선에 의존하지 않고 주교가 직접 뽑은 가톨릭교도 그리스인이었다고 한다. 제1군과 제2군이 골짜기 사이로 난 고대 로마 가도를 나아가는 것과 달리, 이 부대는 아데마르의 명령에 따라 고대 가도를 내려다보는 산길을 택했다. 군대가 10분의 1 규모였으므로 산을 타고 갈 수 있었다.

아데마르는 르퓌의 주교라는 어엿한 지위를 가진 성직자였는데, 교황 우르바누스의 대리인으로 임명되어 십자군에 종군하게 되었다. 원래는 병사들의 영혼을 구원하는 역할이지만 이번 원정중에 군사적 재능도 상당하다는 것을 보여준다. 즉 병사들의 육체까지 구원할 수 있는 재능을 갖고 있던 성직자였던 것이다.

보에몬드가 이끄는 제1군이 도릴라이움(현 터키 에스키셰히르)에 도착한 것은 6월 30일이었다. 여기서 밤을 보낼 예정이었던 보에몬드는 야영용 천막을 치라고 명령한다. 야영 준비에는 그에 상응하는 수고와 시간이 필요하기 때문에 해가 지기 전에 시작해야 했다.

이때 아르슬란을 선두로 한 셀주크투르크군이 습격해왔다. 도릴라이움이 산과 산 사이에 난 계곡이었으므로 매복하기 적합한 곳이라 판단했던 것이다. 다니슈멘드는 이 매복에 참가하지 않았지만 카파도키아의 태수(아미르, Amir) 하산까지 참전해 있었다. 말 그대로 소아시아 셀주크투르크의 모든 병력을 끌어모은 대군을 이끌고 승부를 걸어온 것이다.

허를 찔린 보에몬드는 곧바로 반격할 태세를 갖추었다. 물자를 쌓은 짐마차를 사방으로 늘어세워 울타리를 만들고 그 안에다 전투에 도움이 되지 않는 성직자와 병자들을 피난시켰다. 그리고 전체 군대를 셋으로 나눠 울타리 밖으로 나가 적극적인 요격 전법으로 맞섰다. 첫번째 부대는 탄크레디, 두번째 부대는 플랑드르 백작, 세번째 부대는 보에몬드가 직접 선두에 서서 이끌었다.

셀주크투르크군은 오리엔트의 전통에 충실하게 한꺼번에 다량의 화살을 쏘는 방식으로 전투를 시작한다. 화살에 적병이 쓰러지고 사방에서 들려오는 단말마의 비명에 적의 기세가 꺾이기를 노려 기병을 투입하는 것이다. 도릴라이움에서도 투르크측은 이 전법으로 공격했다.

빗발치듯 쏟아지는 화살에, 경무장한 보병들은 순식간에 차례로 쓰러졌다. 중무장한 기사들은 쏟아져내리는 화살 때문에 앞으로 나아갈 수 없는 상태였다. 투르크군은 산에서 내려오며 공격하고 십자군은 아래에서 맞서는 형국이라 십자군 쪽이 결정적으로 불리했다. 더구나 투르크군은 쓰러지고 또 쓰러져도 잇달아 새로운 병사를 투입했다. 소아시아 전역의 셀주크투르크 병사를 결집한 만큼 도릴라이움 전투에서 그들은 수적으로 단연 앞섰던 것이다.

혼전이 벌어져 고전을 면치 못하는 보에몬드군 중에는, 이대로 죽으면 천국에 갈 수 없다며 동행한 사제를 찾아와 고해를 청하는 병사까지 나오는 판국이었다. 하지만 그때 아군이 위급하다는 소식을 들은 로렌 공작 고드프루아가 불과 50명의 기병을 이끌고 달려왔다. 그리고 뒤이어 레몽이 이끄는 제2군도 전장에 도착했다.

지 중 해
타우루스 산맥
시리아
안티오키아
타르수스
에데사
카파도키아
카이사레아
앙카라
티아나
코니아
소아시아
도릴라이움
니케아
니코메디아
펠레카눔
콘스탄티노플
마르마라 해
보스포루스 해협
비잔틴제국
흑　해
0　　250km
N

소아시아에서 십자군의 진로

　투르크군을 이끌고 있던 아르슬란은, 적은 제1군밖에 없다고 믿고 있었으므로 제2군이 달려올 줄은 예상하지 못했다. 제2군의 도착으로 십자군측은 완전히 전세를 회복한다. 진용은 레몽이 정했다.

　좌익은 보에몬드와 탄크레디의 이탈리아 남부 군대에, 프랑스 북서부에서 온 노르망디 공작과 블루아 백작이 가세한다.

　중앙은 레몽의 프랑스 남부 군대에, 플랑드르 백작의 기병 5백 명.

　우익은 고드프루아가 이끄는 독일 병사에, 프랑스 왕의 동생 위그가 이끄는 병사도 가세했다.

　이렇게 되자 경무장한 보병은 후방으로 밀려나고, 중무장한 전투 전문가들로 대적하는 진용이 갖추어졌다. 모두 작은 철제 고리로 짜서 만든 '호버크' 위에 강철 갑옷으로 무장하고 있었다. 무기는 큰 창과 장검. 이러한 진용으로 투르크군에 맞섰던 것이다.

중세의 이 갑옷 집단에는 아무리 많은 화살을 쏟아부어도 모두 튕겨 나갈 뿐이다. 중무장인 만큼 나아가는 속도는 느리지만 한 사람 한 사람의 방어력은 절대적이므로 화살도 창도 칼도 여간해서는 효력을 발휘하지 못한다. 투르크군은 이때 처음으로 중무장한 서유럽 군대의 위력을 실감하게 된다.

지금까지 최강의 무기라고 생각한 화살이 튕겨나오는 것을 보고 투르크 병사들은 동요했다. 젊은 술탄이 필사적으로 독려하는 소리도 귀에 들어오지 않게 된 그들은 결국 전장에서 도망치기 시작했다.

하지만 달아나려는 투르크 병사 앞을, 그제야 산길을 버리고 내려온 아데마르 주교가 이끄는 부대가 가로막았다. 그 수는 적었지만 골짜기인 도릴라이움에서 퇴로를 막기에는 충분했다. 포위된 것은 이제 투르크군 쪽이다. 그래도 용맹스러운 투르크 병사의 이름에 부끄럽지 않게 끝까지 버티며 선전했지만, 승패는 이미 분명했다.

해가 저물기 직전의 전장은 3천 명의 투르크 기병과 2만 명이 넘는 투르크 보병의 주검으로 뒤덮였다.

그리고 도망친 적을 쫓아 투르크군의 본영으로 들어간 제후들은, 주인이 도망간 뒤 손도 대지 않고 남겨져 있던 귀금속을 비롯한 온갖 호화로운 물건들을 보고 입을 딱 벌렸다. 수많은 아랍산 준마도 호화로운 말옷을 입은 채 묶여 있었다. 오리엔트의 유력자들은 전장에 나갈 때도 전 재산을 가져가는 관습이 있었던 것이다.

도릴라이움 전투는 십자군의 대승으로 끝났다. 소아시아 전역의 셀주크투르크 전력을 결집한 군대를 이겼으니 이제 소아시아에는 십자군의 진로를 가로막는 이슬람교도가 없어진 것이다. 제후들이 이렇게 생각한 것도 무리는 아니었다. 그리스도교도를 상대로 두 번이나 패한 술탄 아르슬란이 재기하는 것은 먼 훗날의 일이다.

그러나 승리한 프랑스 병사 중 한 명이 투르크인에 대해 다음과 같은 말을 했다고 한다.

"얼마나 용감한 병사들이었던가. 그들이 그리스도교도였다면 더할 나위 없이 좋은 전우가 되었을 텐데, 정말 안타깝다."

소아시아를 포기할 마음이 없던 셀주크투르크인은 도릴라이움에서 패배한 이후 전술을 바꾼다. 대군을 결집해 정면승부하는 회전(會戰) 방식이 아니라, 작은 병력을 구사하는 게릴라 전법으로 바꾼 것이다.

소아시아는 내륙으로 들어가면 지세가 몹시 복잡한데, 그것을 숙지하고 있는 것은 그들이었다. 또한 게릴라 전법은, 이쪽 얼굴은 보이지 않기 때문에 적병이 불안해진다. 얼굴이 보이지 않는 적과 싸우는 것만큼 병사를 불안하게 하는 것은 없다. 게다가 회전 방식은 이기지 못하면 지는 것이지만, 게릴라 전법은 지지 않으면 이기는 것이다. 무엇보다도 '홈'에서 싸우는 이슬람측에 비해 그리스도교측은 '어웨이'에서 싸우게 되는 것이다.

용맹한 투르크 병사를 상대했던 만큼 도릴라이움 전투에서는 십자군측의 손실도 컸다. 2만 3천 명을 잃은 투르크측에 비해 십자군측도 4천 명에 가까운 병사를 잃었다. 이름이 알려진 귀족만 해도 네 명이나 전사했다. 이 손실에 주목한 제후들은 이후 전군이 한데 뭉쳐 행군하기로 한다. 도망친 아르슬란도, 카파도키아의 태수 하산도, 애당초 참전하지 않았던 다니슈멘드도 어디에 있는지는 몰라도 아직 살아 있었기 때문이다. 그들이 게릴라 전법으로 전환한 것까지는 십자군측은 미처 알지 못했다. 하지만 아무리 도릴라이움에서 패했다 하더라도, 이 셀주크투르크의 실력자들이 그대로 물러나리라고는 생각되지 않았다.

실제로 방어 책임자로서 체면을 구긴 아르슬란을 비롯한 투르크인들은 그대로 물러서지 않았다. 게릴라 전법만이 아니라 초토화 작전으로도 나왔다.

밭이라는 밭은 모두 불태우고, 가축도 모두 사라졌으며, 우물은 메우고 저수조에는 독을 집어넣었다. 지나는 마을들에는 사람 그림자조차 보이지 않았다. 그리고 비잔틴제국 황제는 군량을 보급하겠다는 약속을 거의 지키지 않았고, 또 어쩌다 지킨 경우에도 그것을 실은 짐마차를 예외 없이 도중에 투르크 병사들에게 빼앗긴 탓에, 프랑크인들의 손에는 아무것도 쥐어지지 않았다.

원래부터 그들은 병참(logistics)이라는 개념이 전혀 없는 중세의 무인들이었다. 먹을 수 있는 것이라면 무엇이든 입에 넣을 형편이어서 자신들의 말까지 잡아먹었기 때문에 걸어서 움직여야 하는 기사들이 늘어나는 마당이었다. 체력이 약해진 이 병사들에게, 산그늘과 언덕 위에서 투르크 병사의 화살이 빗발치듯 쏟아졌다.

가까스로 이코니움(현 코니아)에 도달했을 때는 어느새 8월 중순이었다. 투르크 병사의 초토화 작전과 게릴라 전법에 시달린 지 한 달 반이 지나서야 십자군은 가까스로 숨을 돌릴 수 있었다.

소아시아 중앙부에 있는 코니아는 13년 전까지는 비잔틴제국령이었으므로 주민들 대부분이 그리스정교도였다. 이 도시를 지배하고 있던 투르크인은 십자군이 다가온다는 말만 듣고도 도망친 상태였다.

오늘날에도 비행기 위에서 내려다보는 소아시아는 황폐한 산야로밖에 보이지 않는다. 하지만 직접 그곳을 여행해보면 실로 풍요로운 지방이라는 것을 알 수 있다. 농산물이 풍부하고 목축업도 활발하며, 광대한 평야는 없지만 맑고 수량이 풍부한 하천이 많다. 통상에 적합한 바다 쪽 지역의 풍요로움은 옛날부터 잘 알려져 있지만, 농업과 목축이 주된 산업인 내륙 쪽도 나름대로 풍요로웠다. 고대부터 여러 민족이 이곳 소아시아를 획득하려고 기를 썼던 것도, 또 비잔틴제국 황제 알렉시우스가 재정복에 집착한 것도 당연했다는 생각이 든다.

고도 코니아는 이 소아시아의 장점이 모두 집약되어 있다고 해도 좋은 중간 규모의 도시다. 주민이 우호적이었기에 공략하는 데 무력을 사용할 필요도 없어서, 십자군은 이곳에서 잠시 휴식하기로 한다.

하지만 큰 걱정이 없는 이 도시에 체재하던 중에 생각지도 못한 사고가 일어나고 말았다. 너무 마음을 놓은 탓인지, 툴루즈 백작 레몽이 병으로 쓰러지고 로렌 공작 고드프루아가 부상을 당한 것이다.

레몽은 상당한 중병이었다. 아무래도 마지막이라고 생각했는지 아데마르 주교로부터 종부성사를 받는다. 이제 천국에 갈 수 있겠다며, 지금까지 툭하면 떠들썩한 언동을 해대던 레몽도 병상에서는 조용한 쉰다섯 살 남자로 변해 있었다.

서른일곱 살이었던 고드프루아는 교외 숲으로 사냥을 나갔다가 부상을 당했다. 곰 사냥을 할 수 있다는 이야기를 듣고 나갔는데 반대로 곰이 덮쳐온 것이다. 간신히 곰을 죽이기는 한 모양이지만 넓적다리의 상처가 깊었다. 심지어 혼자 사냥을 나갔던 듯 시종들이 달려갔을 때는 이미 피를 너무 많이 흘려 정신을 잃어가고 있었다.

그래도 중세의 기사는 육체적으로도 튼튼했던 모양이다. 레몽의 천국행은 연기되었고, 고드프루아도 말을 탈 수 있는 상태까지는 아니었으나 어느 정도 회복했다.

제후들의 십자군은 코니아를 뒤로하고 동쪽으로 행군을 계속했다. 병을 앓고 난 레몽은 짐마차 위에 드러눕고, 체력이 떨어진 고드프루아는 들것에 실려가는 행군이었다. 하지만 두 베테랑의 이런 상태는 지금까지 그들에게 억눌려왔다고 생각하던 두 젊은 장수에게 마음대로 행동할 수 있는 용기를 주었다. 마흔일곱 살의 보에몬드는 병에 걸리지도 않고 부상도 입지 않았지만, 더할 나위 없는 이기주의자였다. 이기주의자는 자신에게 영향을 끼치지 않는 한 타인의 행동에 간섭하지 않는다.

타우루스 산맥

소아시아 동남쪽에 있는 티아나라는 마을까지 오자, 제후들은 어떤 길을 통해 안티오키아로 갈지 결정해야 했다.

티아나 남쪽에는 소아시아와 시리아를 가르는 타우루스 산맥이 가로지르고 있다. 이 산맥을 넘는 것이 가장 빠른 길이지만 그리스인 길잡이는 다른 길을 추천했다. 산속에는 필시 투르크 병사가 매복하고 있을 거라는 이유에서였다. 그보다 도정은 길어지지만 일단 카이사레아(현 카이세리)까지 북상한 후 거기에서 아르메니아인의 영토 안으로 돌아 북쪽에서 안티오키아로 접근하는 것이 보다 안전하다고 주장했다.

이제 막 삼십대에 들어선 보두앵과 스물두 살밖에 안 된 탄크레디는 이에 반대했다. 두 젊은 장수는 산맥을 넘는 것도 투르크 병사도 두렵지 않다고 우겼다. 그리고 보두앵은 형 고드프루아에게 그의 군사 일부를 데려가도록 허락을 받는다. 탄크레디는 백부 보에몬드가 마음대로 하라고 하자 그 말을 액면 그대로 받아들여 자기 휘하의 군대를 데리고 갈 자유를 얻었다. 이 두 사람이 산을 넘기 위해 출발한 것은 9월 10일이다. 함께 떠난 것이 아니라 따로 떠난 것이었지만.

이리하여 십자군의 주력군은, 거리는 멀지만 안전한 길을 택해 다시 행군을 시작했다. 카이사레아까지는 문제가 없었다. 그런데 그곳을 지나 크게 우회하여 시리아를 향해 나아가기 시작했을 때, 매복해 있던 투르크군의 습격을 받았다.

격퇴하긴 했지만 카파도키아의 태수 하산이 이끄는 투르크군의 습격을 받은 것은 이번이 두번째다. 병에서 회복한 레몽과 부상에서 회복한 고드프루아, 그리고 보에몬드까지, 비잔틴제국 황제가 붙여준 이 그리스인 길잡이를 의심의 눈으로 보기 시작했다.

황제 알렉시우스가 십자군이 통과한 소아시아의 각 도시에 지체 없이 비잔틴제국 병사를 보내, 영유를 기정사실화하고 있다는 것은 제후들도 알고 있었다. 하지만 그들에게 소아시아는 성지로 가는 통로에 지나지 않았다. 그러므로 제후 중 아무도 그들이 통과해온 지방에서 황제가 무슨 일을 하든 관심이 없었다. 그러나 안티오키아에 다가가는 이 시점에서 행군을 방해하는 행위는 용서할 수 없었다.

하지만 그리스인 길잡이가 일부러 십자군을 투르크 병사가 매복해 있는 길로 이끌었다는 증거는 없었다. 그래도 불신은 남았다. 떠들썩한 편이지만 쉽게 사람을 믿어버리는 성격이었던 레몽은 그렇다 쳐도, 대부분의 제후들은 비잔틴제국의 황제를 믿지 않게 되었던 것이다.

지금까지는 계속 길잡이라고만 쓰고 이름을 밝히지 않았는데, 제후들의 십자군이 소아시아를 답파할 때 길잡이 역할을 한 사람에게는 어엿한 이름과 지위가 있었다. 이름은 타티키오스, 지위는 그리스군 사령관 중 한 명. 즉 황제 직속의 가신이다. 이 타티키오스가 황제 알렉시우스의 뜻을 받들어 행동하리라는 것은 누구나 예상할 수 있는 일이었다.

이처럼 투르크군의 습격을 격퇴하면서 나아가기는 했지만 소아시아와 시리아의 경계에 거주하는 아르메니아인의 영토로 들어가고 나서는 그런 걱정을 할 필요가 적어졌다. 유럽에서 온 십자군은 가톨릭교도이고, 아르메니아인은 다른 종파에 속하기는 했으나 그리스도교도라는 점은 같았기 때문이다. 아르메니아인들은 자신들이 지금까지 줄곧 이슬람의 바다에 고립되어 있다고 생각해왔던 사람들이다. 투르크의 압박을 물리쳐준 십자군에게 호의마저 품고 있었다.

제후들의 십자군은 아르메니아령을 지나 성지 팔레스티나로 가는 첫 관문인 안티오키아로 향했다. 1097년의 가을도 깊어가고 있었다.

　한편 두 젊은 장수 보두앵과 탄크레디는, 주력군과 달리 투르크 병사의 습격도 받지 않고 타우루스 산맥을 가볍게 넘어 바다가 보이는 킬리키아 지방으로 들어섰다.

　보두앵은 형 고드프루아로부터 5백 명의 기병과 2천 명의 보병으로 이루어진 상당한 규모의 병력을 빌렸지만, 탄크레디가 이끄는 부대는 기병도 보병도 그 절반에도 미치지 못했던 것 같다.

　그 정도의 병력만으로도 탄크레디는 킬리키아 지방의 첫번째 도시인 타르수스를 점령하는 데 성공한다. 십자군이 온다는 걸 안 투르크 수비대가 재빨리 도망쳐버렸기에 손쉽게 성공한 것이지만, 한 명의 병사도 잃지 않은 것은 탄크레디가 좋은 기회를 헛되이 날려버리지 않는 무장이기 때문이기도 했다. 물론 이때도 기회를 놓치지 않았다. 시가를 둘러싼 성벽의 탑 위에는 곧바로 파란색 바탕에 빨간색과 하얀색 체크무늬 띠가 새겨진, 보에몬드와 탄크레디의 알타빌라 가의 문장이 그려진 깃발이 높이 내걸렸다.

　며칠 지나지 않아 보두앵도 이곳 타르수스에 도착했다. 보두앵은 열 살이나 어린 애송이의 이런 행위가 마음에 들지 않았다. 시내에 들어가 탄크레디를 만난 그는 처음에는, 우리가 정복한 도시는 비잔틴제국 황제의 영유에 속한다고 명기한, 제후 전원이 서명한 서약서를 언급하는 온화한 방법으로 압박했다. 그러나 탄크레디는 그 말을 일소에 부친다. 보두앵이 하는 수 없이 그다음으로 언급한 것은, 두 사람이 가진 병력의 차이였다.

그것은 탄크레디를 현실로 돌아오게 했다. 타르수스의 주인은 탄크레디에서 보두앵으로 바뀌었다. 탑 위에서 나부끼는 깃발도 로렌 가의 것으로 바뀌었다. 물론 두 사람이 화해한 뒤에.

애송이들끼리의 언쟁으로밖에 보이지 않는 장면이지만, 이 애송이들은 우연히 일어난 일이라도 그 중요성을 간파하는 능력을 갖고 있었다.

이 시기, 강을 조금 거슬러올라가면 타르수스에 이르는 위치의 해안에 우연히도 한 척의 해적선이 정박해 있었다. 선장은 프랑스인이고, 덴마크와 플랑드르 출신의 선원이 모두 그리스도교도인 배였다. 십자군에 참가할 생각이라기보다 십자군 원정을 이용해 한몫 잡을 요량으로 북해에서 대서양으로 나와 지브롤터 해협을 통해 지중해를 서쪽에서 동쪽으로 항해해온 겁 없는 남자들이었다.

이 해적선 이야기가 타르수스의 주인 자리를 차지한 보두앵의 귀에 들어간다. 보두앵은 곧바로 그들을 타르수스로 불러들였다. 그런데 또 우연찮게도, 해적선의 선장은 보두앵이 속한 로렌 가 영지의 백성이었다.

머나먼 오리엔트 땅에서의 생각지도 못한 만남에 해적 두목은 감격하고 말았다. 보두앵은 감격하지는 않았지만 이 우연한 만남을 어떻게 활용해야 하는지는 알고 있었다.

그래서 우선 이 해적 우두머리를 자신의 부대장으로 임명하고, 2천 5백 명의 자기 병사 중에서 3백 명을 주고 십자군의 이름으로 타르수스 수비를 맡겼다. 이에 해적들은 다시금 감격했다. 신이 바라시는 일을 자신들도 하게 되었기 때문이다. 보두앵 입장에서 보면 안티오키아를 향해 남하하는 중에 십자군 본대로 돌아가야 했기에 조치한 것뿐이었다. 보두앵의 성직 경력이 끊어진 원인으로 보이는 그의 아내가 중병으로 쓰러졌다는 소식을 들었던 것이다.

탄크레디도 십자군 본대로 돌아갈 필요성을 느끼고 있었다. 교활함으로는 보두앵의 적수가 되지 못했지만 그만큼 책임감이 강했던 것이다. 다만 탄크레디가 본대로 돌아간 방식은 너무도 그다운 것이었다.

천 명 남짓한 병사만을 이끌고 어떻게 해냈을까 싶을 정도로, 탄크레디는 킬리키아 지방의 도시라는 도시를 모조리 정복해나갔다. 킬리키아 지방은 소아시아와 시리아의 경계에 위치한다. 그 때문에 황제 알렉시우스가 비잔틴제국의 영토로 되찾아오려 생각하던 지방이었다. 그것을 십자군의 영토로 기정사실화하는 것은, 비잔틴제국 황제의 손이 미치지 않는 지방이 되어버린다는 것을 의미한다. 황제가 불쾌하게 생각하든 말든 탄크레디와 보두앵은 알 바 아니었다. 그중에서도 특히 황제에 대한 충성 서약서에 끝까지 서명하기를 거부했던 탄크레디에게는 쾌감마저 수반하는 정복이었다.

그러나 이 두 사람이 타르수스를 비롯한 킬리키아 지방에서 마음 내키는 대로 정복한 것은, 성지 탈환을 목표로 하는 십자군이 이후 시리아와 팔레스티나에서 자유롭게 행동할 수 있는 길을 열어준 격이 되었다. 유럽에서 온 가톨릭교도와 비잔틴제국의 그리스정교도 사이는 점점 더 멀어질 뿐이었지만.

킬리키아 지방의 해안지대를 정복하고 있는 탄크레디를 남겨두고, 보두앵은 본대로 돌아왔지만 아내의 임종을 지키지 못했다. 하지만 다시 얼굴을 마주한 제후들 앞에서 해적에 관해 보고했던 것 같다.

해적 이야기는 제후들의 관심을 끌었다. 멀리 북유럽에서 바닷길을 통해 왔다는 것인데, 그렇다면 지중해에서 예전부터 통상활동을 하고 있는 그리스도교도의 해운력을 이용하지 않고 내버려둘 수 없지 않느냐는 것이었다.

서유럽의 해상 운송력을 이용할 수 있다면 비잔틴제국의 배에 의존할 필요가 없어진다. 그리하여 제1차 십자군과, 피사, 제노바, 베네치아의 이탈리아 해양도시국가의 공동투쟁체제가 시작된 것이다.

▌에데사 탈취

▌보두앵은 제후들 앞에서 또 한 가지 이야기를 했을 것이다. 친구가 된 아르메니아 영주의 동생을 통해, 모술의 영주에게 공격당하고 있는 에데사 영주 토로스로부터 지원 요청을 받았다고 말이다.

그리고 이것은 자신이 킬리키아 지방에서 활약한다는 소문을 듣고 요청해온 것이므로, 직접 에데사로 가는 것을 허락해달라고 청했다. 물론 그가 데려갈 병력은 형 고드프루아에게 부탁해야 했다.

여기서 한 가지 분명히 해두어야 한다.

그것은 제1차 십자군 당시 이슬람 세계에서는, 십자군이 종교를 기치로 내건 군대라고는 아무도 생각하지 않았다는 사실이다. 처음 한

동안은 늘 그렇듯이 비잔틴제국의 황제가 고용한 용병부대라고만 생각했다. 소아시아에서 십자군과 싸운 이슬람교도인 셀주크투르크의 영주들도, 이들이 비잔틴제국의 황제가 옛 영토를 되찾기 위해 고용한 용병이라고 믿었으므로 현재는 자신들의 영지인 소아시아를 방어할 생각으로 공격에 나선 것이었다. 이 투르크인들이 용감하게 싸운 것도 상대가 그리스도교도이기 때문이 아니라 자신들의 영지를 빼앗으러 온 침략자라고 생각했기 때문이다.

또한 이 십자군이 소아시아 땅을 북서쪽에서 남동쪽으로 행군하고 있다는 것을 안 후에도, 중근동의 땅에서 새롭게 영토를 획득하려는 것이라고 믿어 의심치 않았다.

당시 오리엔트의 이슬람 영주들은 영토를 확장하기 위한 싸움만 하고 있었다. 자신들이 그러하므로 새로운 침략자들도 마찬가지일 거라고 생각했다.

아르메니아파 그리스도교도인 에데사 영주와 이슬람교도인 모술 영주는 영지를 놓고 전쟁중이었다. 그 에데사 영주와 그리스도교도인 아르메니아 영주 사이가 좋았던 것은 두 사람 모두 그리스도교도였기 때문이 아니다. 아르메니아는 에데사를 침략할 의도가 없었을 뿐이다. 그렇게 사이가 좋았던 아르메니아인을 통해 에데사의 영주가, 가톨릭교도인 보두앵에게 모술 영주를 공격하러 와달라고 요청한 것도 다름 아닌 영토 문제 때문이었다. 이것 자체가 당시 중근동의 실정을 여실히 보여준다.

모든 것은 영토 문제이지 종교 문제가 아니었다. 십자군이 신의 깃발 아래 모인 군대이고 십자군 원정의 목적이 이슬람을 격퇴하고 그 땅에 십자군 국가를 세우는 데 있다는 것을 이슬람측이 정확히 알게 되는 것은, 이 시기로부터 무려 80년이나 지난 후에 등장하는 살라딘에 의해서다.

그때까지 대부분의 이슬람교도는 십자군을 영토 획득이 목적인 침략군이라 믿고 있었다. 꽤 먼 곳에서 온 침략자들이라고 생각했는지도 모르지만. 게다가 십자군 중에는 예루살렘 해방보다 영토 획득에 더 관심이 많은 사람도 있었으므로, 이슬람측의 판단이 백 퍼센트 오해였다고는 할 수 없다.

어쨌든 11세기 말인 이 시대에는 누구에게 도움을 요청한들 종교의 차이는 그다지 문제가 되지 않았다. 중근동 영주의 머리에는 영토 확장만이 가득했던 것이다. 그러나 지원 요청을 받아들인 보두앵과 그 보고를 받은 제후들은 어떤 한 가지 일을 떠올렸는지도 모른다.

예루살렘을 탈환한 뒤에도 그곳이 계속 그리스도교 도시로 유지되려면, 북쪽에 있는 안티오키아 역시 계속해서 그리스도교 쪽에 있어야 한다. 그리고 이 안티오키아를 이슬람측의 반격으로부터 지켜내기 위해 북동쪽에 위치한 에데사까지 그리스도교 도시로 만들면 전략적으로 만전을 기하는 체제가 이루어진다. 더구나 그로 인한 이점은 즉각 나타난다. 안티오키아를 공격할 때 십자군의 배후가 안전해질 수 있는 것이다.

역사를 돌아봐도 메소포타미아 지방에서 서쪽으로 진격할 때, 거리를 단축하는 지름길인 시리아 사막을 건너는 길을 택한 적은 없었다. 사막은 대상들이 건널 수는 있어도 대규모 군대의 원정은 불가능하기 때문이다.

그래서 중동에서 중근동으로 들어가는 경우는 유프라테스강을 따라 북상하고, 이 강의 상류 지역에 위치하는 도시들을 동쪽에서 서쪽으로 차례로 거쳐가는 것이 일반적인 경로였다. 물론 고대 로마제국처럼 서쪽에서 동쪽으로 진격하는 경우에도 방향만 다를 뿐 도정은 같다. 오늘날 터키의 동남쪽에 해당하는 에데사가 갖는 전략적 가치는 바로 이런 점에 있었다.

삼십대 초반밖에 되지 않던 보두앵이 이 사실을 알고 있었는지 어떤지는 알 수 없다. 또한 그것을 용인한 제후들이 이 시점에서 에데사가 갖는 전략적 가치를 이해하고 있었는지도 알 수 없다. 제1차 십자군에 대한 기록을 남긴 것은 모두 성직자들인데, 이런 사람들은 전략적 발상과는 거리가 멀다. 인간은 자기 관심 분야가 아닌 것에 대해서는 기록하지 않는 경향이 있다.

이것이 나의 지나친 생각에 지나지 않는다 해도, 결과적으로는 이처럼 되었다. 그리고 보두앵이 본대를 떠나 에데사로 향하는 것을 비난한 제후는 한 사람도 없었고, 그 때문에 안티오키아 공격에 참가하지 못함을 비난한 제후 역시 한 사람도 없었다.

보두앵은 기운차게 에데사로 향했을 테지만, 그가 이끈 병사의 수는 정확히 알려져 있지 않다. 하지만 타우루스 산맥을 넘을 당시 형이 빌려주었던 규모를 넘어서는 정도는 아니었던 것 같다. 그렇다면 5백 명의 기병과 2천 명의 보병 정도의 병력이었던 셈인데, 이는 너무 많지도 적지도 않은 병력이었으므로 에데사 영주 토로스는 크게 기뻐하며 맞이했다.

에데사 영주는 보두앵을 용병대장으로 삼을 생각이었으므로 우선 금화가 든 주머니를 내밀었다. 그러자 보두앵은 돈에는 관심이 없다고 대답했다. 그에 감격한 영주 토로스는, 그렇다면 양자로 들이고 싶다고 말했다. 토로스는 이미 노령에 자식도 없었다. 자신을 대신해 에데사를 지켜준다면 정식 양자로 맞이하고 싶다는 것이었다. 그 요청을, 보두앵은 받아들였다.

양자결연 의식은 에데사 중앙 광장에서 성대하게 거행되었다.

그런데 그로부터 얼마 지나지 않아 양부 토로스가 살해당했다. 이슬람측 사료에는 보두앵이 사주했다고 되어 있지만, 사실은 원한을 품고 있던 자가 늙은 영주를 죽이려 한다는 것을 보두앵이 눈치채고 있었으면서도 방관한 것으로 요약할 수 있을 듯하다.

어쨌든 영주가 죽었으므로 그의 양자인 보두앵이 에데사 영주가 되었다. 유럽에서는 자기 몫의 영토도 물려받지 못한 처지였던 이 남자는 고향을 뒤로한 지 불과 1년 만에 중근동에 있는 에데사의 영주 자리를 차지한 것이다.

물론 보두앵도 이후 모든 일이 잘 풀리리라고는 생각하지 않았다. 지금까지는 존재조차 몰랐던 오리엔트 땅의 영주가 되었지만, 백성이 바라는 것이 무엇인지는 금세 알아차렸다.

동방이든 서방이든 당시 사람들의 바람은 몸의 안전을 보장하고 세금을 적게 걷는 사람의 지배를 받는 것이었다. 이 두 가지만 보장해준다면 지배자가 누가 되든 상관없었다. 십자군을 단순한 침략자 집단으로 보고 있었으므로, 자신들의 지배자가 가톨릭교도라 해도 상관없는 것이었다.

그래서 보두앵도 에데사 시내에서 오리엔트의 호사스러움을 만끽하는 일은 제쳐두고 병사를 이끌고 주위 도시들을 정복하는 데 전념한 것이다. 그는 전투에 상당히 능숙했다. 그해가 끝나갈 무렵에는 토로스 시대보다 훨씬 넓은 영토를 획득했다. 당연히 에데사 백성들에게도 인기가 올라갔다. 보두앵은 백성들로부터 지지받는 영주가 된 것이다.

그 이후 보두앵이 통치하는 에데사와 그 주변 일대는 '에데사 백작령'으로 불리며, 시리아와 팔레스티나 지역에 건설되는 십자군 국가 중 하나가 된다.

물론 한동안은 안티오키아를 공략하려는 제후군 배후의 안전을 보장하는 것이 최대 임무였지만, 그후에도 오랫동안 메소포타미아 지방으로부터 이슬람 세력의 반격을 가로막는 방벽 역할을 했다. 만약 이것이 우연한 성과였다면 행복한 성과라고 말할 수밖에 없다.

이렇게 십자군 국가의 '목숨'을 향후 2백 년 동안 연장시켜준 킬리키아 지방과 에데사 일대에 대한 십자군의 패권 확립은, 제후로 구성된 제1차 십자군의 애송이 두 명의 손으로 이루어졌던 것이다.

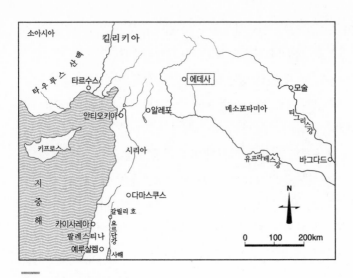

킬리키아 지방과 에데사 주변

이 두 사람은 이삼십대의 젊은이라는 것뿐만 아니라, 그런 이유로 대담무쌍하며 타고난 전투 기술을 갖고 있다는 점까지 닮아 있었다.

두 사람 모두 부모로부터 영토를 물려받지 못한 몸이다. 하지만 보두앵이 무엇보다도 자기 영지의 획득을 우선시한 것에 비해 탄크레디는 그렇지 않았다. 보두앵은 안티오키아 공략전에도 예루살렘 공략전에도 참가하지 않았지만, 탄크레디는 이런 중요하기 그지없는 공방전에 빠지지 않고 달려가 최전선에서 분투하게 된다.

1097년 10월 중순이 지날 무렵, 십자군 본대가 차례차례 멀리 안티오키아가 보이는 땅을 뒤덮기 시작했다. 보스포루스 해협을 건넌 지도 이미 반년이 되었다. 보통 속도로 행군해도 3개월이면 답파할 수 있는 소아시아를 통과하는 데, 그 배에 달하는 6개월이나 걸리고 만 것이다. 십자군이 입은 손실은 투르크군과 정면으로 전투를 벌일 때보다 게릴라 전법으로 바뀌고 나서 더 커졌다. 그리고 투르크 병사의 집요한 게릴라 공격을 격퇴한 후에도, 대규모 군대를 이끌고 행군하기 힘들 것이 뻔한 타우루스 산맥이 기다리고 있었다. 보두앵과 탄크레디는 산맥 서쪽에서 넘어왔지만 십자군 본대는 북쪽에서 넘었다. 결국 어느 방향에서든 이 타우루스 산맥을 넘지 않는 한 시리아로 들어갈 수 없었다.

6개월에 걸친 지난한 행군 뒤에 피로가 극에 달한 터라 곧바로 공격에 나설 상황이 아니었다. 하지만 북쪽에서 안티오키아로 접근해온 십자군은, 햇빛을 받으며 여유 있게 가로놓인 대도시 안티오키아의 위용에 눈을 뗄 수 없었을 게 분명하다. 유럽에까지 알려져 있는 오리엔트의 대도시가 그들 눈앞에 펼쳐져 있었다.

교황 우르바누스의 설욕

제후가 이끄는 십자군이 멀리 안티오키아가 보이는 지점에 도달한 것과 같은 시기, 멀리 떨어진 로마에서도 시대에 한 획을 긋는 사건이 화제에도 오르지 않고 조용히 진행되고 있었다.

교황 우르바누스 2세가 로마 교황의 공식 거처인 라테라노 궁으로 들어가는 데 성공한 것이다.

교황의 가톨릭교회 내의 경력은 1078년 오스티아 주교로 임명되었을 때부터 시작된다. 1078년은 '카노사의 굴욕'이라는 이름으로 알려진 사건이 일어난 다음 해다. 교황 그레고리우스 7세가 황제 하인리히 4세를 눈이 내리는 가운데 카노사 성 바깥에 사흘 밤낮을 세워놓은 사건인데, 로마 교황의 지위와 권위가 신성로마제국 황제 위에 군림한다는 사실을 서유럽의 그리스도교 세계에 과시한 사건이기도 했다. 하지만 그 이듬해부터 시작된 하인리히의 반격은 아주 집요했고, 그 때문에 궁지에 몰린 그레고리우스는 죽을 때조차 라테라노 궁에 들어갈 수 없었다.

그 7년 동안 젊은 우르바누스 역시 도망쳐다니는 교황과 행동을 함께해왔다. 또한 자신이 교황이 되고 나서도 9년 동안 라테라노 궁에 발을 들여놓을 수 없었다.

딱 한 번 로마에 들어간 적은 있었다. 하지만 그것도 테베레강에 떠 있는 섬에 며칠 머물렀을 뿐이다. 거기에서 라테라노 궁까지는 직선거리로 2킬로미터밖에 되지 않는다.

최초로 그리스도교를 공인한 로마 황제 콘스탄티누스 대제가 건설해 교황에게 증정한, 라테라노 대성당 근처에 세워진 라테라노 궁전은 이후 가톨릭교회의 수장인 로마 교황의 공식적인 거처로 이어져내려왔다. 교황이 소집하는 공의회가 라테라노에서 자주 열린 것도 그 때문이다.

'카노사의 굴욕' 이래 20년 동안이나 로마 교황이 이 라테라노 궁에 발도 들여놓을 수 없었던 것은, 황제 하인리히가 옹립한 대립교황과 그 파의 최고성직자들이 로마를 지배하고 있었기 때문이다.

이 상태가 20년 후에 일변한 것이다. 로마에서 열 수 없어서 대신 프랑스의 클레르몽에서 열린 공의회에서 우르바누스가 제창한 십자군이 실현되었을 뿐 아니라, 우르바누스의 제창에 호응한 제후들의 군대가 이제 실제로 오리엔트에 도착했다. 성도 예루살렘은 아직 해방되지 않았지만 서유럽이 모두 들고일어나 출발한 그리스도교도 군대가 그들의 성지인 시리아와 팔레스티나에 도착했다는 사실만으로도, 서유럽의 그리스도교 세계가 받은 충격은 컸다. 이것은 모두 우르바누스 2세의 호소에서 시작된 일이었다.

그리고 이것은, 아직 신성로마제국의 황제일지언정 하인리히 4세의 권위가 추락하는 결과로 이어질 수밖에 없었다. 이 남자는 오직 교황에 맞서는 입장을 고수하며 살아왔다. 교황의 권위를 재인식하는 사람이 늘어나면 그것은 그대로 황제의 권위가 추락하는 것이 된다. 이미 황제에게 충성을 맹세했던 로렌 공작 고드프루아도 십자군에 참가해 오리엔트에 가 있다. 그리고 황제의 후원을 잃은 대립교황도 더는 로마에 있을 수 없게 되어 이탈리아 북부로 도망가 있었다.

교황 우르바누스 2세는 황제를 눈 속에 세워둠으로써 로마 교황의 권위를 과시하는 것이 아니라, 전 유럽의 그리스도교도들을 이슬람과의 전쟁에 내보냄으로써 로마 교황의 권위를 과시하는 데 성공했다. 황제 하인리히를 상대로 한 권력투쟁에서 20년 만에 승리한 것이다.

하인리히 4세는 그 이후 9년을 더 살았는데, 40대에서 50대에 걸친 그의 만년은 쓸쓸했다. 로렌 공작 고드프루아 외에도 황제의 부하였던 영주나 기사들 중 십자군에 참가한 사람이 많았고, 또 이제 아무도 상대해주지 않는 아버지를 장남에 이어 차남까지 외면했다. 그가 죽은 것은 더는 견딜 수 없는 상황이 되어 독일에서 이탈리아 북부로 옮겨간 후였다. 카노사에서 일단 파문이 풀렸으나 교황을 궁지에 몰아넣을 무렵 다시 파문을 당했으므로, 그리스도교도로 매장되는 것이 허락되지 않아 가매장만 한 채 세월이 흘렀다. 5년 후에야 당시의 교황이 파문을 해제해주어 대성당에서 황제에 어울리는 웅장한 장례식을 거행할 수 있었다.

5년이라는 기간은 시효를 뜻하는 것이 아니다. 교황에 의한 파문 조치는 곧 신의 뜻을 받은 교황이 주는 벌이며, 신의 분노에는 시효가 있을 수 없다.

황제 하인리히 4세에 대한 파문이 그가 죽은 지 5년이 지나서야 풀린 것은, 그 이전에 예루살렘이 '해방'되어 서유럽 전역이 이 쾌거에 대한 열광으로 들끓었고, 그 와중에 로마 교황의 마음도 관대해졌기 때문이다.

고등학교에서 배우는 세계사 교과서에도 로마 교황의 권위가 최고조에 달한 것은 인노켄티우스 3세 때라고 쓰여 있다. 하지만 최고조에 달한 것은 12세기에서 13세기에 걸친 그 시기라 해도, 교황의 권위가 상승하기 시작한 것은 이보다 백 년은 앞선 우르바누스 2세 때부터다. 교황 우르바누스의 뒤를 이은 교황은 세 명 모두 우르바누스와 같은 클뤼니 수도원 출신이었다. 그리스도교 교회 내부에서도 십자군 원정을 제창한 우르바누스에게 찬동한 사람들이 늘어났다는 증거가 아닐까.

십자군은 프랑스의 유력한 수도원이던 클뤼니 수도원이 불을 붙이면서 시작된, 말하자면 종교가 주도한 '사회개혁운동'이었다. 그것이 근사한 결실을 맺을수록 클뤼니 수도원의 생각이 옳았다는 것이 확실해지고, 로마 교황의 자리에 그곳 출신자가 오르는 것이 당연해진다. 그리고 그것이 로마 교황의 권위와 권력의 증강으로 이어지므로, 가톨릭교회와 십자군은 그후에도 점점 더 운명공동체 관계를 강화해나가게 된다.

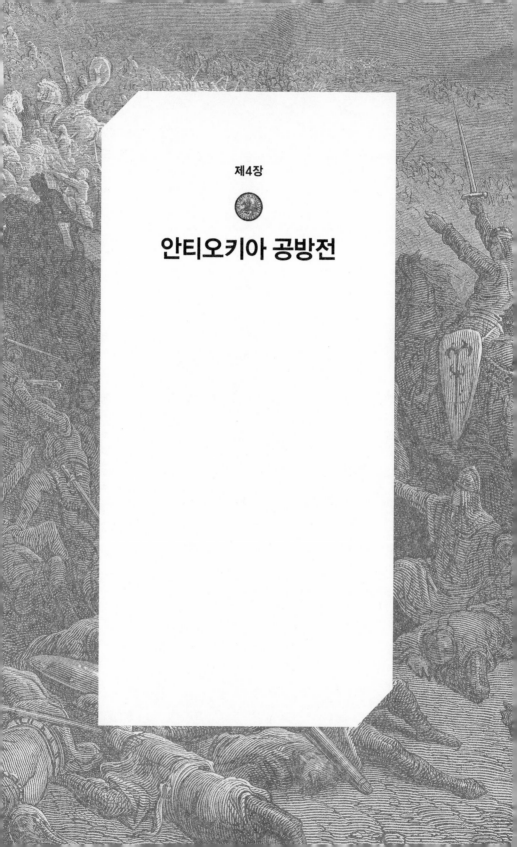

제4장

안티오키아 공방전

안티오키아는 21세기인 오늘날 터키식으로 안타키아라고 불리는, 시리아와의 국경 근처에 있는 터키의 일개 초라한 도시에 불과하다. 하지만 고대에는 이집트의 알렉산드리아와 나란히 오리엔트 2대 도시로 불렸다.

알렉산드로스 대왕이 죽은 후 그의 수하 장수 중 한 사람인 셀레우코스가 자기 영지가 된 시리아의 수도로 삼은 곳이 안티오키아다. 셀레우코스 왕조 시대에 안티오키아는 급속히 번영의 길로 들어선다.

이 헬레니즘 시대가 끝나고 지배자가 로마로 바뀌고 나서도 제국의 동쪽을 방어하는 최고책임자가 부임하는 지역은 언제나 안티오키아였다. 이 시대 알렉산드리아가 경제의 중심이었던 것에 비해 안티오키아는 제국 동쪽의 군사와 외교, 그리고 경제의 중심지 역할도 계속 담당했다.

로마제국이 그리스도교화하고 콘스탄티노플이 건설된 후에도 안티오키아의 중요성은 조금도 떨어지지 않았다. 외교와 군사의 중심에서는 벗어났지만 중동과 지중해를 잇는 교역과 견직물 산업을 비롯한 수공업이 활발하게 일어났기 때문이다. 때문에 안티오키아는 여전히 사람들을 매혹시키는 대도시였다. 이 시대에 제작된 지도만 봐도, 지중해를 에워싼 전 로마 세계에서 로마, 콘스탄티노플, 알렉산드리아와 함께 안티오키아 역시 대표 도시 중 하나로서 특별한 기호가 함께 표시되어 있다.

또한 예루살렘에서 포교가 어려웠던 초기 그리스도교 교회가 본격적인 포교활동을 시작한 곳도, 따라서 최초의 그리스도교도 커뮤니티가 형성된 곳도 이곳 안티오키아였다. 지방보다 도시에서 포교하는 것이 효율적이라고 생각한 초기 교회의 사도들, 그중에서도 특히 성 베드로가 눈여겨본 당시의 안티오키아에는 각지에서 여러 계층의 사람들이 모여들고, 그로 인해 진취적인 기질도 강했으리라 상상할 수 있다.

이슬람 세력이 확대됨에 따라 이 안티오키아도 쇠퇴의 길로 접어들기 시작한다. 이슬람 세력 확대의 주력이 서쪽 지중해가 아니라 동쪽의 메소포타미아 지방으로 향했기 때문이다. 안티오키아는 더이상 지중해 세계의 한 중심이 아니라 이슬람 세계의 변방 도시가 되어갔다. 이 쇠퇴를 막기란 쉽지 않았을 것이다. 고대에는 30만 명이었던 인구가, 중세 중기인 십자군 시대에는 불과 5만 명 안팎으로 감소했다고 한다.

도시 한가운데를 직선으로 관통하는, 2킬로미터에 이르는 대로의 양옆에는 열주회랑이 늘어서 있었는데, 고대에는 안티오키아의 풍요를 상징하던 이 열주회랑을 지탱하는 대리석 원기둥이 대부분 지진으로 쓰러진 채 방치되어 있었다. 시리아는 지진이 잦은 지역이기도 했던 것이다.

또한 예전에는 안티오키아를 지중해로 들어가는 최적의 입구로 만들어주었던, 외항으로 향하는 오론테스강도 토사가 쌓인 채 방치되어 이제는 배도 왕래할 수 없는 상태가 되어 있었다. 변방의 한 도시가 된 후 항구의 중요성도 점차 떨어져갔기 때문일 것이다.

그래도 오랜 세월에 걸친 번영의 축적물은 아직 남아 있었다.

안티오키아 전체를 둘러싸고 높다랗게 우뚝 솟아 있는 성벽은 전체 길이가 무려 12킬로미터에 이른다. 로마의 성벽이 20킬로미터였던 시대에 12킬로미터인 것이다. 게다가 비잔틴제국 전성기의 황제 유스티니아누스가 철저하게 보강했으므로, 안티오키아 성벽의 강도는 그러한 행운을 누리지 못한 로마의 성벽보다 뛰어났을 것이다.

게다가 성벽의 요소요소를 견고히 하는 탑만 해도 4백 개 가까이 되었다. 전방의 공격에만 대응할 수 있는 평면 성벽과 달리, 탑이 있으면 전방만이 아니라 오른쪽이나 왼쪽으로부터의 공격도 방어할 수 있다. 탑이 많으면 많을수록 방어력도 높아지기 때문에, 성벽의 요소를 견고히 하는 탑의 수는 성벽 전체의 방어력을 재는 척도가 된다.

안티오키아의 성벽은 이렇게 수비가 완벽했다. 기진맥진해서 도착한 십자군 병사들이 도저히 함락할 수 없겠다며 절망한 것도 무리가 아니었다.

하지만 사기 하나는 높았다. 이곳 안티오키아만 함락하면 그뒤에는 예루살렘 해방이 기다리고 있다고 생각했는지도 모른다.

이런 생각은 병사들을 이끄는 제후들도 마찬가지였다. 그리고 이들 중 몇몇은, 어떻게 하면 불가능을 가능으로 바꿀 수 있을지 생각을 짜낼 수 있는 기개와 능력도 갖고 있었다.

주위가 견고한 성벽으로 둘러싸여 있는 대도시를 공략하기는 무척 어렵다. 집 안에서 버티는 상대를 계속 집 밖에서 공격하는 셈이기 때문이다. 병력과 군량이 충분하다 해도 무더위와 혹한, 비와 눈과 바람을 고스란히 감수하면서 공격해야 한다. 더군다나 배후에서 적의 원군이 나타나지 않을까 주의를 기울이는 것도 게을리해서는 안 된다.

또한 열악한 환경에서는 역병도 발생하기 쉽다. 적과의 전투에서 죽는 자보다 먹을 것이 부족하거나 위생상태가 나빠 죽는 자가 더 많은 것이 공격하는 측의 고민 중 하나였다. 더구나 공격하는 내내 병사들을 통합하고 그들의 사기가 떨어지지 않도록 노력해야 했다.

바로 그 때문에 역사상 명장으로 알려진 사람들은 하나같이 공성전(攻城戰)을 싫어했다. 그들은 어떤 책략을 이용해서든 성벽 안에 웅크린 적을 성벽 밖으로 끌어내어 대규모 전투를 벌여 승부를 가르기를 원했다.

이수스와 가우가멜라에서는 다섯 배, 열 배나 되는 적을 상대로 대승을 거두었던 알렉산드로스 대왕도, 성채 도시인 티루스(현 티레)를 함락하는 데는 꽤나 애를 먹었다. 오를레앙을 함락시키는 데에는 무척 고생했던 율리우스 카이사르는 그보다 일곱 배나 되는 적을 상대한 알레시아 공방전에서는 며칠 만에 승부를 냈다. 그리고 포에니 전쟁의 막을 내린 카르타고 공방전에서는, 당시 최강이었던 로마군도 카르타고를 함락하는 데 3년이나 걸렸다.

이와 같은 역사의 교훈을 보면, 오리엔트 최대 도시 중 하나로 오랜 역사를 쌓아온 안티오키아가 쉽사리 함락되지 않으리라는 것은 누구나 알 수 있었다. 그렇다고 안티오키아를 이슬람측에 남겨둔 채 예루살렘으로 향하려는 생각은 아무도 하지 않았다. 이유는 간단하다. 그런 어리석은 짓은 용납되지 않으니까.

문제는, 안티오키아의 방어 책임자가 성문 밖으로 나와 공격하는 적극적인 전법을 취할지 여부에 달려 있었다.

▎이슬람·시리아의 영주들

안티오키아의 총독 야기 시얀은 이미 초가을부터 그리스도교군이 접근해온다는 걸 알고 있었다. 안티오키아의 방어 책임자인 이 노령의 투르크인은 결사항전을 다짐한다. 하지만 성 밖으로 과감하게 나가 공격하는 적극적인 항전은 아니었다. 정확한 병력은 알 수 없지만, 수하의 병력으로는 충분치 않다고 판단했던 것이다.

그는 다마스쿠스의 지배자 두카크와 모술 태수 케르보가에게 아들을 보내 원군을 요청했다. 두 사람 다 시얀과 같은 셀주크투르크족 출신이다. 그런데 같은 투르크인이고 안티오키아에서 가장 가까운 거리에 있는 알레포의 지배자 리드완에게는 도움을 청하지 않았다. 이러한 고려는 시리아의 당시 상황을 여실히 보여주는 것이다.

소아시아와 마찬가지로 시리아는, 11세기 말인 이 시기의 이슬람 세계에서는 신흥민족 축에 속하는, 뛰어난 군사력을 지닌 셀주크투르크인의 지배를 받고 있었다. 안티오키아와 다마스쿠스, 알레포 모두 지배자는 투르크인이었다.

알레포 영주 리드완과 다마스쿠스 영주 두카크는 형제였고, 안티오키아 총독 시얀의 딸은 리드완에게 시집을 갔다.

이러한 관계가 원만하게 지속되었다면, 이슬람측의 연대기 작가가 한탄하는 것처럼, 십자군의 시리아 침략이 그렇게 쉽사리 성공할 수는 없었을 것이다. 시리아에 들어간 후 안티오키아 앞에서 느긋하게 머무르는 것도 물론 불가능했을 것이다.

그런데 실제로는 그럴 수 있었다. 시리아의 각 영주들 사이가 원만하지 않은 상태였기 때문이다.

알레포의 리드완은 영주가 되자마자 두 동생을 죽일 계획을 꾸민다. 한 명은 살해당했지만 막내동생 두카크는 도망쳤다. 도망친 두카크는 다마스쿠스에서 힘을 모아 그 땅의 영주가 되었다. 두 사람 다 아직 젊었기 때문에 형제간의 험악한 관계는 변함없이 지속되고 있었다.

안티오키아 총독 시얀이 딸을 알레포의 리드완에게 시집보낸 것은, 가장 가까운 곳에 있는 알레포와 좋은 관계를 유지하는 것이 안티오키아의 안전보장에 도움이 되리라고 생각했기 때문이다. 하지만 리드완은 아내의 친정 따위는 무시하는 남자였다. 그후에도 알레포의 안티오키아 침략행위는 그치지 않았다. 딸이 알레포로 시집을 갔음에도 시얀이 리드완에게 구원을 요청할 생각을 하지 않은 것은 그 때문이었다. 가까운 지역의 구원이 필요해진 이때에도 알레포보다 다마스쿠스를 택한 것이다.

모술 태수 케르보가에게 원군을 요청한 것은, 티그리스강 상류에 위치하는 모술이 당시 강력했기 때문이고, 또한 안티오키아까지 세력을 확장하기에는 먼 거리였기 때문이다. 오늘날에도 알레포와 다마스쿠스는 시리아에 속하지만 모술은 이라크에 속한다.

또한 당시의 모술은, 지금은 모슬린이라는 이름으로 알려진 얇은 천을 이용한 고급 면제품 제조로 유명했을 뿐 아니라, 검고 끈적거리며 불을 붙이면 타오르는 액체, 즉 석유를 산출하는 곳으로도 잘 알려져 있었다.

총독 시얀의 구원 요청에 다마스쿠스의 두카크는 수락의 뜻을 전해왔지만, 모술 태수에게서는 아직 대답이 없었다.

11세기 말부터 12세기에 걸친 시리아의 이슬람 세력은 이처럼, 좋게 말해 군웅할거 상태였던 것이다.

동시대의 유럽 그리스도교 세계도 상황은 비슷했다. 다른 점은 유럽에서는 십자군을 일으킴으로써 왕과 제후들 사이에 '신의 평화'를 이뤄내는 데 성공하지만, 동시대의 중근동에서는 '알라의 평화'를 제창하는 사람이 없었고, 따라서 아직 그것이 이뤄지지 않았다는 점이다. 즉 안티오키아 총독 시얀은 '알라의 평화' 같은 건 꿈에도 생각하

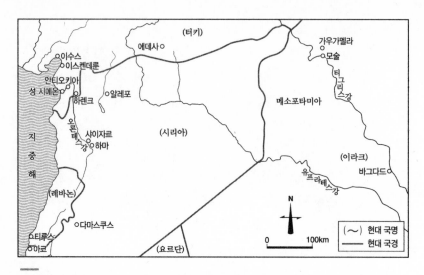

시리아와 그 주변

지 않는 유력자들에게 도움을 요청해야 했던 셈이다.

　아들을 보낸 뒤 총독 시얀이 한 일은 안티오키아에 거주하는 그리스인 주교를 투옥하는 것이었다. 십자군이 접근한다는 것을 알게 된 시내 거주 그리스도교도의 대부분은 그리스정교도였지만, 그들이 주교를 떠받들고 봉기할까봐 두려웠기 때문이다.

　하지만 안티오키아에 사는 그리스도교도는 무척 많았다. 연구자 중에는 주민의 절반 가까운 수였다고 하는 사람도 있다. 총독은 이 사람들이 봉기까지는 하지 않더라도, 가슴에 붉은 십자를 새기고 무장한 모습으로 다가오는 그리스도교도 군대와 내통하는 자가 발생할 염려는 충분하다고 생각했다. 주교를 투옥하는 정도로는 해결할 수 없는 문제라고 생각한 것이다.

　총독은 방어력을 강화하기 위해 성벽 바깥쪽에 빙 둘러 파놓은 해자를 더욱 깊고 넓게 하라고 명령하고, 그 작업에 이슬람교도와 그리스도교도를 하루씩 교대로 동원하기로 했다. 그리스도교도들은 2급 시민으로 대우받는 것에 익숙해져 있었으므로 아무도 이런 방식을 이상하게 여기지 않았다. 그리고 그것이 몇 차례쯤 반복된 어느 날, 그리스도교도 남자들이 작업을 담당하는 날이었다.

　해질 무렵 작업을 끝내고 돌아온 그들 앞에서 성문이라는 성문은 모두 굳게 닫혔다. 아무 데나 가라는 총독의 명령에 그리스도교도들은 시내에 남아 있는 집과 처자식은 어떻게 하느냐며 항의했다. 그러나 총독은 처자식과 자산의 안전은 자신이 책임지고 보장한다고 말할 뿐이었다.

　이렇게 주민들 중 그리스도교도 남자들만 안티오키아에서 추방되었다. 총독 시안의 입장에서 보면 이는 내통의 위험을 제거할 뿐만 아니라 식량을 절약하는 방법이기도 했다. 농성하는 측에서 가장 중요한 일은 식량을 언제까지 유지할 수 있는가 하는 것이니까.

　신기하게도 이때 안티오키아에서 추방된 남자들 대부분은 점점 다가오는 십자군에게 가지 않았다. 유럽에서 온 알지도 못하는 그리스도교도에게 도움을 청하기보다, 친숙한 이슬람교도의 도시로 가는 편을 택한 것이다.

　총독 시안의 두려움이 근거가 없었던 게 아니라는 것이 곧 입증된다.

안티오키아의 위성도시 중 하나라고 해도 좋은 한 도시에서, 십자군이 접근해오는 것을 알게 된 그리스도교도 주민이 봉기한 것이다. 주민들이 투르크인 수비대를 습격하고 있다는 소식이 행군중인 십자군의 귀에까지 들려온다. 곧장 5백 명의 기병을 거느린 플랑드르 백작이 본대를 떠나 서둘러 달려갔다. 이 때문에 투르크 병사 전원이 죽임을 당했고, 이 일을 알게 된 다른 도시나 마을도 현실을 깨달았다. 그로써 십자군이 행군하는 서쪽은 이제 안전해졌다. 그것은 서쪽뿐이었을지언정, 안티오키아 주변의 위험요소가 사라졌다는 것을 의미했다.

▌십자군의 도착과 포진

▌1097년 10월 20일, 멀리 안티오키아가 보이는 언덕 위에 십자군의 첫 병사가 모습을 나타냈다. 이어서 십자군의 실질적인 사령관인 풀리아 공작 보에몬드, 로렌 공작 고드프루아, 툴루즈 백작 레몽 세 사람이 말을 타고 나타났다. 다른 제후들도 그 뒤를 따랐다. 그들 모두에게 안티오키아는 처음 보는 곳이었다.

타우루스 산맥을 넘고 오론테스강을 따라 행군해온 이들은, 안티오키아의 서쪽을 흘러 지중해로 통하는 오론테스강을 건너야 했다. 이 강에는 대도시 안티오키아의 첫 관문이라고 해도 좋을 만한 곳에 '철의 다리'라 불리는 견고하게 만들어진 다리가 놓여 있었다. 주민의 통행만이 목적인 다리가 아니었기에, 그 다리 양끝에 방어용 탑이 서 있고 수비병이 지키고 있었다. 이 '철의 다리'를 손에 넣기 위해 파견된 부대를 이끈 사람이 아데마르 주교였다.

이는 아마도 명령이 아니라 그가 자원한 일일 것이다. 도릴라이움 전투에서 그가 이끈 부대가 투르크군의 퇴로를 차단한 것이 승리의 결정적인 요인이 된 이후, 이 성직자는 군사적인 면에서도 적극적인 모습을 보였다. 아데마르 주교가 이끄는, 기병과 보병으로 구성된 부대는 '철의 다리'를 지키고 있는 두 개의 탑을 간단히 점거했다. 이제 안티오키아의 성벽으로 가는 길의 장애물은 모두 제거된 셈이다.

아마도 5만 명, 실제 전력은 그보다 훨씬 밑돌 것이지만, 그것이 먼 길을 답파해온 직후 십자군의 총 병력이었다. 그래도 대군인 것은 변함없다.

그날은 '철의 다리' 맞은편에 펼쳐진 평지에 천막을 치고 밤을 보냈다. 병사들은 앞을 다투어 안티오키아를 보려고 했는데, 바라본 자가 우선 감탄하고 그후 바로 절망한 것도 이 무렵일 것이다. 오리엔트에서도, 가을엔 해도 달도 한층 빛을 더한다. 그리고 모래먼지의 방해를 받는 날이 적어서 중근동 전역이 가장 아름다워지는 계절이다.

이튿날인 10월 21일, 풀리아 공작 보에몬드는 기병으로 구성된 부대를 이끌고 적의 동태를 살피러 나갔다. 이는 매복을 만날 위험이 예상되는 지대를 둘러보기 위함이었다. 보에몬드는 그날 하루를 이용해 안티오키아 주위를 둘러싸고 있는 성벽을, 화살의 사정거리 안에 들지 않도록 유의하며 시찰했다. 매복은 없었다. 또한 모든 성문은 굳게 닫혀 있었다.

안티오키아는 산 중턱에서 오론테스강을 향해 펼쳐진 평지에 건설

된 도시다. 따라서 도시의 중심은 중앙이 아닌 북서쪽으로 치우쳐 있다. 다만 산을 끼고 있기 때문에 용수가 풍부했다. 그리고 성벽은 견고함 그 자체다. 산 위 가장 높은 곳에는 견고한 성채가 서 있다. 이런 성채는 일본 성의 천수각(天守閣)과 비슷하게, 시내가 적에게 점령당한 후에도 방어하는 측이 끝까지 틀어박혀 싸울 수 있는 거점 역할을 한다. 그 외에는 성채가 없다. 이 사실은 안티오키아의 방어가 4백 개나 되는 탑으로 중요 지점을 단단히 지키고 있는 성벽에 의존하고 있다는 것을 보여준다.

성벽에 뚫린 성문은 수비하는 측보다 공격하는 측에 더 중요하게 작용하는데, 보에몬드는 다음 다섯 개가 중요한 성문이라고 보았다. 여기서는 그 모든 명칭을 십자군 시대에 그리스도교도가 불렀던 대로 사용한다. 시계 반대방향으로 들어보자면 다음과 같다.

성채의 바로 북쪽에 있는 '철의 문'. 이 성문은 동쪽을 향해 나 있다. 즉 그대로 가면 유프라테스강에 이르는 것이다. 다만 산 위를 향해 있으므로 대군이 지날 수는 없다.

북쪽을 향해 나 있는 것이 '성 바울 문'. 이 성문은 '철의 문'을 지나면 바로 마주치는 문이기 때문에 매우 중요하고, 다섯 개가 아니라 두 개를 꼽으라고 해도 그중 하나에 들 정도다. 중근동의 도시인 안티오키아로서도 중동으로 이어지는 주요 도로를 향해 나 있는 중요한 문이었다.

주요 도로인 만큼 '성 바울 문' 하나로는 충분하지 않아서 바로 그 근처에 또 하나의 성문이 있다. 이 성문은 '개의 문'이라 불렸다.

고드프루아의 양옆에 보에몬드와 레몽으로 보이는 두 장수가 왕관을 쓰고 있는 것은
후세(즉 이 그림이 그려진 시대)의 오류이다.

그리고 서쪽을 향해 나 있는 것이 직역하자면 '공작(Duke) 문'인데, 이는 '사령관 문'이라는 뜻이다. 이슬람의 지배를 받게 되면서 메소포타미아 지방으로 향하는 길이 안티오키아의 주요 도로가 되었지만, 십자군 시대에는 지중해로 향하는 길이 주요 도로였기 때문이다. 따라서 이 '공작 문'은 서남쪽으로 난 '성 조르주 문'과 함께, 지중해와 교류를 유지하는 데 중요한 문이었다.

정찰을 마치고 진영으로 돌아온 보에몬드는 제후들에게 이 모든 것을 보고했다. 성벽이 너무 길어서 포위작전은 불가능하다는 것. 따라서 각 제후의 군대는 주요 성문 앞에 진을 쳐야 한다는 것. 그리고 각 제후들이 포진할 지역을 정하자고 제안했다.

하지만 제1차 십자군에는 명확한 총사령관이 없고 지휘계통도 일원화되지 않았다. 따라서 작전회의에서도 사령관 격인 제후들이 모여 정보의 전달과 교환은 했지만, 누가 어디에 포진하고 어디에서 공격할 것인가는 정할 수 없었다. 그 결과 제후 각자가 마음에 드는 곳을 골라 진을 치게 되었다. 때문에 누가 어디에 진을 쳤는가를 보면, 그 사람의 전략전술 능력까지 추측할 수 있다. 이 흥미로운 현상은 안티오키아 공방전 때만이 아니라 이후에 벌어지는 예루살렘 공방전에서도 찾아볼 수 있다. 이 안티오키아 공방전에서, 제후들은 각자 다음과 같이 진지를 택했다.

만약 이슬람측 원군이 온다면 이쪽이리라고 예상되는 북쪽을 향한

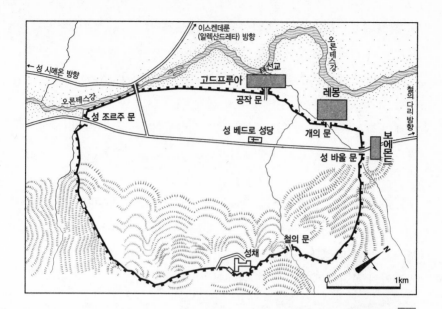

안티오키아 시가지와 각 장수의 포진
(Steven Runciman, *A History of the Crusades*, Vol. I)

'성 바울 문' 앞에 진을 친 것은, 보에몬드가 이끄는 이탈리아 남부의 노르만 세력.

그 바로 오른쪽에 있는 '개의 문' 앞에 진을 친 것은 레몽이 이끄는 프랑스 남부의 병사들.

서쪽으로 난 '공작 문' 앞에 진을 친 것은 고드프루아가 이끄는 독일 북서부의 병사들.

성채 바로 근처에 있는 '철의 문'은 문 자체가 산 위에 있어 포진한 채 주둔하기에는 적합하지 않았다.

또한 보에몬드는 지중해와 가장 가까운 '성 조르주 문'을 조카 탄크레디에게 맡길 생각이었다. 하지만 이때 탄크레디는 막 도착한 제노바 선박의 선원들과 협력해 킬리키아 지방 남부의 두 항구도시를 점령하는 데 전념하고 있어 아직 안티오키아에 오지 않은 상태였다.

이들 외의 다른 제후들, 즉 지금까지도 적극적으로 싸워온 플랑드르 백작 로베르를 비롯해, 프랑스 왕의 동생 위그, 노르망디 공작, 그의 매제인 블루아 백작, 그리고 아데마르 주교는 이른바 유격대 지휘관 격으로, 그때그때 필요한 지점에 가세하는 것으로 결정되었다.

로렌 공작 고드프루아는 '공작 문' 앞에 진영을 구축하자마자, 진영의 서쪽을 흐르는 오론테스강에 작은 배를 늘어놓고 그 위에 두꺼운 판자를 걸쳐 다리를 만들기 시작한다. 탄크레디가 맡고 있는 두 항구도시와의 연락을 확실하게 하려는 목적이었다. 고드프루아는 지중해 연락로를 확보하는 것의 중요성을 깨닫고 있던 사람 중 하나였다.

참고로 이렇게 탄크레디의 공로 덕에 십자군이 사용할 수 있게 된 항구도시는, 서유럽에서의 명칭을 번역하자면 하나는 '알렉산드레타'이고 또 하나는 '성 시메온'이었다. '성 시메온 항'은 십자군 시대의 호칭인데, 이곳은 오론테스강 하구에 위치했기에 고대 안티오키아가 번영하는 배경이 되었고, 십자군이 이 지역을 확보하는 데 집착한 이유 중 하나도 그런 항구의 효용성 때문이었다.

'알렉산드레타'는 오늘날 '이스켄데룬'이라 불린다. 바로 북쪽의 이수스 전투에서 페르시아 왕 다리우스를 상대로 대승을 거둔 알렉산드로스 대왕이 그후 건설한 항구로, 당시에는 이집트의 알렉산드리아와 구별하기 위해 '이수스의 알렉산드리아'로 불렸다. 이스켄데룬은 알렉산드로스를 터키어식으로 읽은 것이다. 아울러 이스탄불도 콘스탄티노폴리스(영어로 콘스탄티노플)를 터키어식으로 읽은 것이다.

도착 후 일주일 동안, 공격을 앞둔 제후들은 안티오키아측의 방해도 없이 착실히 진영을 구축해갔다.

보에몬드는 진영 구축을 끝낸 후에도 '철의 다리' 건너편에까지 병사를 주둔시키는 등 꾸준히 진영을 넓혀나갔다. 적의 원군이 나타날 가능성이 가장 높은 방향이었기 때문이다.

고드프루아 역시 작은 배를 늘어세워 만든 선교(船橋) 건너편에 있는 기지까지 수중에 넣고, 원군의 내습에 대한 대비책을 세우는 일을 게을리하지 않았다. 세 수뇌 중 레몽만이, 진영을 구축한 것 말고는 아무 일도 하지 않고 있었다.

10월 하순에 접어들 무렵 레몽의 진영이 갑자기 어수선해졌다. 단독으로 안티오키아를 공격하겠다고 병사 전원에게 무장 명령을 내린 것이다.

하지만 그 사실을 안 보에몬드가 직접 말을 타고 달려와 설득하자 그는 생각을 철회했다. 툴루즈 백작 레몽이 동료를 제쳐두고 선수를 치려다 일어난 소동이었는데, 쉰다섯 살로 제후들 중 가장 나이가 많은 프랑스 남부 출신의 이 남자는 마흔일곱 살의 보에몬드를 라이벌로 생각하고 있었다. 보에몬드도 레몽을 신뢰하지 않았다. 이 둘 사이에 낀 격인 서른일곱 살의 고드프루아는 두 사람의 싸움에 늘 초연했지만, 꼭 어느 한쪽을 지지해야 하는 경우에는 보에몬드 편에 서는 것이 상례였다. 이 안티오키아 공략전도 그런 '경우'였다.

탄크레디의 항구 정복 작전은 1097년 11월 중순 완전히 매듭지어졌다. 이 작전에 협력한 제노바 선박이 13척이었다고 하므로, 중근동의 십자군 세력을 바다에서 지원한다는 이탈리아 해양 도시국가의 계획도 본격적으로 시작되었다고 볼 수 있다.

피사, 제노바, 베네치아 등의 해양 도시국가는 모두 교역입국을 내세운 공화국이었는데, 이들은 단지 상품을 싣고 바다를 왕래하는 데 그치지 않았다. 이슬람교도 해적으로부터 스스로를 지키기 위해서라도 무장이 필수여서, 겉으로는 상선으로 보여도 여차하면 군선으로 재빨리 탈바꿈할 수 있는 인원과 무기를 갖추고 있었다. 즉 그들은 당시의 '해병'이기도 했는데, 그런 그들이 탄 배가 13척이나 입항했다는 것은 적게 잡아도 천 명의 해병이 상륙했다는 이야기다.

10월 말이 되자 드디어 안티오키아의 총독 야기 시얀이 목을 빼고 기다리던 아들이 돌아왔다. 다마스쿠스의 지배자 두카크가 군대를 이끌고 도우러 온다는 낭보를 들고 온 것이다. 이에 마음이 든든해졌는지 시얀은 처음으로 적극적인 전법으로 공격에 나선다.

안티오키아에서 동쪽으로 조금 떨어진 곳에 하렌크라는 도시가 있다. 그곳에는 투르크 병력 한 부대가 주둔하고 있었다. 총독 시얀은 이 부대에 밀령을 내려, '철의 다리' 근처에 숙영하는 보에몬드의 군대를 배후에서 습격하라고 명한다.

이 습격은 간단히 격퇴되고 말았지만 그것으로 끝나지 않았다. 보에몬드는 곧바로 추격에 나서 하렌크로 도망간 투르크 병사 전원을 죽였고, 안티오키아는 다시 위성도시 하나를 잃었다.

식량 부족

1097년 11월 하순에 접어들자 십자군의 군량 부족이 더욱 심각해졌다. 성 시메온 항으로 들어온 제노바 선박 13척이 무기와 식량을 싣고 왔지만 그 정도로는 턱없이 부족했다.

안티오키아 앞에 진을 친 십자군은 크게 나누면 다음과 같은 구성이 었을 것이라 생각된다.

제후

중무장한 기사

중무장한 보병

경무장한 보병

은자 피에르의 십자군 중에서 살아남은 사람들로, 실제 전력에 보탬이 되지 않는 남녀 순례자들.

이들이 먹는 식량의 질과 양에는 중세의 신분 차이가 반영되었을 것이다. 하지만 제후들도 무척 소박한 식생활을 견디고 있었다. 그렇지만 신분이 내려갈수록 입에 들어가는 것이 적어지는 것은 당연했다.

굶주림을 견딜 수 없게 된 사람들은 멋대로 약탈에 나섰다. 그 결과 노획물을 갖고 돌아온 자도 적지 않았지만, 약탈하러 간 마을의 주민들에게 쫓기다가 가까스로 도망쳐온 자가 더 많았다. 이 사람들이 무사히 돌아올 수 있도록 아데마르 주교가 성 바울 문 근처에 '말레가르 탑'을 세우고 한 부대를 배치했을 정도였다. 십자군 진영은 성탄절을 즐길 상황이 아니었다.

이러한 궁상은 보에몬드로 하여금 본격적인 군량 조달의 필요성을 깨닫게 만들었다. 그는 안티오키아 앞에 진을 친 전체 군대 중 2만 명의 병사를 데려가기로 결정한다. 그리고 특별히 플랑드르 백작을 동행시켰다. 지금까지의 원정에서 서른두 살의 젊은 백작이 보여준 적극적인 전법을 높게 평가했던 것이다. 또한 보에몬드가 빠짐으로써 취약해질 성 바울 문 앞의 진지 방어는, 바로 옆 '개의 문' 앞에 진을 친 레몽이 대신하기로 했다.

보에몬드가 2만 명이나 되는 병사를 이끌고 가기로 한 첫번째 이유는, 우선 목적지가 먼데다 넓은 지역에 퍼져 있다는 점이었다. 그는 안티오키아에서 150킬로미터 남쪽에 위치한 하마까지 다녀올 생각이었다. 하마에서 다시 150킬로미터를 남하하면 바로 다마스쿠스다. 보에몬드는 이슬람 지역 깊숙이 진입하려고 한 것이다. 적군과 마주칠 확률이 매우 높았다.

두번째 이유는, 강대한 병력을 이끌고 감으로써 도중에 위치하는 도시나 마을에 무언의 압력을 행사할 수 있다는 점이었다. 꼭 무력으로 강탈하지 않더라도 필요한 물자를 조달할 수 있을 것으로 생각한 것이다. 실제로는 압력을 행사함으로써 공짜로 징발하는 것에 지나지 않지만 말이다.

그런데 보에몬드와 플랑드르 백작이 떠난 다음 날, 그들이 자리를 비운 사이 그곳을 지키기로 한 레몽이 담당구역인 '개의 문' 앞에서 철수해, 고드프루아가 만들어놓은 '선교' 근처로 자기 군대의 진영을 이동시켜버렸다. 비가 쏟아져 천막을 친 땅바닥이 물에 잠겼다는 게 이유였다.

하지만 보에몬드군이 출발한 것과 레몽이 진영을 이동한 사실을 안티오키아 시내에서 알아차리지 못했을 리 없었다.

그날 밤 안티오키아 총독 시얀은 있는 대로 긁어모은 병사들을 이끌고, 무방비 상태인 '개의 문'을 통해 성 밖으로 나가 레몽의 진지를 습격했다. 진영 이동으로 하루를 보낸 터라 깊은 잠에 빠져 있던 프랑스 남부 병사들은 곧바로 반격에 나설 수 없어 고전을 면치 못했다. 고드프루아의 진지에서 도와주러 온 덕에 투르크 병사들을 격퇴할 수 있었다. 하지만 창이나 칼을 들기도 전에 목숨을 잃은 병사들도 많았다. 레몽군의 전력은 또다시 줄어들고 말았다.

한편 보에몬드의 군대는 남쪽으로 향하며, 무언의 압력을 수반한 군량 조달을 순조롭게 진행하고 있었다. 하지만 하마 바로 앞에 있는 샤이자르까지 갔을 때, 다마스쿠스의 수비대에게 노출되고 말았다.

원군을 파견해달라는 안티오키아 총독의 요청을 수락했던 다마스쿠스의 지배자 두카크는, 병사의 보고를 받자마자 곧바로 알아차렸다. 샤이자르에까지 모습을 드러낸 군대가 안티오키아를 공격하고 있는 프랑크인의 일부라는 것을.

두카크는 원군을 파견해달라는 안티오키아의 요청을 받아들였으면서도 그것을 실행에 옮길 날짜는 확약하지 않았다. 하지만 적이 자기 영토에 접근해왔다면 이야기가 달라진다. 곧바로 진격할 군대를 편성하여 자신이 직접 이끌고 북상했다. 이 다마스쿠스군과, 샤이자르에서 하마로 향하는 중이던 플랑드르 백작의 기병대가 맞닥뜨렸다. 전원이 강철 갑옷으로 단단히 무장한 기사단을 보고, 프랑크인과 처음으로 대면한 다마스쿠스 영주는 그들이 본대임에 틀림없다고 생각했다. 적의 수가 적다는 것에 힘을 얻은 두카크는 전군을 투입해 공격했다.

하지만 그 뒤에 보에몬드가 이끄는 본대가 거리를 유지하며 서서히 다가오고 있었다. 보에몬드에게는 휘하 군대를 양분하는 전술가의 재능이 있었던 것이다.

플랑드르 백작의 부대를 에워싸고 공격하는 다마스쿠스군의 배후에 보에몬드의 본대가 나타났다. 이것으로 전황은 일변했다. 도망친 것은 다마스쿠스군 쪽이었다. 다마스쿠스 영주 두카크 역시, 뒤도 돌아보지 않고 쏜살같이 도망쳤다.

그후 보에몬드와 플랑드르 백작 로베르는 군대를 이끌고 가까운 도시로 들어간다. 아니, 밀어닥쳤다는 게 더 어울릴 것이다. 그곳에서 밤을 보내고 처음에 예정했던 대로 하마까지 가볼 생각이었다. 어쨌든 다마스쿠스군을 물리쳤으니 당분간 아무도 그들을 방해하지는 못하리라는 것을 알고 있었기 때문이다.

그런데 그날 밤 지진이 일어난다. 상당히 강도가 셌던 모양으로, 굉음과 함께 집들이 무너져내리고 어둠 속에서 흔들림이 끝없이 이어졌다. 시리아인은 지진에 익숙했지만 지진이 드문 유럽에서 온 사람들은 그렇지 않았다. 그들은 지진이 신의 분노가 아닐까 하며 두려움에 떨었다.

이튿날 아침 보에몬드는 군량 조달을 그만 접고 안티오키아로 돌아가야겠다고 결심했다. 이슬람 병사들은 두렵지 않았지만, 지진의 공포는 보에몬드도 어찌해볼 도리가 없었기 때문이다. 징발한 물자도 충분했다. 왔던 길로 다시 안티오키아로 돌아가기로 했다. 1097년도 이제 단 하루만 남았다.

1098년으로 해가 바뀌고 첫번째 달인 1월도 거의 끝나갈 무렵, 안티오키아 앞에 진을 친 십자군의 군량 부족은 또다시 심각한 상태가 되었다. 제후들은 병사들을 이끌고 약탈하는 데 힘썼지만, 굶주림을 해결하기에는 역부족이었다.

만약 이 시기에 비잔틴제국 황제가 군량을 가득 실은 선단이라도 보내주었다면, 황제에 대한 십자군의 마음도 많이 개선되었을 것임에 틀림없다. 십자군의 원정로였기에 황제는 소아시아를 되찾을 수 있었다. 그 소아시아 남쪽 연안의 수많은 항구도시나 줄곧 비잔틴제국령이던 키프로스 섬에서는, 황제가 명령만 내리면 간단히 원조선을 보낼 수 있었다. 딱 한 번 키프로스에서 원조선이 입항했는데, 그것은 소아시아를 통과할 때 십자군의 길잡이 역할을 한 타티키오스가 개인적인 배려로 보낸 것이었다.

황제 알렉시우스는 십자군이 소아시아 남동쪽에 위치하는 킬리키아 지방을 정복한 후 그곳을 계속 점령하고 있는 것에 기분이 상해 있었다. 알렉시우스는 교활한 남자였을 뿐, 진정 깊은 꾀와 먼 장래를 내다보는 생각 같은 건 없는 사람이었다. 그리하여 비잔틴제국 황제는 십자군에게 은혜를 베풀 절호의 기회를 날려버리고 말았다.

게다가 포위가 불가능했던 1098년 초의 안티오키아는 완전한 봉쇄 상태가 아니었다. 남쪽을 향한 '성 조르주 문'을 통해, 적게나마 시내에 거주하는 그리스인과 접촉하기도 했다. 그리스정교도인 이들이 가톨릭교도인 십자군과 접촉한 목적은 식량을 비싸게 팔아먹기 위해서였다. 식량 가격은 날이 갈수록 올라갔고, 결국에는 제후들도 손을 내밀지 못할 만큼 터무니없는 가격이 되었다. 이것도 십자군에 참가한 사람들의 그리스정교도에 대한 혐오감을 키우는 데 일조했다.

공복 때문에 인간성마저 잃어버릴 판인 사람들을 보고 아데마르 주교는 한 가지 계책을 생각해냈다. 이렇게 된 것도 신의 분노 때문이니 속죄를 위해 사흘간 단식하라고 명한 것이다. 식량 부족에 의한 공복은 단순한 공복이지만, 죄를 씻기 위한 단식이라면 그리스도교도로서 자발적인 공복인 것이다. 이것에 모두 찬성하여 전원이 엄격하게 사흘간의 단식에 들어갔다.

그러나 신이 용서해주지 않은 것인지, 사흘이 지나도 공복 상태는 전혀 개선되지 않았다. 속죄를 위한 단식은 이내 단순히 식량 부족에 의한 공복으로 돌아가버렸다.

이 무렵부터 탈주자가 나오기 시작했다. 탈주자들은 오론테스강을 내려가 성 시메온 항까지 가면 그곳에 유럽의 배가 있다는 이야기를 듣고서 다들 그 방향으로 도망쳤다.

하지만 그 방향에는 탄크레디의 부대가 지키고 있었다. 탈주를 시도한 자는 모두 마치 목덜미라도 낚아채이듯이 붙잡혀 한 사람씩 되돌려 보내졌다.

그 탈주자 중에는 열광적인 설교로 사람들을 선동하여 민중 십자군을 결성했고, 도중에 그 대부분을 죽게 만든 당사자인 은자 피에르도 끼어 있었다. 탄크레디는 이 프랑스인 설교사를 보에몬드의 막사로 데려갔다. 그곳에서 은자 피에르는, 십자군 참가자 중에서도 그런 열광과는 가장 동떨어진 심정을 가진 보에몬드로부터 차가운 경멸의 시선을 받았다.

그러나 현 상황에 절망한 것은 이들만이 아니었다. 성벽 너머에 있는 안티오키아 총독 시안 역시 절망적인 심정에 빠져들기 시작했다. 원군을 파견하겠다고 약속한 다마스쿠스 영주 두카크의 군대는 코빼기도 보이지 않았다. 군량을 조달하던 보에몬드와 플랑드르 백작 군대와의 전투에서 패배해 낙담한 탓이었는데, 안티오키아 총독 시안은 그 사실을 모르고 있었다.

절망한 시안은 가장 도움을 청하기 싫었던 알레포 영주 리드완에게 원군을 파견해달라고 요청했다. 와준다면 안티오키아의 영유권을 양도하겠다는 최후의 카드를 조건으로 제시하면서.

이렇게 되면 셀주크투르크의 유력자들 입장에서는 이야기가 달라진다. 지금까지는 같은 투르크인이면서도 영토확장을 노리고 계속 싸워왔다. 그런데 이제 원군을 보내기만 하면 그것을 실현할 수 있게 됐다고, 아직 프랑크인과 싸워본 적이 없는 리드완은 생각했을 것이다.

알레포 영주 리드완은 즉시 일족을 총동원했을 뿐만 아니라 하마의 태수까지 불러 안티오키아를 도우러 떠났다. 그 군대의 규모는 알려져 있지 않다. 하지만 알레포도 고대부터 내려오는 주요 도시 가운데 하나다. 또한 리드완과 동행하는 일족들 모두 그에 상응하는 영토를 갖고 있었으므로, 질이 아니라 양으로만 따지면 상당한 규모의 군대였을 게 틀림없다. 이 알레포군이 움직이기 시작한 것은 2월 초순, 십자군의 군량 부족이 조금도 개선되지 않은 시기였다.

이때도 보에몬드의 주도하에 이슬람 군대를 맞아 싸웠다.

보에몬드는 우선 기병만 이끌고 알레포군의 왼쪽으로 돌았다. 그리고 전투를 한다기보다 힘으로 밀어붙이는 기세로 오론테스강과 안티오키아 호수 사이의 평지로 적을 몰아넣는다. 그곳에 고드프루아가 이끄는 중무장을 한 보병부대가 기다리고 있는 것이 작전이었다.

전황의 전개는 보에몬드의 생각대로 진행되었고 또 그렇게 끝났다. 알레포군은 앞뒤로 한꺼번에 기병과 중무장한 보병의 공격을 받았다. 한쪽은 호수 또 한쪽은 언덕이라 옴짝달싹 못하게 되어, 완패는 아니어도 그에 가까운 패배를 당했다. 리드완과 그의 호소에 응해 참전한 시리아의 소영주들은 자기라도 살아야겠다며 도망치기에 바빴다. 리드완은 그대로 알레포로 도망쳐 다시 나오지 않았다.

게다가 알레포군이 다가온다는 보고를 받고 용기를 얻어 성벽 밖으로 나와 공격하던 시얀의 병사들은, 기다리고 있던 레몽의 군대에 패해 성벽 안으로 도망칠 수밖에 없었다. 리드완과 시얀이 합류하기는 커녕 서로 얼굴도 보지 못한 사이에 끝나버린 패전이었다.

이것으로 십자군은, 마음만 먹으면 안티오키아에 원군을 보낼 수 있는 근처의 2대 영지인 다마스쿠스와 알레포에 모두 승리를 거두었다. 안티오키아 총독 시얀의 고뇌는 깊어갈 뿐이었다.

하지만 그해 2월중 십자군측의 상황에는 변화가 보이지 않았다. 군량 부족은 여전했지만 기분은 예전보다 훨씬 나아진 것이 변화라면 변화였다. 이슬람 원군을 물리친 것은 사람들의 기분을 밝게 만드는 데 도움이 되었다. 기사도 병사도 순례자도, 겨울이 지나면 봄이 온다며 희망을 가졌다. 그리고 실제로 계절의 봄과 함께 전황으로서의 봄도 다가오고 있었다.

3월 4일, 탄크레디가 보에몬드에게 전갈을 보냈다. 그 소식은 곧바로 제후 전원에게 보고되었다.

한 기사가 이끄는 선단이 저 멀리 영국에서 도버 해협을 건너 성 시메온 항에 입항했다는 것이었다. 더군다나 영국에서 온 그 선단은 십자군 참전을 지원한 기사들뿐만 아니라 군량과 다량의 목재도 싣고 있었다.

비잔틴제국령 어딘가에서, 아마도 소아시아 남쪽 연안이나 키프로스에서 조달한 것일 텐데, 그것은 단순한 목재 더미가 아니었다. 조립하면 간단히 탑을 완성할 수 있도록 미리 절단되어 쌓아올린 것이었다. 지금으로 말하자면 '프리패브(prefab)'* 같은 것인데, 기사들 입장에서는 이보다 배려 깊은 위문품도 없었다. 보에몬드가 곧바로 제후들에게 알린 것도 당연했다.

---

* 부품의 가공을 미리 해놓고 현장에서 조립하여 설치만 하는 건축 공법. (옮긴이 주)

그때까지 4개월간 안티오키아 앞에 포진하고만 있던 십자군은, 성벽으로 둘러싸인 도시를 공략하는 데 빼놓을 수 없는 탑을 세울 다량의 건축자재를 갖게 된 것이다.

왜 지금까지 십자군측은 직접 나무를 베어 목재를 조달하지 않았을까 하는 생각이 들지도 모른다. 시리아에는 사막만 있는 것이 아니었고, 특히 안티오키아 주변에는 수목이 충분했다. 수목을 아예 잘라내지 않았던 것도 아니다. 진지라고 해서 언제까지나 천막생활을 할 수는 없었을 테니까.

이유는 안티오키아 공략전에서 항상 주도권을 발휘하던 보에몬드가 군사력만이 아닌 다른 방식으로 안티오키아를 함락할 길을 찾고 있었기 때문이었다.

그런 보에몬드의 생각에 제후들이 찬동했는지는 알 수 없다. 하지만 안티오키아에 도착한 직후 서둘러 공격에 나선 레몽도 그후에는 단독으로 공격에 나서지 않았다. 대도시 안티오키아의 공략에는 쓸데없이 전력을 낭비하지 말고 신중하게 임해야 한다는 생각에는 제후들도 일치했을지 모른다. 병사들도 성벽을 공격하기보다 식량을 조달하는 일에 시간을 보냈다.

마치 조립완구 같은 형태로 도착한 다량의 목재는 곧바로 활용되었다. 병사와 순례자들까지 재미있어하며 일손을 더했기 때문이다.

순식간에 두 개의 감시탑이 세워졌다.

하나는 '라 마오메리'라 불리게 되는 탑으로, 성벽 바로 밑을 흐르는 오론테스강에 놓인 다리를 건넌 지점에 세워졌다. 이 다리를 건너면 길이 좌우로 갈리는데, 북쪽으로 향하면 '알렉산드레타 항'에, 서남쪽으로 향하면 '성 시메온 항'에 이른다. 따라서 지중해와의 연락로 확보를 중시한 십자군에게는 그에 대한 안전을 보증하는 중요한 역할을 하게 될 탑이었다. 이 감시탑의 방어는 레몽에게 맡겨졌다.

또 하나의 탑은 건축을 실제로 지휘한 사람의 이름을 따서 '탄크레디 탑'이라 불렸다. 감시탑을 왜 그 자리에 세웠는가에 대해서는 아무도 언급한 바 없다. 하지만 '성 조르주 문'에 대한 감시를 강화하는 것 말고도 또 한 가지 이유가 있었던 것 같다.

그 자리에 탑을 건설한 것은, 얼마 후 실행에 옮겨지는 보에몬드의 책략과 밀접하게 관련되어 있지 않을까 하는 것이다. 바로 그렇기 때문에 보에몬드는 신뢰하고 있던 탄크레디에게 탑의 건축을 일임한 것이 아니었을까.

또한 이 두 개의 탑이 안티오키아 공격에 필요하다기보다 공략 후 방어에 도움이 되는 곳에 세워졌다는 것도 보에몬드의 진의를 찾는 열쇠 가운데 하나라는 생각이 든다. 다시 말해 보에몬드는 영국인들이 운반해온 다량의 목재도 자신의 생각에 따라 활용한 것이다.

제후들은 이것을 알아챘을까? 고드프루아는 설령 간파했을지라도 잠자코 있었을 것이다. 로렌 공작 고드프루아는 타인의 야망에는 관심이 없는 남자였다. 툴루즈 백작 레몽은 어떨까. 그것을 알아챌 만큼, 이 프랑스인은 영리하지 못했다.

레몽이 방어를 맡은 탑은 3월 19일에 완성되었다. 단 2주일 만에 완성한 것은 영국인들이 그만큼 목재를 잘 손질해 보냈기 때문이다. '탄

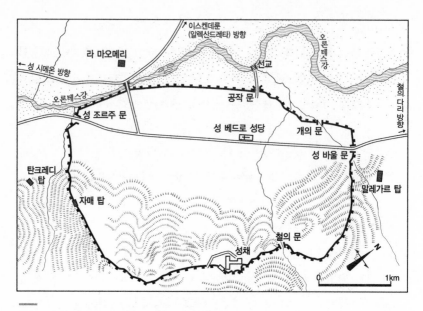

안티오키아 시가지 및 감시탑(Steven Runciman, *A History of the Crusades*, Vol. I)

크레디 탑'도 4월에 접어든 무렵 완성되었다. 이 탑이 완성됨으로써 '성 조르주 문'의 왕래가 한층 엄중한 감시를 받게 되어 안티오키아 시내에 사는 그리스인과의 접촉이 더욱 어려워졌다. 안티오키아를 에 워싼 포위망은 조금씩 강화되고 있었다.

공격하는 십자군도 지키는 안티오키아도, 화려하게 검을 휘두르는 일 없이 성벽을 사이에 두고 서로 노려보는 상태였지만, 안티오키아를 둘러싼 공방전은 이미 6개월째에 접어들었다. 쌍방 모두 바라지 않았 음에도 결국 지구전이 되고 말았는데, 이렇게 되자 아무리 시리아에서 일어나고 있는 일이라 해도 그 파문이 멀리까지 미치게 되었다.

1098년 4월도 끝나가던 어느 날, 이집트에서 온 사절을 태운 배가 성 시메온 항에 입항했다. 이집트 사절은 안티오키아를 공격하는 그리스도교군의 수뇌부를 만나고 싶다고 요청해왔다.

그 사절이 다름 아닌 이집트 칼리프의 재상(비지르, Visir) 알 아흐달이라는 것을 안 십자군 진영에서는 대소동이 벌어졌다.

이집트에서 온 사절

칼리프가 종교상의 지도자라면, '비지르'라는 관직은 그 밑에서 실제로 통치하는 사람을 가리킨다. 지금 같으면 입헌군주국의 총리에 해당하는 자리다. 그래서 그를 맞이하게 된 십자군측에서 야단법석이 난 것인데, 그것은 일촉즉발의 상태에 대비하는 군사적인 것이 아니라 손님을 맞이하기 전의 대청소 비슷한 것이었다.

명령받은 대로 진영의 대청소를 끝낸 병사들에게 내려진 다음 명령은, 각자가 갖고 있는 무기 중 가장 상태가 좋은 것을 지참하고, 갑옷과 칼과 창을 잘 닦아두라는 것이었다.

그리고 제후들도 콘스탄티노플에서 비잔틴제국의 황제를 만났을 때 이후로 내내 상자 안에 보관해두었던 예복을 꺼내 시종들의 도움을 받으며 차려입느라 바빴다.

갑옷과 무기는 예장용과 전투용으로 나뉜다. 흉갑에 가문의 문장이나 장식 등이 달려 있는 예장용은 그 아름다움이 거의 예술품이라고 해도 좋을 정도다. 오늘날 박물관이나 미술관에 전시되어 있는 것은,

자주 사용하지 않아 보존 상태가 좋은, 이런 종류의 무장(武裝)이다. 전투용은 현재는 복원도밖에 남아 있지 않은데, 실전에 편리하도록 만들어져 쓸데없는 장식이 전혀 없다. 칼리프의 특사가 방문한다는 소식을 듣고 제후들이 몸에 걸친 것은 예장용 무장이었다.

머리에서 무릎 아래까지 덮는, 작은 철제 고리를 그물 모양으로 하나하나 엮어서 만든 무장을 '호버크'라고 하는데, 당시 사람들은 간단히 '편물(maille)'이라고 했다.

기사 정도 되면 그 '편물' 위에 둔탁하게 빛나는 강철 흉갑을 입는다. 일반 병사는 가죽으로 만든 갑옷을 입었다.

그리고 십자군이므로, 전원이 그 위에 하얀색 바탕에 붉은색 십자나 붉은색 바탕에 하얀색 십자를 새겨넣은 대형 상의를 걸쳤다.

이리하여 안티오키아 앞에 포진중인 십자군은 위에서 아래까지 모두 예장을 하고서 이집트에서 오는 특사를 기다리고 있었다.

대청소를 하고 예장을 한 목적은 귀한 손님을 맞이하는 것만이 아니었다. 안티오키아를 공격한 지 6개월이 지난 지금도 십자군의 상태는 매우 양호하며, 이 정도라면 조만간 안티오키아가 함락될 것이 틀림없다는 인상을 이집트인에게 심어주려는 목적도 있었다. 이런 식의 의도적인 행동은 이 시기의 십자군만이 아니라 전쟁이라는 것을 조금이라도 아는 이라면 누구나 생각할 수 있는 일이었다.

이리하여 오리엔트 그 자체로 보이는 호사스러운 긴 옷을 몸에 걸치고 터번 때문에 더욱 키가 커 보이는 이집트의 재상과 그 일행은, 도열해 있는 기사와 병사들 사이를 지나, 역시 예장용 무장을 장신의 몸에 걸친 제후들의 환영을 받았다.

그러나 회담이 시작되자마자, 제후들은 입 밖으로는 내지 않았지만 속으로는 깜짝 놀랐을 것이다. 알 아흐달은, 이슬람교도의 나라인 이집트와 그리스도교도로 구성된 십자군의 동맹을 제안했기 때문이다.

당시의 중근동과 중동, 즉 이슬람 세계의 주요 지역에 해당하는 오리엔트 전역은 다음과 같은 상태에 있었다.

우선 종교 지도자 격인 '칼리프'가 두 명으로, 한 사람은 이집트의 카이로에, 또 한 사람은 현재의 이라크인 바그다드에 있었다.

카이로에 있는 칼리프는 파티마 왕조 계열로, 시아파의 우두머리다.

한편 바그다드에 있는 칼리프는 아바스 왕조에 속하고, 수니파를 이끄는 위치였다.

또한 '칼리프'는 세습이고 '로마 교황'은 선거로 뽑는 차이는 있지만, 종교 지도자라는 위치는 둘 다 비슷했다.

그리고 세속에서의 일인자인, 이슬람 세계의 '술탄'과 그리스도교 세계의 신성로마제국 황제를 비롯한 각국의 왕들도 서로 비슷했다.

다시 말해 칼리프란 종교상의 존재이므로 군사력이 없고, 칼리프의 권위를 군사력으로 받쳐주는 사람이 없으면 '권위'도 존속할 수 없다.

바그다드에 있는 칼리프를 군사적으로 받쳐주고 있던 것이 셀주크 투르크계 투르크인이었다.

한편 카이로에 있는 칼리프를 받쳐주는 것은, 같은 이슬람교도이자 아랍인을 중심으로 한 여러 부족이었다.

그리고 이러한 분열상태가 중근동에 미치자, 시리아는 투르크인의 세력 아래로, 그리고 팔레스티나는 아랍인의 세력 아래로 들어갔다.

이슬람 세계에서는 시조 마호메트의 정통성을 누가 계승했는가 하는 문제로 싸움이 끊이지 않았다. 이집트의 칼리프에게는 바그다드의 칼리프가 적이다. 그런데 십자군이 바그다드의 칼리프를 따르는 셀주크투르크가 점령하고 있는 소아시아와 시리아를 공격하더니, 이제는 그 시리아의 수도와 같은 곳인 안티오키아를 공격중이었던 것이다.

'적의 적은 아군'의 전형적인 예다. 이집트의 아랍인 입장에서 보면 투르크인과 싸우는 프랑크인과 동맹을 맺는 것은 알라 앞에 부끄러울 것 없는, 선택의 문제에 지나지 않았다.

제후들을 앞에 두고 이집트 재상은 말했다.

시리아는 좋을 대로 하시오. 하지만 팔레스티나는 손대지 말아주오.

그러나 팔레스티나 지방에는 그리스도교도에게 성스러운 땅인 예루살렘과 베들레헴, 나사렛이 있다. 그 성지에서의 그리스도교도 순례자들의 자유와 안전은 팔레스티나에 주둔하는 이집트군이 책임지고 보증하겠다고도 했다.

이에 대한 대답은 남아 있지만, 누가 말했는지까지는 알려져 있지 않다. 아마도 아데마르 주교의 말이었을 확률이 높다. 사고방식이 당시 로마 교회의 주류 그 자체였으며 교황의 대리인으로서 십자군에 참가한 아데마르에게는 제후들을 대표해 대답할 자격이 있었다. 르퓌의 주교는 이집트 재상을 앞에 두고 말했다.

우리가 신앙을 바치는 종교가 번영해야 할 곳은 바로 그것이 발현한 땅이라는 것이 우리의 확신이다. 이 소망을 실현하는 데는 기존의 국가도 군대도 필요하지 않다. 신도들의 신앙과 의지만이 그것을 실현할 수 있다.

그런 우리가 이곳 아시아 땅까지 찾아온 것은, 이슬람의 자비를 얻기 위해서도 아니고, 이슬람의 법을 따르기 위해서도 아니다.

더군다나 우리 그리스도교도는 칼리프 하킴 아래 일어났던(90년 전의 이야기) 폭행을 잊지 않고 있다. 그때 예루살렘의 성묘교회가 파괴되었고, 그곳에서 참배하던 순례자들은 죽임을 당했다. 그 사건을 통해 우리는 배웠다. 성지는 그리스도교도가 지켜야 하고, 뿐만 아니라 영유권을 갖고 지켜야 한다는 것을.

전쟁이냐 평화냐를 결정하는 입장에 있는 사람(칼리프)에게 돌아가 전해달라. 안티오키아 앞에 포진해 있는 우리 그리스도교도는, 이집트의 칼리프를 두려워하지 않거니와 바그다드의 칼리프도 두려워하지 않는다고. 그리고 우리는 예수 그리스도의 법과 정의를 함께하지 않는 그 어떤 세력과도 동맹을 맺는 일이 없을 거라는 말도 전해주기 바란다.

이런 말이 나왔으니 협상이 결렬되고 이집트 재상은 거칠게 자리를 박차고 일어났으리라 예상하겠지만, 실제로 회담을 지배하던 분위기는 훨씬 온화했다. 처음부터 끝까지, 결렬이란 말보다 의견의 일치를 보지 못했다는 표현이 적절한 분위기였다.

생각하는 것은 달라도, 중세 기사에게는 멀리서 찾아온 손님을 예의 바르게 대하는 기질이 있었다. 아데마르 주교도 말은 그렇게 했지만,

기사 가문 출신의 본성을 지니고 있었다. 그의 동생도 기사로 이 십자군에 참여하고 있는 것이다. 그리고 제후들도 좋은 의미로든 나쁜 의미로든 전형적인 중세의 기사 그 자체였다.

이들은 이집트 재상을 환영하는 잔치를 베풀고, 떠날 때는 서유럽의 많은 물품들을 선물했다. 회담은 의견 일치를 보지 못하고 끝났지만 예의는 지켰던 것이다.

선물이 무엇이었는지는 기록에 남아 있지 않다. 그러나 당시 이슬람교도와 교역하던 이탈리아 해양 도시국가의 배가 싣고 있던 물품이 참고가 될 수 있을 것이다. 그에 따르면 서유럽에서 오리엔트로 수출한 물품의 대부분은 수공업 제품이었다. 그중 하나, 지금 생각하면 흥미로운 것이 들어 있었다.

피사, 제노바, 베네치아에 앞서 이탈리아 해양 도시국가의 첫 주자로 나섰던 것이 아말피인데, 이 아말피의 상인이 오리엔트로 수출한 물품 중 하나가 휴대용으로 개량된 나침반이었다. 나침반은 본래 중국에서 발명되어 아랍 상인을 통해 들어왔는데, 그것을 들고 다니기 편한 형태로 만든 것은 이탈리아의 장인이었다. 그리고 아말피의 상인들은 그 나침반을 아랍인을 포함한 이슬람교도들에게 대량으로 팔아치웠던 것이다. 바닷길에서나 사막 길에서나 나침반의 쓰임새는 비슷했을 테지만, 중세의 강인한 비즈니스 정신을 보여주는 예라고 할 수 있다.

선물이 무엇이었는지는 분명하지 않지만, 십자군과 이집트는 이때까지만 해도 우호적인 관계를 유지했다. 이집트에는 해군이 있다. 시리아와 팔레스티나는 지중해 동쪽 연안에 접해 있다. 해상 전력을 지닌 상대를 쓸데없이 자극하는 건 당연히 어리석은 짓이었다. 팔레스티나로 진격하지 않겠다는 말은 절대 꺼내지 않으면서도, 재상 알 아흐달의 기분을 해치지 않고 돌려보낼 필요가 있었던 것이다.

그러나 5월로 접어들자마자 제후 전원의 안색이 심각하게 변했다.

셀주크투르크, 일어나다

십자군이 안티오키아에 도착하기 전 총독 시얀의 원군 요청을 받았던 모술 태수 케르보가가 6개월이나 지난 지금 드디어 움직이기 시작한 것이다. 게다가 바그다드 칼리프의 허가도 받은 모양으로, 모술이 가진 군사력만으로 원군을 꾸린 것이 아니라, 메소포타미아 지방에서 알레포, 다마스쿠스 등 셀주크투르크가 지배하는 전역에 원군 참가를 요청했다. 또한 티그리스강 건너편 동쪽에 위치한 페르시아의 병사까지 가담했다고 하니, 그리스도교도의 공격을 받는 안티오키아를 구원하기 위해 바그다드 칼리프의 영향력 아래 있는 수니파 이슬람교도 전체가 일어선 것이나 마찬가지였다.

모술 태수 케르보가의 지휘 아래 서쪽으로 향한 군대의 총병력이 어느 정도였는지는 알 수 없다. 하지만 기병 2만 명이라는 기술이 옳다면, 보병을 더한 총수는 20만 명에 이른다. 오리엔트 사람들은 늘 수를 과장하므로 반쯤 에누리한다 해도, 10만 명이 족히 넘는 대군이었던 것은 분명하다. 십자군 총 병력의 두 배 내지 세 배는 되는 셈이다. 제후들의 얼굴이 새파래진 것도 무리가 아니었다.

케르보가가 이끄는 대군은 고대의 파르티아가 로마제국 속주 시대의 안티오키아를 공격했을 때와 같은 코스를 택했다. 시리아 사막을 가로지른 후 유프라테스강을 건너는 것이 아니라, 먼저 북서쪽으로 방향을 잡고 그후 서쪽으로 나아가는 코스다. 이때 부딪치는 것이, 보두앵이 주인으로 있는 에데사 백작령이다.

케르보가 역시 적이 버티고 있는 지역을 배후에 남겨두고 행군을 계속할 수는 없다. 대군은 케르보가의 명령이 떨어지자마자 에데사를 에워싼 성벽을 공격하기 시작했다.

에데사 백작 보두앵이 어느 정도의 군사력을 운용할 수 있었는지는 알 수 없다. 하지만 이제 막 염원하던 자기 영지를 갖게 된 젊은 보두앵은 전력을 다해 방어에 임했을 것이다. 놀라운 것은, 유럽인의 지배를 받게 된 오리엔트인 에데사 주민들이 보두앵의 지휘 아래 실로 용감하게 분전했다는 사실이다.

케르보가는 식은 죽 먹기일 거라 예상했던 에데사 성벽 앞에서 발이 묶이고 말았다. 게다가 이런 상태가 3주나 계속되었다. 이 3주간이 십자군을 구하게 된다.

얼마 전부터 보에몬드는, 탄크레디를 제외한 어떤 제후에게도 알리지 않고 은밀하게 어떤 책략을 꾸미고 있었다.

그것은 안티오키아 내부에서 아군이 될 만한 자를 찾아내는 일이었다.

보에몬드의 계략

안티오키아를 둘러싸고 있는 12킬로미터나 되는 긴 성벽의 절반은, 높이는 비교적 낮은 편이나 산등성이를 따라 뻗어 있었다. 남서쪽에서 시작해 산 정상에 우뚝 솟은 성채까지 올라갔다가 다시 산등성이를 따라 평지로 내려오는 구조다. 물론 오르막길과 내리막길이 있는 이 산악지대의 성벽에도, 마치 대칭되는 모양으로 성벽의 중요지점인 탑이 나란히 서 있다.

안티오키아의 방어는 이미 말했듯이 견고하기 그지없는 이 성벽에 의존하고 있었는데, 특히 이 산 쪽 방향에서 적의 공격을 받을 위험성은 적었다. 무엇보다 이 울퉁불퉁한 땅 위에 적군이 공격을 위해 성벽 높이만한 탑을 세울 수가 없기 때문이다.

그래서 안티오키아 방어의 지휘를 맡은 총독 시얀은 평지 쪽 성벽의 방어는 신경 써서 투르크 병사에게 맡겨놓았지만, 산 쪽 성벽 방어는 그리스도교에서 이슬람교로 개종한 이들을 배치해놓았던 것이다.

그중에 피루즈라는 이름의 아르메니아인 부대장이 있었다. 이 사람이 맡고 있던 구역은 안티오키아에서 서남쪽 방향의 성벽으로, 그중에서도 '자매 탑'이라 불리는 탑을 중심으로 한 일대였다.

이미 한 달 전 이 '자매 탑'으로부터 3백 미터도 떨어져 있지 않은 지점에 '탄크레디 탑'의 건축이 완료되어 있었다. 만약 '성 조르주 문'을 감시할 목적으로만 이 탑을 세웠다면 더 가까운 곳을 택할 수도 있었을 것이다. 그런데 어찌 된 일인지 '탄크레디 탑'은 성벽이 점점 산등성이를 따라 올라가는 지점에 세워졌다. 이 지점에 '탄크레디

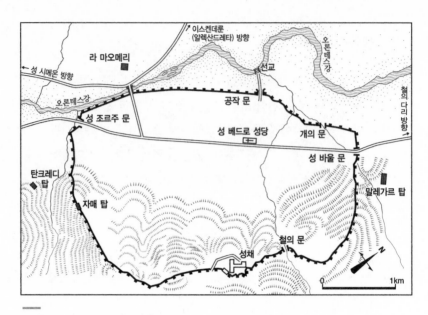

안티오키아 시가지(Steven Runciman, *A History of the Crusades*, Vol. I)

탑'을 세운 숨은 이유가 바로 '자매 탑'으로부터 가깝다는 것이었다. 신중하고 은밀하게 진행하고 있는 내밀한 교섭을, 적에게도 아군에게도 끝까지 숨기기 위함이었다.

원래 그리스도교도였던 아르메니아인 부대장과 접촉하고 그에게서 동의를 얻는 데 며칠이 소요되었는지는 알려져 있지 않다. 하지만 5월 말에는 보에몬드와 피루즈 사이에 동의가 성립되었다. 에데사에서 케르보가가 옴짝달싹 못하게 된 지 벌써 3주째에 접어들고 있었다.

6월 2일, 케르보가가 이끄는 대군이 안티오키아를 향해 다가온다는

162

것을 알고 제후들은 긴박한 표정을 감출 수 없었는데, 그중에서도 특히 블루아 백작은 공포 때문에 숨도 제대로 못 쉬는 상태였다.

그는 결국 그날 알렉산드레타 항을 목표로 진영에서 탈주했다. 따르던 일행까지 데리고 탈출하느라 들키지 않을 수 없었는데, 제후들 중 누구도 블루아 백작 앞을 가로막고 설득하거나 도망치는 것을 비난하지 않았다. 성격은 좋았지만, 그는 이제 있으나 마나 한 존재였기 때문일 것이다.

블루아 백작이 떠나간 날 오후, 보에몬드가 제후들을 모두 그의 막사로 불렀다. 그리고 그때 처음으로 그리스도교도였던 아르메니아인 부대장과 맺은 밀약을 알리고, 그에 따른 성내 잠입 계책도 밝혔다.

보에몬드는 말했다.

오늘 한밤중에 '자매 탑'에서 줄사다리 몇 개가 내려올 것이다. 그 줄사다리를 타고 50명의 병사가 탑으로 올라간다. 탑 위에는 피루즈와 그의 심복밖에 없을 것이다.

탑 위로 올라간 뒤 계단을 통해 아래로 내려가고, 모두 모이면 각자 미리 지시받은 성문으로 흩어져 달려가 안쪽에서 문을 연다. 그 직후 '성 조르주 문' '공작 문' '개의 문' '성 바울 문' 앞에 각각 대기하고 있던 제후들의 군대가 일제히 시내로 진격하면 안티오키아 함락은 끝난다.

그러기 위해서는 일단 안티오키아 시내에 있는 투르크 병사들의 주의를 '자매 탑'이 아닌 다른 곳으로 돌려야 했다. 그래서 십자군측은

십자군 시대의 안티오키아 산 쪽 성벽(상상도)

한밤중이 가까워오자 각 진영에서 병사들을 무장시켜, 마치 케르보가 군에 맞서 싸우러 떠나는 것처럼 대열을 편성하기 시작했다. 그 대열이 네 개의 성문을 통해 일제히 안티오키아 시내로 진입한 것은 아직 밤도 채 새지 않은 시각이었다.

허를 찔린 총독 야기 시얀은 공포에 사로잡혀 적이 없는 방향으로 도망갔고, 그곳에 입을 벌리고 있는 '철의 문'을 통해 성 밖으로 탈출했다. 하지만 곧 시종 중 하나였던 아르메니아인에게 죽임을 당했다.

164

총독의 아들로, 지금까지 몇 번이고 안티오키아를 빠져나가 태수들을 찾아다니며 원군을 요청하는 임무를 수행해온 샴스 알 다울라는 산 위의 성채로 도망치는 데 성공했다. 이 젊은 투르크인의 눈에 비친 안티오키아는, 여기저기서 타오르는 불꽃과 연기가 빚어내는 아비규환 속에서 막 6월 3일을 맞고 있었다.

안티오키아 함락

1098년 6월 3일, 단 하루 만에 안티오키아 시내에는 살아 있는 투르크인이 모조리 사라졌다. 시내에 이슬람교도밖에 없을 거라 믿고 있던 십자군은 기사든 병사든 순례자든 모두가 눈에 띄는 사람들을 이교도라 생각하고 마구 죽였기 때문이다. 안티오키아 함락으로 얼마나 많은 사람들이 죽임을 당했는지는 그리스도교측도 이슬람측도 결국 확실한 기록을 남기는 것이 불가능했다. 시내에는 총독 시얀이 추방했던 그리스정교도의 처자식들도 있었을 텐데, 그들이 어떻게 되었는지도 알려져 있지 않다.

다음 날인 6월 4일, 살육과 파괴에 지친 십자군 병사들은 자신들이 식량 저장고까지 불태워버렸다는 사실을 뒤늦게 깨달았다. 안티오키아가 7개월 동안이나 농성할 수 있었던 건 저장한 식량이 충분했기 때문이었다. 그런데 십자군 병사들은 함락한 안티오키아에서, 지금까지 성벽 밖에서 그랬던 것처럼 또다시 굶주림에 시달리게 된 것이다. 석조 주택들은 불타지 않고 남았지만, 입에 넣을 수 있는 것은 하나도 남아 있지 않았다.

그런 십자군 병사들에게 케르보가가 이끄는 대군이 접근해온다는 소식이 들려왔다. 케르보가는 3주일 동안 계속 공격했지만 요지부동인 에데사를 결국 포기하고, 다시 안티오키아로 진군을 시작한 것이다. 그리고 얼마 안 있어 이 대군의 선발대가 '철의 다리' 부근에 출몰했고, 다음 날인 6월 5일에는 멀리 안티오키아가 보이는 언덕 위에 케르보가가 모습을 드러냈다.

투르크군의 도착과 포위

6월 6일, 총독의 아들 샴스는 안티오키아가 함락되는 대혼란 속에서 산 위의 성채로 도망치는 데 성공하는데, 물론 이때 혼자는 아니었다. 투르크 병사 한 부대와 함께 이 '천수각'으로 도망친 것이다. 이것은 함락한 직후의 안티오키아에서 전략적으로 가장 중요한 지점이 아직 이슬람의 수중에 있다는 것을 의미했다.

그 사실을 알고 있던 보에몬드는 식량 저장고를 불태워버린 것에 낙담해 있는 동료들을 뒷전으로 하고, 산 위의 성채를 포위하는 벽을 만들기 시작했다. 이미 벽이 있었지만 그 출입구까지 폐쇄시켜버린 것이다. 병사들에게 지진으로 무너진 채 방치된 집에서 벽에 사용한 석재를 운반해오도록 명령해, 그것을 겹겹이 쌓아 '천수각'을 통째로 봉쇄해버렸다. 이것으로 산 위의 성채가 갖고 있던 전략적 가치는 상실되었다. 이제 이 성채에서 시내로 공격해 내려올 수 없게 된 것이다. 6월 6일은 이 작업이 완료된 날이었다.

다음 날인 7일, 사흘간이나 눈앞에서 봉쇄작업이 이루어지는 것을 지켜본 총독의 아들 샴스는 자신이 어떤 상태에 놓였는지 잘 알고 있었다. 그런 그도 케르보가가 이끄는 원군이 근처까지 왔다는 소식을 들었다. 그래서 케르보가에게, 성채는 아직 자기 수중에 있고, 성채 가까이에 입을 벌리고 있는 '철의 문'도 그리스도교도의 손에 들어가지 않았다는 사실을 알리기로 했다. 물론 서둘러 성채로 구원군을 보내달라고 요청하는 것도 잊지 않았다. 케르보가에게 이 편지를 전달할 임무를 맡은 병사에게는, 케르보가의 답신을 받기 전에는 돌아오지 말라고 명령했다.

편지는 그날 안에 케르보가의 손에 건네졌다. 편지를 읽은 모술 태수는 곧바로 비서를 불러 답장을 쓰게 했다.

자신의 오른팔인 아흐메드 이븐 메르완에게 군사를 이끌고 도우러 가라고 하겠다. 다만 조건이 있다. 산 위의 성채를 이 메르완에게 넘길 것. 이런 내용이었다.

답신을 읽은 젊은 샴스는 절망했을 것이다. 원군의 도착은 기쁜 소식이었다. 그러나 성채를 넘기는 것은 곧 안티오키아를 넘기는 것을 뜻한다. 아버지 시얀이 케르보가에게 원군을 요청한 것은 먼 땅인 모술의 영주가 안티오키아를 영유하는 것까지는 바라지 않을 것이라 생각했기 때문이었는데, 사실은 케르보가 역시 머릿속에 영토 확장밖에 없었던 당시의 영주들 중 한 사람이었다. 그리스도교도들을 격퇴하는 것보다 같은 이슬람교도의 영지를 빼앗는 일에 열심이었던 것이다.

총독의 젊은 아들에게는 다른 선택의 여지가 없었다. 샴스는 하는 수 없이 다시 케르보가에게 편지를 보내, 조건을 받아들이겠다고 전했다.

6월 8일, 메르완이 이끄는 군대가 움직이기 시작했다. 대군을 이끄는 자는 내보내는 병력의 규모에 신경을 쓸 필요가 없다. 그래서 메르완이 이끄는 병력은 일개 부대가 아니라 군대의 규모로 커져버렸는데, 그 군대가 북쪽에서 동쪽으로 이동하는 것을 이제는 성벽 위에서 성 밖을 감시하는 입장이 된 십자군이 간파하지 못했을 리 없었다.

제후들은 곧바로 대응책을 세웠다. 적군이 나아가는 방향으로 보아, 그들이 노리는 것이 '철의 문'으로 침입하는 것임이 분명했다.

산둥성이 지대로 뻗은 이 성벽에 입을 벌리고 있는 문이 '철의 문'이라 불린 것은 좌우로 열리는 문짝이 철제였기 때문이었는데, 그 탓에 폭이 좁아 많은 병사를 한꺼번에 통과시킬 수 없었다.

제후들이 합의한 결과, 이 '철의 문'에서 메르완이 이끄는 셀주크투르크군에 맞서는 임무는 플랑드르 백작, 노르망디 공작, 그리고 프랑스 왕의 동생 위그 세 사람에게 맡겨졌다. 이들은 제후 중에서도 이끄는 병사의 머릿수가 적어 유격대로 활약해왔는데, 특히 플랑드르 백작과 그의 부하 기사들은 이미 눈부신 활약을 보인 바 있었다. 결사대로 정해진 세 명은 지체 없이 그날 밤 안에 진영을 뒤로하고 '철의 문'으로 향했다.

다음 날인 9일, 동틀 때를 기다려 메르완이 이끄는 투르크군이 일제히 '철의 문'으로 진격했다. 그때 갑자기 문이 안쪽에서 열렸다. 기세를 못 이기고 우르르 밀려들어간 투르크 병사들을 기다리고 있는 것은 세 명의 제후가 이끄는 병사들이었다.

좁은 길에 한꺼번에 수많은 병사가 몰려든 것이다. 오리엔트 병사들은 그 지역의 기후를 고려해 가볍게 무장한다. 즉 호버크 위에 강철 갑옷을 입은 십자군 병사에 비해 방어력이 극히 낮았다. 그래서 다가오기를 기다리며 줄지어 있던 창에, 마치 고깃덩어리처럼 간단히 찔려나갔다.

투르크 병사가 지르는 단말마의 비명을 듣고서 뒤따르던 병사들은 앞다투어 도망치기 시작했다. 도망치려면 적의 반대방향, 즉 뒤로 물러나야 하는데 뒤에서는 계속해서 병사들이 밀려들고 있었으므로, 자기편끼리 충돌해 쓰러진 병사들이 쌓여갔다. 병사의 수가 많았던 만큼 대혼란이 일어난 것이다.

메르완이 얼마만큼의 병사를 데리고 본영으로 퇴각했는지는 알려져 있지 않다. 하지만 케르보가가 이후의 공격을 신중히 생각하지 않을 수 없을 만큼 큰 손실을 입었다는 것은 분명하다. 어쨌든 모술 태수 케르보가가 안티오키아에서 취한 최초의 공세는 십자군에 의해 격퇴당하고 말았다.

다음 날인 6월 10일, 공세를 취하는 데 신중해진 케르보가는 자기 군대의 병사 수가 많다는 것을 활용하기로 했다. 십자군이 하고 싶어도 할 수 없었던 안티오키아의 완전한 포위를 실행하기로 한 것이다. 이제는 숨어서 할 필요가 없었다. '성 바울 문' 가까이 본영을 밀어붙인 케르보가의 지휘 아래, 셀주크투르크 전군은 12킬로미터에 이르는 안티오키아의 성벽 바깥을 온통 에워쌌다.

밤이 되자 투르크군의 모든 천막 앞에는 불이 피워졌다. 안티오키아 성벽 위에서 내려다보면 불꽃 바다가 안티오키아 전체를 빙 둘러싸고 있는 것처럼 보였다.

십자군은 군량도 거의 없는 상태로 안티오키아 성내에 갇히고 만 것이다. 오리엔트 유수의 이 대도시를 함락한 것에 뛸 듯이 기뻐한 지 일주일밖에 지나지 않아서였다.

절망한 사람들은 투르크 병사가 잠들어 있는 밤에 하나둘씩 도망치기 시작했다. 도망친 자들 중에는 제후의 군대를 따라 이곳까지 온 순례자들보다 기사를 자칭하던 남자들이 더 많았다. 그들은 제후의 군대에 가담해 여기까지 왔지만, 제후의 직속, 말하자면 일족과 가신의 일원은 아니었다. 따라서 주인에 대한 귀속의식도 희박했다.

구름처럼 많은 이슬람 병사에게 둘러싸인 이들은 성지를 탈환하겠다는 생각보다 더한 공포심에 짓눌렸다. 또한 순례자들은 식량 부족의 영향을 가장 많이 받은 사람들이었다. 그들은 탈주할 체력도 바닥나 있었다. 탈주에 성공하려면 '성 시메온 항'까지는 가야 했기 때문이다.

도망친 사람들은 성 시메온 항에 정박해 있던 제노바 선박의 선원들을 설득해 배를 얻어타고 타르수스의 외항까지 갔다.

이 타르수스에는 앞서 도망친 블루아 백작이 있었다. 케르보가가 다가온다는 말만 듣고 도망쳤던 그는 남아 있는 동료들에 대한 미안함에 다시 돌아갈까 생각하던 차였다. 그런데 그때 절망만 가득한 기사들이 도망쳐온 것이다. 블루아 백작은 다시 결의를 잃었다. 킬리키아 지방의 주요 도시인 타르수스는 탈주자들의 집합소 같은 곳이 되었다.

6월 중순, 타르수스에서 가까운 소아시아 남쪽 연안에 비잔틴제국의 황제 알렉시우스가 대군을 이끌고 도착했다. 안티오키아가 함락되었다는 것을 알고, 예의 서약서를 방패 삼아 안티오키아를 비잔틴제국령으로 삼을 생각이었던 것이다.

하지만 도착하자마자 들려온 정보는 안티오키아가 이미 투르크 대군에 포위되었다는 것이었다. 그래서 가까운 타르수스에 있는 탈주자들을 불러 이야기를 듣기로 했다.

탈주한 자는 누구나 탈주를 정당화하려고 한다. 블루아 백작과 기사들의 이야기만 들으면, 투르크군에 포위된 안티오키아를 기다리고 있는 것은 절망밖에 없다고 판단하는 것이 당연했다.

황제 알렉시우스가 내린 결단은 철수였다. 당장이라도 십자군에 가세해 함께 전투할 수 있도록 제국 최고의 무장으로 이름이 높았던 장군 두카스까지 데려왔으면서, 비잔틴군은 콘스탄티노플로 발길을 돌린 것이다. 이 사실을, 안티오키아 내에 갇혀 있던 십자군도 며칠 후 알게 되었다. 이것이 황제에 대한 제후들의 여론에 결정타가 된 것은 말할 것도 없다.

성스러운 창

그 무렵, 바르톨로메오라는 남자가 툴루즈 백작 레몽의 진영으로 찾아와 어젯밤 꾸었다는 꿈 이야기를 했다. 성 안드레아가 꿈에 나타나 다음과 같이 고지했다는 것이었다.

안티오키아 중앙 거리에 있는 성 베드로 성당 밑에 십자가에 못 박힌 예수 그리스도의 옆구리를 찔렀던 '성스러운 창'이 묻혀 있으니 그것을 파내라. 그 '성스러운 창'을 앞세우고 싸우면 투르크군을 격퇴할 수 있다. 꿈속의 성 안드레아가 그렇게 보증했다는 것이다.

레몽은 즉시 이 이야기를 동료 제후들에게 알렸다. 하지만 아무도 믿지 않았다. 바르톨로메오는 순례자의 시종에 불과한 낮은 신분이었다. 그런 하층민이 하는 말 따위는 믿을 수 없다는 것이 제후들의 공통된 의견이었다. 세속 인간인 제후들뿐만 아니라 성직자인 아데마르 주교도 허튼소리라며 귀도 기울이지 않았다.

이틀 후 케르보가는 아무런 예고 없이 남서쪽 성벽으로 총공격을 해 왔다. 그 부근에는 제노바 선원들이 배치되어 있었다. 그들의 영웅적인 저항과 곧바로 지원하러 달려간 보에몬드군의 활약으로 투르크군을 격퇴하는 데는 성공했다. 그러나 그곳 성벽 일대에 민가들이 모여 있는 것이 문제였다. 보에몬드는 그 집들을 철거하라고 명령했다. 번거로운 장애물이 없는 상태에서 방어에 전념하기 위해서였다.

그로부터 다시 이틀이 지난 14일 밤, 기록을 믿는다면 투르크군 진영에 유성이 떨어져 화재가 발생한다. 유성이 아니라 여름철 그 지방에 흔히 발생하는 벼락이 떨어진 게 아닌가 싶지만, 어쨌든 투르크군의 천막 몇 채가 불타올랐고, 불에 쫓기던 몇 명은 타 죽었다. 성벽 위에서 그것을 지켜보던 십자군 병사들은 신이 우리 편을 들어주신다며 감격의 눈물을 흘렸다.

전날 밤 감격한 사람 중 하나였는지, 이튿날 툴루즈 백작 레몽은 고고학자로 일변했다. 한 무리의 병사를 데리고, 투르크령이 된 이후 마구간으로 변해 있던 성 베드로 성당으로 가 순례자 바르톨로메오가 가리킨 바닥을 파기 시작했다.

'성스러운 창'은 발견되었다. 몹시 오랜 세월을 견딘 듯 녹이 슬어 있던 그것은 정중하게 레몽의 진영으로 모셔졌고, 깨끗하게 씻겨 금실로 짠 천 위에 안치되었다. 이때까지도 그것을 기적이라 믿었던 것은 제후들 가운데 레몽 한 사람뿐이었다.

그럼에도 '성스러운 창' 사건은 순식간에 십자군 전체에 퍼졌다. 바르톨로메오가 치켜든 '성스러운 창'을 본 병사들은 감격했고, 그들의 사기가 고양된 것도 사실이다. '창'이라고 해도 실은 앞쪽 끝인 창촉뿐이었는데, 오히려 그것이 '성유물'답게 신비로워 보였다.

'철의 문'으로 공격해온 투르크군을 격퇴했고, 유성이 떨어져 적군에게 피해를 입혔고, 그리고 이제 '성스러운 창'이 나온 것이다. 신이 지켜주고 있다는 생각이 사람들 사이에 퍼져나가, 굶주림의 고통마저 잊게 만들었다.

한편 메소포타미아 지방에서 시리아까지 셀주크투르크 세력을 총결집한 케르보가 진영에서는, 두 차례에 걸친 공격이 모두 격퇴당하자 슬슬 그 영향이 나타나기 시작했다.

어떻게 알았는지는 모르겠지만 보에몬드는 그것을 알고 있었다. 마흔여덟 살이 된 이 노르만 무장은 케르보가 진영에 강화를 요청하는 사절을 보내기로 한다. 그 역할은 은자 피에르에게 맡겼다. 은자 피에르는 한 번 탈주했다가 금세 탄크레디의 부대에 발각되어 끌려가듯이 보에몬드에게 보내진 이후, 그 진영 안에서 '보호'받고 있었다.

투르크군 총사령관을 찾아가라는 명령을 받은 은자 피에르는, 일전에도 투르크군을 두려워해 도망쳤던 만큼 애처로운 목소리로 회피하려고 애를 썼다. 그러자 보에몬드는 웃으면서 무력이 출중한 동행을 붙여줄 테니 걱정하지 말라고 안심시켰고, 은자는 어쩔 수 없이 케르보가 진영으로 향했다.

보에몬드가 붙여준 시종은 그의 신뢰가 두터운 시칠리아 출신 기사로 아랍어에 능통했다. 풀리아 공작 보에몬드는 강화의 성패 따위는 신경 쓰지 않았다. 그가 알고 싶었던 것은, 셀주크투르크 군 내부에서 무슨 일이 벌어지고 있는가 하는 것이었다.

케르보가의 막사로 안내받은 은자 피에르는 오랜만에 열변을 토하게 된다. 시종으로 따라간 기사도 될수록 오래 이야기하라고 부탁했던 것이다. 그때 그가 했던 말을 간추려 소개하면 다음과 같다.

우리 그리스도교도가 안티오키아까지 온 것은 다름 아니라 정의를 실현하기 위해서다. 예수 그리스도를 비롯한 순교자들의 피를 빨아들여온 이 지방은 그 순교자들이 우리에게 유산으로 남긴 땅이며, 이곳을 영유하는 것은 우리의 권리다. 따라서 권리를 주장하는 우리와 그것을 부당하게 소유해온 당신들이 일전을 벌일 때 신이 어느 쪽 편을 들어줄지는 당신들도 조만간 알게 될 것이다.

케르보가는 잠시 생각한 뒤 대답했다.

너를 보낸 자들에게 돌아가라. 그리고 전하라. 안티오키아는 이미 우리 수중에 들어온 것이나 마찬가지다. 그리고 패자는, 이유가 어떻든 그런 말을 할 자격이 없다.

그렇지만 우리는 패자에게도 관용을 베풀 용의가 있다. 코란에도 쓰여 있다. 이슬람의 법에 복종하기로 한 자는 용서하라고. 만약 이를 거부한다면 안티오키아 탈환은 칼로만 이루어질 것이니 각오하라.

이렇게 회담은 결렬되었다. 하지만 그사이, 아무도 수상히 여기지 않는 시종 복장을 한 기사는 아랍어와 투르크어 둘 다 한마디도 알아 듣지 못하는 표정으로 케르보가 진영 내의 작은 소곤거림까지 놓치지 않고 듣고 있었다.

돌아온 두 사람 중에 이 기사에게 보에몬드의 질문이 집중된 것은 당연했다. 한편 진짜 목적이 적을 시찰하는 것이었다는 사실도 모르고 적의 총사령관을 만나고 돌아온 은자 피에르는 사람들에게 이 일을 의기양양하게 떠벌리고 다녔다.

그러나 보에몬드는 지금까지는 단순한 예감에 불과했던 것이 사실이라는 것을 알았다.

케르보가가 이끄는 대군이 안티오키아 코앞에 당도한 지 아직 20일도 지나지 않았다. 그리고 그사이 공격다운 공격은 두 번밖에 해오지 않았다. 게다가 두 번 다 격퇴당했다.

장수에서 병졸에 이르기까지, 급조된 군대에 가장 부족한 것은 다름 아닌 인내력이다. 케르보가군에서도 탈주병이 나오고 있다는 사실은 알고 있었다. 하지만 그것이 장수에까지 미치기 시작했다는 확증은, 강화 교섭을 가장하여 적의 동정을 살피러 갔을 때 얻게 된 것이다.

케르보가의 총지휘에 따라야 할 터인 영주들 사이에서 불협화음이 일어나고 있었던 것이다. 그중에서도 특히, 친형제임에도 전부터 험악한 사이였던 알레포의 리드완과 다마스쿠스의 두카크는 일촉즉발의 상태에 이르러 있었다.

책임전가와 이기적인 영토욕, 당시 이슬람 세력의 결집을 방해하고 있던 이 결함이, 전혀 성과를 내지 못한 채 포위전을 지속하는 사이 분출한 것이다. 케르보가가 이끄는 셀주크투르크군은 적을 맞닥뜨린 지 채 한 달도 지나지 않아 분열하기 시작했다.

이에 보에몬드는 성벽 밖으로 나가 일전을 벌여 승패를 가를 결심을 하게 된다.

십자군 대 투르크의 전투

6월 27일, 제후를 모아놓은 자리에서 보에몬드는 속내를 밝힌다. 그리고 전군을 6개 부대로 나눠 전투에 임하겠다고 말했다.

제1부대는 프랑스와 플랑드르 병사들로 편성하고, 지휘는 프랑스 왕의 동생 위그와 플랑드르 백작 로베르가 맡는다. 그러나 실질적인 지휘관이 플랑드르 백작이라는 것은 지금까지 로베르가 쌓은 실적을 보면 누구나 알 수 있었다.

제2부대는 로렌 공작령의 기사들로 편성하고, 지휘는 로렌 공작 고드프루아가 맡는다.

제3부대는 프랑스 북부 노르망디 지방의 병사들로 편성하고, 지휘는 노르망디 공작 로베르.

제4부대는 프랑스 남부 툴루즈와 프로방스 병사들로 편성하고, 지휘는 당연히 툴루즈 백작 레몽이 맡아야 했지만, 이때 레몽은 병상에 있었기 때문에 아데마르 주교가 이들을 이끌고 싸우게 되었다.

하지만 레몽이 전혀 참전하지 않은 것은 아니었다. 본인은 병이 들었어도 그의 부하 2백 명은 산 위의 성채에 틀어박혀 있는 투르크 병사가 한 명도 나오지 못하게 하는 중요한 임무를 맡은 것이다.

보에몬드는 안티오키아 시내에 있는 십자군 거의 모두를 케르보가를 상대하는 일전에 투입하기로 결정했다. 그 때문에 시내가 텅 빈 틈을 타 투르크 병사들이 산 위의 성채에서 내려와 공격한다면 안티오키아는 다시 이슬람 수중에 떨어지고 만다. 그 투르크 병사들을 산 위의 성채 안에 가둬두는 것이 2백 명의 병사로도 충분했던 것은, 보에몬드가 쌓은 돌벽으로 산 위의 성채가 봉쇄되어 있었기 때문이다.

남은 두 부대 중 제5부대는 이탈리아 남부와 시칠리아 병사들로 편성하고, 지휘는 보에몬드가 직접 맡았다.

그리고 같은 지방에서 온 병사들로 편성된 제6부대의 지휘는 조카 탄크레디에게 맡겼다.

대규모 전투에서는 좌익, 중앙, 우익으로 삼분하는 것이 보통인데, 보에몬드가 왜 굳이 여섯 개의 부대로 나누었는지는 알 수 없다. 하지만 우리가 그의 입장이었다면 어떻게 했을지 상상해보면, 여섯 개로 나눈 이유를 다음 세 가지로 유추할 수 있다.

첫째, 케르보가가 이끄는 투르크군은 십자군의 세 배는 족히 넘는 대군이라는 것. 그러므로 한꺼번에 부딪쳐서는 패배할 수밖에 없다는 확신.

둘째, 케르보가 진영 내의 각 영주들 사이가 삐걱거린다는 것. 이런 상황에서는 총사령관의 명령이 원활하게 받아들여지지 않기 때문에,

아군의 움직임이 민첩할 수 있게 여섯 개의 부대로 나누어 그 틈을 노리는 것이 적합하다는 것.

셋째, 십자군은 이때 비로소 행군 때가 아닌 전장에서도 민족적으로 순수한 노선으로 임하게 된다. 즉 제후들이 자기 병사들을 이끌고 싸우게 된 것이다. 로렌군은 고드프루아가, 노르망디 병사는 노르망디 공작이, 플랑드르에서 온 기병은 플랑드르 백작이 이끈다. 장수는 병사들을 잘 알고 병사들도 자기 장수에게 익숙한, 같은 동료들끼리 운명을 함께하는 것이다. 보두앵이 에데사를 정복할 때와 탄크레디가 킬리키아를 정복할 때 극히 소수의 병사밖에 없는 상황에서도 성공한 것은 모두 장수와 병사가 동족의식이 강한 한 집단이었기 때문이다. 보에몬드는 이러한 방식을, 싸우는 사람의 수가 훨씬 많은 안티오키아에서도 활용하려 한 것이다.

제후들을 앞에 두고 이야기를 끝낸 보에몬드는 다음과 같은 말도 하지 않았을까.

케르보가는 내일이라도 당장 싸움을 걸어올 것이다. 영주들의 이탈을 두려워하는 케르보가로서는 일을 빨리 매듭지을 필요가 있기 때문이다. 그리고 오론테스강 서쪽 연안에 펼쳐진 평원을 전장으로 삼을 것이다. 왜냐하면 안티오키아 주위에서 대군을 전개할 만큼 넓은 곳은 그곳뿐이기 때문이다.

머리가 맑을 때의 예측은 이렇게 잘 맞는구나 싶을 정도로, 보에몬드의 예측은 보기 좋게 적중했다.

다음 날인 6월 28일 동이 트자마자, 케르보가가 이끄는 셀주크투르크군이 오론테스강 서쪽 연안으로 공격해왔다. 물론 십자군측도 맞서 싸울 준비를 완료했다. 그들도 이것이 최선이라는 생각에 결의를 다지고 성문을 나섰다.

메소포타미아와 시리아의 셀주크투르크 세력을 결집한 대군의 총사령관인 케르보가는, 이날 처음으로 십자군 전군을 목격한다.

제후들은 모두, 가문의 문장을 수놓은 각양각색의 깃발을 손에 든 기수 옆에서 아침 해를 받으며, 둔중하게 빛나는 강철 갑옷으로 중무장한 차림으로 말을 타고 다가왔다. 그 뒤를 따르는 기사들도 강철 갑옷으로 무장하고 오른손에 큰 창을 들고 말을 탄 모습이다. 군량 부족으로 말을 희생시켜야만 했던 많은 기사들은 보병으로 싸워야 했으나, 그들도 강철 갑옷과 긴 칼로 중무장했다. 십자군은 일반 보병들도 가슴을 가죽 흉갑으로 보호하고 있었다. 그리고 모두의 가슴에 붙은 하얀색 바탕에 붉은색 십자가 다채로운 무리를 통일시켜주었다. 투르크 병사의 눈에 비친 십자군은 실제보다 훨씬 대군으로 보였다.

그날 케르보가는, 오리엔트군의 특징인 다수의 궁병(弓兵)을 최전선에 배치하지 않고 배후 언덕에 대기시켜놓았다. 그리고 궁병이 기다리는 그 언덕 쪽으로 적군을 밀어붙이는 작전을 편 것이다. 동시에 강에서 가까운 아군의 좌익을 적의 공격에서 보호하려는 의도였는지 그곳에 별동대를 파견했다. 또한 일찌감치 공세로 나선 십자군을 저지할 셈으로 평원에 불을 질렀다. 하지만 여름 날씨 때문에 불은 크게 번지지 못했다.

그러나 이처럼 표면상으로는 각기 다른 방향으로 투입하는 것처럼 보이는 전술이 효과를 거두려면, 지휘계통이 완벽하게 일원화되고, 그에 따라 각 부대가 유기적으로 움직일 수 있어야 한다.

케르보가가 지휘하는 군대는 그러지 못했다. 때문에 불확실한 명령에 혼란스러워하던 투르크군을, 여섯 개의 부대로 나눈 제후들은 각자 유리한 방향에서 공격해들어갔다.

그것을 본 보에몬드는 자신이 이끄는 제5부대에서 기병만 추려 또 다른 별동대를 조직하고, 그 지휘를 수하 장수에게 맡겨 적군의 배후로 돌아 들어가 공격하게 했다. 전장에 나와 있는 적군과 언덕 부근에서 대기하고 있는 궁병을 완전히 분리해버린 것이다. 정오도 되기 전에, 케르보가군의 형세가 악화되고 있음은 누가 봐도 알 수 있었다.

지금까지 불만은 있었지만 모술 태수의 지휘에 복종하고 있던 각 영주들은 패배에 휩쓸릴 것을 우려해 자신들의 군대를 철수하기 시작했다. 가장 먼저 철수한 것은 다마스쿠스 영주 두카크였다. 그를 따라 다른 영주들의 철수도 이어졌다. 알레포 영주 리드완도 전장을 버린 사람 중 하나였다.

그래도 케르보가는 전장에서 계속 싸웠다. 케르보가를 제외하고 마지막까지 전장을 버리지 않았던 사람은 하마 영주 한 사람뿐이었다.

하지만 승패는 이미 명백했다. 이제 끝났다고 생각한 케르보가는 아직도 싸움을 계속하고 있는 휘하 병사들을 내팽개친 채 도망쳤다. 도망치는 도중에 아무 데도 들르지 않았다. 유프라테스강을 건너고 사막을 건너 단숨에 모술까지 도망친 것이다.

1098년 6월 28일, 십자군은 대승을 거두었다. 전장은 마지막까지 싸운 2만 명의 투르크 병사들의 주검으로 뒤덮일 정도였다고 한다. 그중에는 언덕에서 대기하고 있던 궁병들도 많았다.

십자군 사상자의 수도 4천 명에 달했다고 한다. 전투 자체는 단시간에 끝났지만 상당한 격전이었던 것이다.

이것은 셀주크투르크의 대군을 상대로 거둔 본격적인 승리였다. 산 위의 성채에 있던 투르크 병사들도 패배 사실을 알고 항복해왔으므로, 안티오키아에서 가장 중요한 곳까지 결국 십자군의 수중에 들어온 것이다. 이것은 이제 시리아 일대에는 더이상 십자군에 대항할 수 있는 이슬람 군대가 없다는 것을 의미했다.

안티오키아는 누구 손에?

전투가 끝나고 이틀도 지나지 않은 6월 말, 외부로부터의 적을 물리치고 산 위의 성채도 수중에 넣음으로써 이제 안티오키아에는 적이 없어졌다. 하지만 십자군의 수뇌들은 또다른 문제에 대한 해답을 내놓아야 했다. 이 안티오키아의 방어를 누구에게 맡길 것인가. 다음으로 그들을 기다리고 있는 더욱 중요한 것은 예루살렘으로 향하는 일이었기 때문이다.

풀리아 공작 보에몬드는 더는 자신의 야망을 숨기지 않았다. 안티오키아 정복에 가장 공로가 많은 자신이 그 임무를 맡는 것이 당연하고, 동시에 안티오키아를 계속해서 십자군의 도시로 유지하기 위해서도 타당한 선택이라고 주장했다.

이에 공공연하게 반대하고 나선 사람이 툴루즈 백작 레몽이었다. 레몽이 반대한 진짜 이유는 보에몬드에 대한 라이벌 의식 때문이었다. 하지만 풀리아 공작의 공로는 다들 인정하고 있었으므로 그것에 이의를 제기하는 것은 어리석은 짓이었다.

그래서 예의 서약서 이야기를 꺼낸 것이다. 제후들이 콘스탄티노플에서 황제 알렉시우스의 요구에 응해 서명한 서약서에 따르면, 제후들은 비잔틴제국 황제의 신하이고, 따라서 그들이 정복한 땅의 영유권도 황제에게 돌아가게 된다.

레몽은 그러므로 우리는 안티오키아를 황제에게 바칠 의무가 있다고 말한 것이다. 보에몬드도 그 문서에 서명한 사람 중 하나였다. 이것으로 안티오키아를 자기 영지로 만들겠다는 그의 야망은 무너진 것으로 보였다.

그때 교황의 대리인인 아데마르 주교가 한 가지 제안을 내놓았다. 황제 알렉시우스에게 특사를 보내, 황제가 직접 안티오키아에 온다면 안티오키아를 황제가 영유하는 것에 이의를 제기하지 않겠다고 전하면 어떻겠는가 하는 것이었다. 이에 모두가 동의했고, 콘스탄티노플로 보내는 특사는 프랑스 왕의 동생 위그로 정해졌다.

제안서를 맡은 위그는 성 시메온 항과 콘스탄티노플 사이를 제노바의 배로 왕복했고, 황제의 회답은 예상보다 빨리 도착했다.

그에 따르면, 여름철에 대군이 이동하는 것은 어려움이 따르기 때문에 황제가 직접 비잔틴제국 군대를 이끌고 안티오키아로 오는 것은 다음 해 봄, 즉 8개월 후에나 가능하다는 것이었다.

황제 알렉시우스는 또다시 기회를 날려버렸다. 13년 전까지 안티오키아는 일시적이나마 비잔틴제국령이었다. 주민 대부분도 그리스정교를 믿는 그리스인이다. 여름철의 더위도 마다하지 않고 달려왔다면 안티오키아는 다시 간단히 비잔틴제국령이 되었을 것이다. 비잔틴제국 시대의 그리스인에게는 쇠를 뜨거울 때 벼리는 적극성이 없었는지도 모른다.

아데마르 주교의 죽음

안티오키아에서는 이제 보에몬드와 레몽의 적대의식이 뚜렷해지고 있었다. 보에몬드가 산 위의 성채와 성벽 수비를 강화하는 탑의 대부분을 자기 병사들로 점거하자, 레몽 역시 자기 병사를 보내 케르보가의 투르크군이 버려두고 간 재산과 보물을 혼자 독차지해버렸다.

그러나 그들이 그런 일에 열중하고 있는 동안 안티오키아에는 역병이 돌기 시작했다.

처음에는 성벽 밖, 이어서 성벽 안이라는 장소의 차이는 있었지만, 안티오키아를 둘러싼 공방전이 8개월에 다다랐던 것이다. 게다가 그동안 계속해서 식량 부족에 시달려왔다. 쇠약해진 체력, 극도로 나쁜 위생상태, 제한된 장소에 갇혀 살아가는 수많은 사람들. 이런 상황에서는 역병이 발생하지 않는 게 오히려 이상했다.

이슬람 군대를 상대로 승리를 거두었지만, 십자군과 그들을 따라온 순례자들로 구성된 그리스도교도들은 자신들이 정복한 안티오키아에서 식량 부족과 여름의 무더위, 역병의 유행에 시달리게 된 것이다.

7월 들어 수뇌부 중 한 명이 결국 역병에 희생되었다. 성직자인 아데마르는 역병으로 죽어가는 사람들과 접촉할 기회가 누구보다 많았다. 그는 역병으로 쓰러졌다.

아데마르 주교가 죽자 제후들은 모두 슬픔에 빠졌다. 보에몬드조차 눈물을 흘렸다고 한다. 교황의 대리인 자격인 성직자의 죽음을 슬퍼한다기보다, 지금까지 오랫동안 함께 고생해온 전우의 죽음을 슬퍼하는 마음에 더 가까웠을 것이다.

필요할 때는 직접 병사를 이끌고 최전선에서 싸웠고, 사사건건 대립하는 보에몬드와 레몽 사이를 능숙하게 조율했으며, 죽어가는 자가 원하면 머리맡으로 달려가 더 좋은 세계로 떠나는 여행길을 배웅했다. 르퓌의 주교 아데마르는 이제 제1차 십자군에 없어서는 안 되는 사람이었던 것이다.

제후들은 그를 반드시 예루살렘의 성묘교회에 안장하겠다고 약속했지만, 아데마르는 훨씬 현실적이었다. 이슬람이 지배할 때는 마구간이었다가 다시 안티오키아의 대성당이 된, 성 베드로 성당에 매장해 달라는 말을 남기고 죽은 것이다.

아데마르 주교의 죽음으로 가장 큰 영향을 받게 된 사람은 툴루즈 백작 레몽일 것이다. 교황의 대리인인 아데마르가 그와 행동을 함께 한 덕에, 레몽은 제후들 중에서 대장 격이라도 되는 양 행동할 수 있었던 것이다.

또한 제후들 중에서는 가장 연장자이며 영토가 많다는 이유로 자칫 폭주하기 쉬웠던 레몽을 항상 옆에서 자제시켜준 것도 아데마르 주교였다.

요컨대 지금까지의 전적을 보면 보에몬드와 고드프루아, 또 젊은 플랑드르 백작 로베르와 보두앵, 탄크레디한테도 눈에 띄게 뒤처지면서도 레몽이 계속 으스댈 수 있었던 건 교황의 대리인인 아데마르 주교가 항상 곁에 있었기 때문이었다.

아데마르 주교의 죽음을 누구보다도 한탄해 마지않던 사람은 쉰여섯 살의 레몽이었다.

아데마르 주교의 죽음에 이어 레몽의 권위를 손상시키는 또하나의 사건이 일어난다. 여기에는 '성스러운 창'의 발견자로 이름을 날린 바르톨로메오가 얽혀 있었다. 프랑스 남부에서 순례자의 시종으로 십자군을 따라온 이 남자는, 같은 프랑스 남부의 영주 레몽에게 이렇게 말했다.

죽은 지 얼마 안 된 아데마르의 영혼을 지니고 성 안드레아가 다시 그의 꿈에 나타났다는 것이다. 그리고 말하건대, 아데마르는 '성스러운 창'에 의심을 품었던 죄로 지옥에 떨어질 뻔했으나, 진실한 후회와 제후들의 기도 덕에 구원을 받았다. 안티오키아 방어는 정의로운 사람에게 맡기고 될수록 빨리 예루살렘을 해방하러 떠날 것을 레몽에게 전하라, 고 일렀다는 것이다.

깊은 신앙심을 자랑하던 레몽도 이런 이야기까지는 고스란히 믿을 수 없었던 모양이다. 바르톨로메오는 지난번과는 다른 레몽의 대응에 풀이 죽어 돌아갔다. 그러나 바르톨로메오는 이번 꿈 이야기로 불신을 산 데서 그치지 않고, 그가 발견한 '성스러운 창'의 신빙성까지 함께 잃게 되었다. '성스러운 창'의 신빙성을 일관되게 주장해온 사람은 다른 누구도 아닌 툴루즈 백작 레몽이었다.

8월, 역병에 쓰러진 희생자가 시내 전역을 뒤덮기에 이르렀다. 제후들은 휘하의 병사들과 함께 가까운 도시나 마을로 피난을 떠나기로 했다.

보에몬드와 탄크레디는 킬리키아 지방의 항구로.

고드프루아와 그의 병사들은 북쪽으로 향했다. 에데사에서 필요물자를 가지고 남하해오는 동생 보두앵과 만날 계획이었다.

레몽과 그의 병사들이 어디로 피난했는지는 알려져 있지 않다. 노르망디 공작과 플랑드르 백작도 각자 근처에서 피난처를 찾았던 것 같다.

이러면 안티오키아가 군사적으로 텅 비게 되지만, 이제 걱정할 만한 적이 없었으므로 역병을 피해 여름휴가를 떠날 수 있었던 것이다.

9월, 안티오키아의 역병도 진정되고 제후들은 각자의 병사들을 이끌고 돌아왔다. 동시에 보에몬드 대 레몽의 대립이 다시 시작되는 게 아닌가 했지만, 아직 이 시기에는 그렇지 않았다. 이유는 단순히 보에몬드가 아직 안티오키아로 돌아오지 않았기 때문인데, 그는 역병을 이유로 킬리키아 지방에 머무르는 동안, 훗날 십자군에 커다란 영향을 끼치게 되는 중요한 안건에 몰두하고 있었다.

그것은 제노바의 상인들과 군사적 경제적 협정을 맺는 일이었다. 보에몬드가 안티오키아를 영유하는 데 힘을 빌려주는 대신, 제노바측은 안티오키아 시내에 독자적인 시장을 설립할 권리를 갖고, 그곳에서 일할 제노바 사람들만을 위한 교회 하나와 30채의 가옥을 구입할 수 있게 해준다는 것이었다. 즉 안티오키아에 제노바 거류지 개설을 인정한 것이다.

이 협정이 군사적인 성격을 띠는 것은, 제노바를 포함해 이탈리아 해양 도시국가의 상선은 선원들이 무장을 하고 있어서 노를 젓는 사람까지 모두 전투원으로 변모할 수 있기 때문이었다. 보에몬드가 안티오키아를 영유하는 데 힘을 빌려주겠다는 말은, 이 군사력을 빌려준다는 의미도 있었다. 게다가 제노바 선박에 의한 해상수송 역시 '힘을 빌려주는' 일 중 하나라는 것은 말할 것도 없었다.

그래도 역시 경제입국을 목표로 하는 제노바와의 협정인 만큼 경제협정의 의미가 더 컸다. 현대적으로 생각하면, 제노바의 이런 참여는 시장개방이자 외자도입이라 할 수 있지 않을까. 보에몬드는, 시칠리아를 정복한 후에도 이전 지배자였던 이슬람교도를 추방하지 않고 그리스도교 사회로 편입시켜 두 종교의 공생을 실현한 이탈리아 남부 노르만 왕조의 일원이다. 그래서 시장개방이나 외자활용, 그리고 민족을 불문한 인재 활용에 다른 제후들보다 저항감이 적었을지도 모른다. 어쨌든 제노바를 포함한 이탈리아 해양 도시국가의 경제인들은 십자군이 오리엔트를 침입하기 훨씬 전부터 이슬람교도와 교역을 해왔던 사람들이다.

이러한 경험을 통해 제노바 사람들은, 경제적 이익을 얻기 위해서는 정치적으로도 냉철할 필요가 있다는 것을 알고 있었다. 협정 마지막 부분에는, 가령 보에몬드와 레몽 사이에 무력충돌이 일어날 경우 제노바 사람은 중립을 지킨다는 항목이 덧붙어 있다. 다른 사람들의 집안 싸움에 휩쓸리는 것은 경제적이지 않기 때문이다.

이 교섭을 모두 마치고 보에몬드는 안티오키아로 돌아왔다. 동시에 보에몬드와 레몽의 대립도 다시 시작되었다.

죽은 아데마르 주교를 애도하기 위해 모인 성 베드로 성당에서, 보에몬드와 레몽은 거센 목소리로 언쟁을 벌이기 시작했다.

풀리아 공작 보에몬드가 말했다.

황제 알렉시우스는 그 우유부단한 성격 때문에 결국 오지 않을 것이다. 그러나 안티오키아를 어떻게 십자군의 것으로 유지할 것인가는 이후 예루살렘으로 향할 십자군에게 매우 중요한 과제다. 그 일의 적임자는 다른 누구도 아닌 바로 나다, 라고 주장한 것이다.

이에 대한 툴루즈 백작 레몽의 반론은, 황제가 요구한 서약서에 우리 모두가 서명한 이상 우리 중 누구도 그것을 무시할 수 없다는 논리 하나였다.

여기에서, 지금까지는 둘의 싸움에 거리를 두고 있던 로렌 공작 고드프루아가 보에몬드의 생각에 찬성한다고 밝혔다. 이어서 또 한 사람, 플랑드르 백작 로베르가 보에몬드를 지지하는 쪽으로 나섰다.

고드프루아는 강대한 병력을 이끌고 왔으므로 당연히 발언권도 강했다. 그에 비해 플랑드르 백작은 5백 명의 기병밖에 거느리지 않았지만, 지금까지 그와 그가 지휘하는 기병들이 보여준 활약은 누구나 인정하는 것이었다.

이 두 사람은, 예루살렘으로 향하기 위해서는 배후의 안티오키아를 확실한 '손'으로 반드시 지켜야 한다는 것을 알고 있었다. 에데사에서 보두앵이 '방패'가 되어주었던 3주간의 중요성을 그들은 잘 알고 있었던 것이다.

이 두 사람이 보에몬드 쪽에 섰으니 문제가 해결될 것으로 다들 생각했지만, 보에몬드를 향한 적개심에 불타는 레몽은 그렇게 호락호락 물러서지 않았다. 난제를 차례로 들이대면서 문제해결을 뒤로 미루는 작전으로 나온 것이다.

우선 보에몬드가 안티오키아의 영유를 고집하며 십자군이 예루살렘으로 진군하는 것을 방해하고 있다고 비난했다.

그러자 보에몬드는 예루살렘으로 진군하는 것을 방해할 생각은 추호도 없다고 단언했다.

레몽은 그렇다면 증거를 보이라며, 예루살렘 진군에 동행할 것을 보에몬드에게 요구했다.

보에몬드는, 자신은 여기에 남아 안티오키아를 그리스도교 세력하에서 재건하는 중요한 임무가 있으니, 대신 탄크레디를 참전시키겠다고 답했다.

이 말에는 마땅히 대답할 게 없었겠지만, 그래도 이 프랑스 남자는 물러서지 않았다. 다음에 만난 자리에서 그는 안티오키아의 4분의 3은 보에몬드가 영유해도 좋지만 총독 관저를 포함한 나머지 4분의 1은 자신의 통치하에 두자는 안을 내밀었다. 하지만 분할통치란 대개 '아무것도 못 하는' 것이나 마찬가지다.

이 언쟁에 참석한 제후들은 이제 기가 막힌다는 표정을 감출 수 없었다. 이런 말싸움 때문에 벌써 한 달 이상이나 허송해버린 것이다.

그런데 아이러니하게도, 스스로 바라지도 않았던 일이 발단이 되긴 했지만, 이 교착상태를 바꾼 것은 다름 아닌 툴루즈 백작 레몽이었다.

인육 사건

도시는 성벽 안쪽의 시내만으로 이루어지는 것이 아니다. 식량을 비롯해 수공업에 필요한 원재료며 일꾼을 공급하는 이웃 도시나 마을이 있어야 도시로서 기능할 수 있다. 당연히 대도시일수록 도시를 지원하는 역할을 담당하는 도시와 마을, 농지와 목초지는 더 많이 필요해진다.

안티오키아만큼의 대도시는 아니지만 에데사 역시 주위 일대를 자기편으로 만들어놓음으로써, 메소포타미아 지방에서 온 적의 대군을 가로막고 설 만한 힘을 가질 수 있었다.

따라서 안티오키아를 공략한 십자군도 주위 도시나 마을을 정복하는 일을 게을리할 수 없었다. 언쟁을 일삼기는 했으나 레몽은 프랑스 남부에 광대한 영지를 가진 영주였다. 그 중요성은 잘 알고 있었다.

안티오키아에서 동남쪽 방향으로 100킬로미터쯤 떨어진 곳에 마아라트 알 누만이라는 도시가 있다. 주위에 견고한 성벽이 서 있어, 십자군을 공격해온 셀주크투르크의 군대가 매번 패퇴했음에도 이곳만은 내내 투르크의 손안에 있었다. 이 도시가 간단히 항복하는 것은 요원한 바람이었다. 이 도시로 향한 십자군은 세 장수가 따로 이끄는 부대들이었다.

11월 27일, 먼저 도착한 레몽의 부대가 우선 성벽 공격을 개시했다. 이어서 도착한 플랑드르 백작의 부대가 다른 쪽 성벽을 공격하기 시작했다. 둘 다 결과가 좋지 않았기에 일단 철수하여 병사들을 쉬게 했다. 오후가 되어 도착한 것은 보에몬드가 이끄는 부대였다. 이 부대도 성벽 공격을 시도했지만, 결과는 만족할 만한 것이 아니었다.

그도 그럴 것이, 세 명의 장수가 따로따로 도착해서, 공격방법조차 의논하지 않고 각자 자기 좋을 대로 적당한 곳을 공격했으니 성벽이 꿈쩍도 하지 않은 것은 당연했다. 하지만 플랑드르 백작은 차치하더라도, 레몽과 보에몬드 사이에 지휘계통의 일원화나 공격방법의 조정 같은 것이 이뤄질 리 없었다.

이런 상태에서 레몽 부대와 플랑드르 부대는 보다 공격이 용이한 마을들을 정복하러 떠났다. 하지만 보에몬드는 마아라트 알 누만으로 밀사를 잠입시켜 무혈입성하는 계책을 세우고 있었다.

아마도 이탈리아 남부나 시칠리아에서 데려온 것으로 추정되는데, 풀리아 공작 보에몬드는 아랍어나 투르크어를 할 줄 아는 부하를 많이 데리고 있었다. 이때도 그중 한 명을 보낸다. 이탈리아 남부 남자는 금발에 파란 눈이 많은 북유럽 남자들과 달리 얼굴 생김새나 피부색이 중근동 사람들에 가깝다. 게다가 그들 몇몇은 아랍어도 할 줄 알았다. 밀사로 잠입시키기에 최적의 조건이었던 것이다. 무혈입성만 하면 수비대와 주민 전원의 안전을 보장하겠다는 것이 보에몬드가 내건 조건이었다. 마아라트 알 누만의 주민들은 이 제안을 받아들이는 쪽으로 기울기 시작했다.

그러나 2주일 후 돌아온 레몽은 그 사실을 알지 못했다. 보에몬드 또한 알려주지 않았다.

12월 11일, 레몽은 공격을 재개했다. 이번에는 나무를 베어 공성탑까지 만들어 성벽을 공격했다. 그러자 수비하는 측도 더이상 버티지 못했고, 다음 날 아침 재개된 공격에서 레몽의 병사들은 성벽을 타고 넘어 성안으로 난입했다.

수비대원만이 아니라 일반 주민도 가차 없이 살육했다. 마아라트 알 누만에는 1만 명에 가까운 사람들이 살고 있었다고 한다. 그중에서 남자는 한 사람도 예외 없이 살해되었다. 여자와 아이들 역시 한 사람도 빠짐없이 노예로 팔려갔다.

이런 때에는 꼭 어디선가 유대인 상인들이 모습을 드러낸다. 포로들을 사들인 것도 이들이었다. 그리스도교도나 이슬람교도나 이런 그들의 역할을 마다할 이유가 없었기에, 유대인 상인들은 이교도의 노예화를 인정하던 오리엔트에서 악역을 떠맡고 있었다.

막 정복한 도시를 누구의 관할하에 둘 것인가의 문제로 다시 레몽과 보에몬드가 대립했다. 하지만 이번에는 레몽도 강경했다. 정복한 것은 자신의 부대라며 양보하려 들지 않았다. 정복 후 유지를 위한 군사력도 자기 부대에서 보내겠다고 주장했다.

보에몬드는 이번에는 간단히 물러섰다. 인근 도시 주민들의 머리에서 참극의 인상이 사라지기 전에, 두려움을 느낀 인근 도시와 마을을 빨리 정복해야겠다고 생각했기 때문이다. 시간이 갈수록 풀리아 공작 보에몬드는, 안티오키아의 영주가 되었을 때의 자신의 입지강화를 중심으로 생각하고 행동하게 되었다.

같은 생각을 했는지, 안티오키아를 영유하는 것에 전혀 관심이 없었던 고드프루아와 플랑드르 백작도 안티오키아 주변 땅을 정복하는 데 적극적이었다.

　12월 25일의 성탄절을 앞두고 제후들은 안티오키아로 돌아왔다. 그
리스도교의 대성당 역할을 되찾은 성 베드로 성당에서 장엄한 미사가
열리게 된 것이다.
　이를 위해 모인 제후들 앞에서 레몽은 예루살렘으로 떠나는 날짜를
내년 부활절로 정하자고 말했다. 이듬해인 1099년의 부활절은 4월 10
일이다. 오리엔트의 겨울도 혹독하기 때문에 이론의 여지가 없었다.
　이에 기분이 좋아진 레몽은 최연장자다운 모습을 보여주고 싶었는
지, 제후들에게 크리스마스 선물을 한다. 그의 영지인 프랑스 남부에
서 주조된 '솔도'라는 작은 금화였다. 그는 그것을 다음 네 명에게 호
쾌하게 나눠주었다.
　서른여덟 살의 로렌 공작 고드프루아에게는 1만 솔도
　마흔네 살이라는 나이를 생각해, 노르망디 공작에게도 1만 솔도
　서른세 살이 된 플랑드르 백작에게는 6천 솔도
　스물세 살의 탄크레디에게는 5천 솔도
　마흔여덟 살로 이들 가운데 가장 연장자인 보에몬드에게는 물론 한
푼도 주지 않았다. 또한 레몽이 호쾌하게 선물을 뿌린 것에는 그들을
자기편으로 끌어들이려는 속마음이 있었겠지만, 그것이 성공했는지
는 의심스럽다. 주니까 고맙게 받기는 했지만, 제후들은 그렇다고 레
몽에게 은혜를 입었다고 생각할 만한 남자들이 아니었다.
　그런데 해가 바뀌고 얼마 지나지 않아, 안티오키아에 있는 제후들까
지 분개하게 만든 불상사가 일어났다.

마아라트 알 누만에 주둔하고 있던 레몽의 부대 병사들이, 살해당한 주민의 인육을 먹었다는 보고가 들어온 것이다.

레몽은 제후들에게는 선물까지 주었지만 부하병사들은 그대로 내팽개쳐둔 모양이었다. 그래서 주민도 없고 먹을 것도 전혀 없는 도시에 방치된 병사들이 배고픔을 참지 못하고 시체에 손을 댄 것이다.

이 지경이 되자 제후들의 비난이 레몽에게 집중되었다. 레몽도 가만히 있을 수는 없었지만, 그렇다고 그 병사들을 극형에 처하면 다른 병사들이 잠자코 있지 않을 것 같았기에, 불상사로 얼룩진 도시 전체에 불을 질러 다 태워버리게 했다.

마아라트 알 누만은 불타올라, 개 한 마리 얼씬거리지 않는 폐허로 변했다.

이 사건 때문에 이슬람측에는 그리스도교도가 식인종이라는 소문이 퍼졌다. 이슬람측 사료에 따르면 식인 사건이 일어난 것은 이 도시가 함락되었을 때이고 이 도시 주민 전체가 잡아먹혔다는 뉘앙스를 풍기는데, 마아라트 알 누만이 함락된 것은 그 전해 12월 12일로 이 사건이 있기 한 달 전이었다. 또한 이 참사를 노래한 시에서는 주민 10만이라고 되어 있는 것이 현대 이슬람 연구에서는 1만 전후로 고쳐져 있다. 이 또한 참극이란 늘 과장되어 전해지게 마련이라는 한 사례였던 것이다.

그러나 완전한 거짓말은 아니었다. 그 증거로, 자기 부하들이 일으킨 이 불상사에 어지간히 타격을 받았는지 툴루즈 백작 레몽은 자신의 군대를 모두 인솔해 불상사의 현장으로 가서 마아라트 알 누만이 불타오르는 것을 눈으로 직접 확인했다. 그리고 모든 것을 잊고 싶었던지 그길로 예루살렘을 향해 남하하기 시작했다. 제후들과 예루살렘

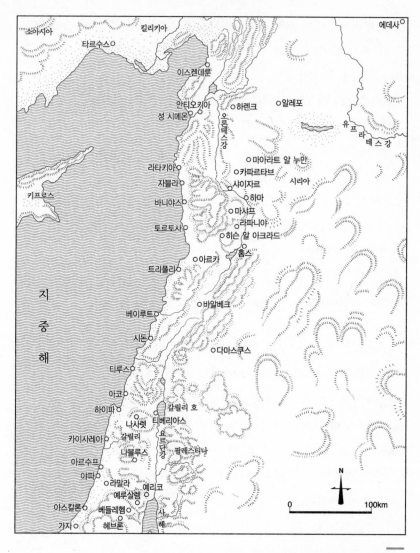

소아시아
킬리키아
에데사○
타르수스○
이스켄데룬
안티오키아○ ○하렌크 ○알레포
성 시메온○
오
론
테
스
강
○마아라트 알 누만
라타키아○ ○카파르타브
지블라○ ○샤이자르 시리아
키프로스
바니야스○ ○마샤프 ○하마
토르토사○ ○라파니야
○히슨 알 아크라드
○아르카 ○홈스
트리폴리○
지
중
해
○바알베크
베이루트○
시돈○
○다마스쿠스
티루스○
아코○
하이파○
갈릴리 호
나사렛 티베리아스○
갈릴리
카이사레아○ 요
나블루스○ 르
단 팔레스티나
아르수프○ 강
야파○
○라말라 예리코○
예루살렘○
아스칼론○ 베들레헴○ 사
가자○ 헤브론○ 해

0 100km

N

시리아·팔레스티나와 그 주변
(Steven Runciman, *A History of the Crusades*, Vol. I)

으로 떠나기로 정한 4월 10일 부활절보다 석 달이나 이른 1월 중순에 출발해버린 것이다. 겨울에 행군하는 어려움을 생각할 여유조차 잊어버린 듯했다.

그리고 레몽의 갑작스러운 출발로, 안티오키아는 아주 자연스럽게 보에몬드의 손에 굴러들어왔다.

드디어 십자군의 최대이자 최종 목적인 성지 예루살렘의 해방을 향해 나아가게 되는데, 이때 십자군을 이끄는 제후들의 면면은 안티오키아 공방전 때와 상당히 달랐다.

제후라는 호칭으로 한데 묶어 말해온 사람들을 안티오키아 공방전 이전과 이후로 나눠보면 다음과 같다.

(이전)

로렌 공작 고드프루아와 두 동생 보두앵과 외스타슈

툴루즈 백작 레몽과 교황의 대리인인 아데마르 주교

풀리아 공작 보에몬드와 조카 탄크레디

프랑스 왕의 동생인 베르망두아 백작 위그

정복왕 윌리엄의 아들 노르망디 공작 로베르

그의 매제인 블루아 백작 에티엔

플랑드르 백작 로베르

(이후)

로렌 공작 고드프루아와 동생 외스타슈

툴루즈 백작 레몽

탄크레디

노르망디 공작 로베르

플랑드르 백작 로베르

이러한 면면에서 빠진 사람들은 각각 다음과 같은 이유에서다.

보두앵—에데사와 그 주변 일대를 지키기 위해.

교황의 대리인 아데마르 주교—안티오키아 함락 후 역병으로 사망.

보에몬드—안티오키아와 그 주변 일대를 지키기 위해.

프랑스 왕의 동생 위그—십자군이 황제 알렉시우스에게 보내는 제 안서를 가지고 콘스탄티노플로 갔다가, 황제의 회답만 보내고 정작 자신은 한동안 비잔틴제국 수도에서의 생활을 즐겼던 듯하다. 그러나 그후 안티오키아로 돌아오지 않고 고향인 북유럽으로 돌아가버린다. 하지만 2년 후에는 다시 오리엔트로 돌아온다.

블루아 백작 에티엔—케르보가가 이끄는 셀주크투르크의 대군을 두려워해 안티오키아에서 도망쳤는데, 잠시 킬리키아 지방에서 안티오키아로 돌아가 제후들에 합류할지 고민하는 나날을 보낸다. 하지만 이 사람도 결국 북유럽의 자기 영지로 돌아가버렸다.

그러나 정복왕 윌리엄의 딸인 그의 아내 아델라는 꼴사납게 왜 돌아왔느냐며 남편을 경멸했다. 그뿐이라면 자기 영지에 틀어박힐 수도 있었겠지만, 백작부인 아델라는 다시 다녀오라며 남편을 매일같이 들볶았다. 그래서 하는 수 없이 2년 후인 1101년에 팔레스티나로 돌아오는데, 그 무렵에는 이미 십자군이 안티오키아 지배는 물론이고 '예루살렘 해방'까지 완료한 후였다.

이런 까닭으로, 예루살렘을 향해 떠나는 제후는 열한 명에서 여섯 명으로 줄어 있었다.

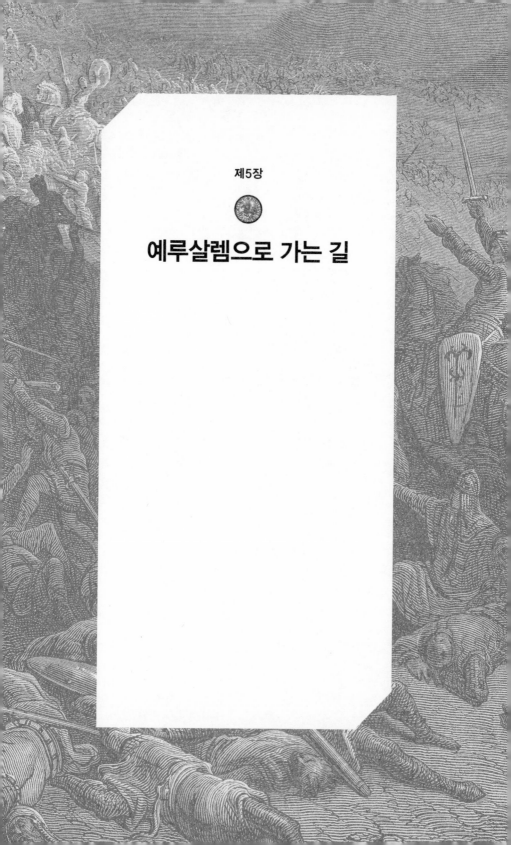

제5장

예루살렘으로 가는 길

1099년 1월 13일, 앞서 말한 사건 때문에 마아라트 알 누만에 가 있던 레몽이 가장 먼저 예루살렘을 향한 행군을 시작했다. 겨울임에도 불구하고 레몽은 남루한 긴 옷에 맨발, 손에 십자 모양 지팡이를 짚은 전형적인 순례자의 모습으로 선두에 섰다. 가슴엔 흰색 바탕에 붉은색 십자를 붙이고 군대를 이끈다 해도 십자군의 정체성은 다름 아닌 순례행이다. 레몽은 그것을 진심으로 믿었다. 드디어 성지 예루살렘을 향하게 된 이때, 겸허한 순례자의 모습으로 떠나고 싶었을 것이다. 순례자의 모습을 유지했던 것은 처음 며칠뿐이었지만.

툴루즈 백작 레몽이 남하하기 시작했다는 소식이 안티오키아에 전해지자, 먼저 노르망디 공작 로베르가 뒤를 따르겠다며 떠났다.
동시에 탄크레디도 출발하게 된다. 탄크레디는 레몽과 행군을 같이할 생각이 전혀 없었을 테지만, 아마도 보에몬드가 레몽은 믿을 수 없으니 네가 함께 가라고 보냈을 것이다. 그렇다고 보에몬드가 조카 탄크레디에게 많은 병사를 내주었던 것도 아니어서 탄크레디가 이끌고 간 것은 일개 부대의 규모에 불과했으나, 그렇다고 소극적이 될 탄크레디가 아니었다.

물론 노르망디 공작 로베르와 탄크레디는 순례자의 모습으로 떠날 생각은 하지도 않고, 완전무장한 차림으로 말을 타고 출진했다.

레몽의 군대보다 한 달 늦은 2월 중순에는 로렌 공작 고드프루아도 예루살렘을 향해 안티오키아를 떠난다. 플랑드르 백작이 이끄는 기병대도 이에 동행했다. 이들의 군대는 보병까지 모두 중무장한, 제대로 진용을 갖췄다는 느낌을 주는 전투 집단이었다. 예루살렘을 목표로 남하하는 것은 레몽과 같았지만, 고드프루아는 다른 진군로를 택했다.

이리하여 보두앵이 에데사에 남았듯이 보에몬드는 안티오키아에 남았다. 그는 레몽이 떠난 덕에 마침내 수중에 들어온 안티오키아를 공작령으로 확립해나가는 작업에 착수한다. 보두앵이 에데사를 백작령으로 만들어갔던 것처럼.

연구자들의 추측에 따르면, 두 무리로 나뉘어 예루살렘으로 떠난 십자군 중에 레몽, 노르망디 공작, 탄크레디로 구성된 제1군의 규모는 기병 1천여 명에 보병 5천 명이었다. 한 달 늦게 출발한 고드프루아와 플랑드르 백작 군대의 전력은 기병 5백 명에 보병 6천 명. 제1군과 제2군을 합해도 기병 1천 5백 명에 보병 1만 1천 명으로, 총 1만 2천 5백 명밖에 되지 않는다. 그들이 유럽에서 출발했을 때는 총 5만 명이었다.

우선 소아시아를 통과하는 6개월 동안 투르크 병사와 싸우다 희생 된 사람이 많았다.

여기에 또 1년 가까이 걸렸던 안티오키아 공방전에서 전투와 역병 으로 희생된 사람 또한 많았다.

여기에, 에데사 백작령과 안티오키아 공작령을 지키는 데 필요한 인 원을 제해야 했다.

이런 연유로 드디어 최대 목적지인 예루살렘으로 떠나는 십자군의 규모는 대폭 줄어 있었다. 십자군에 참가하는 제후들의 수도 반으로 줄었다. 게다가 유럽을 뒤로한 지 벌써 3년이 지났다. 그 3년 동안 십 자군 병사의 수는 3분의 1 이하로 줄었고, 그들을 따라나선 순례자들 은 이보다 더했다. 순례자들 대부분이 이미 '순교자'가 되어 천국에 간 상태였을 것이다. 안티오키아 공방전 중 식량 부족으로 가장 큰 피 해를 본 것은, 걱정해줄 주인이 없는 순례자들이었기 때문이다.

하지만 예루살렘의 '해방'이 목적인 십자군에게 이것은 거치적거리 는 사람들이 없어졌다는 뜻이기도 했다. 즉 예루살렘으로 향하는 십 자군은, 그 수는 감소했어도 전력의 활용도는 오히려 강화된 집단으로 바뀌었던 것이다.

시리아에서 팔레스티나로

1099년 당시 팔레스티나는 이집트의 카이로에 있는 칼리프의 지배 를 받고 있었다.

팔레스티나 지방은 산악지대를 사이에 두고 서쪽과 동쪽으로 나뉜다. 동쪽은 다마스쿠스의 태수인 투르크인이 지배하고 있었지만, 베이루트에서 가자에 이르는 서쪽 해안지대 전역은 이집트의 지배하에 있었다. 예루살렘도 이집트 칼리프의 부하가 통치하고 있었다. 이 때문에 이집트는 안티오키아를 공격중이던 십자군 진영에 특사를 파견하여, 시리아는 아무래도 상관없지만 팔레스티나에는 손대지 말라는 의미를 담은 협정을 맺으려 했던 것이다. 당시 십자군은 애매한 대답만 주며 상대가 물러나 있길 바랐지만, 지금은 그 이집트의 칼리프가 지배하는 팔레스티나에 발을 들이는 상황이었다.

그러나 이집트가 팔레스티나를 지배하게 된 것은 극히 최근의 일이었다. 즉 팔레스티나의 각 도시 총독으로 이집트인을 앉히는 정도까지는 아니었기에, 예루살렘을 포함한 몇몇 도시 외에는 이집트의 패권은 인정하되 여전히 셀주크투르크인 태수들이 통치하는 상황이었다.

이에 따라 당시의 팔레스티나에서만 찾아볼 수 있는 특수한 상황이 벌어진다. 이미 이집트인 총독이 다스리고 있는 도시에서는 십자군이 침략자가 되지만, 아직 투르크인 태수가 다스리는 도시에서는 이집트의 패권을 뒤엎는 해방자가 되는 것이다.

십자군의 수뇌들도 처음에는 이러한 상황을 이해하지 못했던 듯하다. 하지만 먼 유럽에서 왔음에도, 제1차 십자군이 그때그때의 상황을 받아들이는 유연성은 감탄스러우리만치 뛰어났다. 그들은 실패하면서도 조금씩 그것을 배워갔다. 그러지 않으면 영원히 예루살렘에 다다를 수 없기 때문이기도 했지만.

먼저 출발한 레몽의 군대는 불상사를 지워버리려고 불태운 마아라트 알 누만에서 그대로 행군을 시작했기 때문에 내륙 쪽으로 남하하는 길을 택해야 했다. 그러나 그 길에는 셀주크투르크가 지배하는 도시들이 잇달아 있었다. 이 도시들을 제압하지 않고서는 행군을 속행할 수 없었다. 30킬로미터쯤 나아간 곳에 있는 카파르타브에 도착할 때까지도 어떻게 할지 결정을 내리지 못했으나, 다행히 그곳 주민들이 우호적이어서 사흘간 머무를 수 있었다.

그곳으로 노르망디 공작과 그의 병사들, 바로 이어 탄크레디와 그의 부대가 도착했다. 셋은 이후 어떻게 행군할지 함께 결정하게 되었다.

당장 투르크측의 두 유력자가 이들의 행군을 가로막을 가능성이 있었다. 한 사람은 샤이자르 태수, 또 한 사람은 트리폴리 태수다. 두 사람 모두 본거지인 샤이자르와 트리폴리의 영주일 뿐만 아니라, 주위 일대의 도시를 다스리는 소영주들에게 명령을 내릴 수 있는 위치였다.

레몽과 노르망디 공작, 그리고 탄크레디도, 이 두 유력자를 무력으로 무너뜨리고 나아가는 것은 피하고 싶다는 생각은 일치했다. 이들과 일전을 벌일 때의 가장 큰 문제는 귀중한 병력의 손실을 피할 수 없다는 것이었다. 또한 예루살렘에 언제 도착할 수 있을지도 불투명해진다. 그래서 세 사람은, 우호관계까지는 무리라 해도 중립은 확보할 수 있지 않을까 하는 바람을 갖고 있었다.

그런데 바로 그때, 신통하게도 샤이자르 태수가 보낸 사절이 도착했다. 그리고 태수가 제안한 내용을 세 사람에게 알렸다. 샤이자르와 하마의 지배 지역을 프랑크군이 '평화롭게' 통과한다면, 이 두 도시의 태수가 프랑크군에게 시중보다 싼 가격으로 필요한 물건을 팔고 길잡이도 붙여주겠다는 것이었다.

조건을 내건 이슬람측이나 이를 받아들인 그리스도교측이나, 이 '평화롭게'라는 조건을 샤이자르와 하마를 비롯한 각 도시를 공격하지 않고 평화적으로 들어가되 그 근방은 이 범주에 속하지 않는다고 해석했던 건 마찬가지였던 것 같다.

그래서 샤이자르 태수의 제안을 수락한 십자군은, 교외를 행군할 때는 방목된 양을 거침없이 빼앗아 '평화롭게' 들어간 도시에서 팔고 그 돈으로 말을 샀다. 안티오키아 공방전 중 식량 부족으로 말까지 먹어 치운 탓에 말을 탈 수 없는 기병이 절반이나 되었던 것이다. 하지만 이렇게 '평화롭게', 천여 명의 기사는 다시 기병으로 돌아갈 수 있었다.

그렇게 한동안 원활하게 남하하던 중, 레몽이 문제를 일으켰다. 어디서 들었는지 영국과 제노바의 선박이 시리아 해안을 따라 항해중이라는 사실을 알고, 그들이 군량 보급이 수월해지도록 도와줄 것이니 빨리 해안 쪽으로 빠지자는 말을 꺼낸 것이다.

이 말에 서른 살도 더 손아래인 탄크레디가 단호하게 반대했다. 겨울에 군대를 이끌고 산악지대를 빠져나가는 것은 모든 면에서 위험하다는 것이 이유였다. 산악지대는 십자군에 두 번이나 고배를 마신 다마스쿠스 영주 두카크의 영향권이었다. 그러므로 한동안 이대로 계속 남하하다가 산이 끝나는 지대에서 해안으로 빠지는 게 낫다는 것이 탄크레디의 주장이었다. 레몽은 보에몬드한테는 사사건건 반대했지만 그의 조카 탄크레디에게는 그러지 않았는지, 탄크레디의 의견을 받아들였다.

행군은 재개되었으나 이들은 이미 샤이자르 태수의 지배가 미치지 않는 지역에 들어서 있었다. 도시가 보이면 될수록 '평화롭게' 들어가고, 그게 힘들면 억지로 밀고 들어갈 수밖에 없었다. 그래도 십자군은 '평화롭게' 해결하는 방법을 우선했다. 예루살렘에 가고 싶다는 일념 때문이었을 것이다.

1월 22일, 레몽과 탄크레디의 군대는 마샤프에 도착했다. 이 도시의 영주와 '평화롭게' 타협이 이루어졌기 때문이다.

다음 날인 23일에는 남쪽에 있는 라파니아까지 갔다. 영주도 주민도 도망쳐버린 덕에 역시 '평화롭게' 들어오게 된 이 도시에서 그들은 사흘간 머물며 병사와 말을 쉬게 했다. 여기서부터는 산악지대가 끝나는 남서쪽으로 길의 방향이 바뀌는데, 그전에 근처의 산 위에 우뚝 솟아 있는 성채를 제압해야 했다.

그 성채는 히슨 알 아크라드라는 이름이었는데, 그들은 '평화롭게'라는 십자군의 조건 따위는 들을 생각도 하지 않았다. 성문은 굳게 닫힌 채였다. 공격을 시작하자, 그제야 성채의 문이 열리고 그곳으로 가축 떼를 몰아냈다.

십자군 병사들은 이것에 눈이 멀어 공격은커녕 가축을 잡으러 다니느라 정신이 없었다. 레몽 주위를 지키고 있던 병사들까지 가축 잡기에 가담하는 바람에 대장이 포로가 될 뻔한 상황이 되고 만다. 아슬아슬한 상황에서 탄크레디가 달려와 위기를 넘겼지만, 그날은 더이상 공격할 상황이 아니었다.

　다음 날 반성한 병사들이 사죄하고 공격을 재개했는데, 성채에서는 화살 하나 날아오지 않았다. 성문을 억지로 열고 들어가자 안은 텅 비어 있었다. 수비병과 주민 모두 가축을 몰아낸 직후 도망가버린 것이다.

　텅 빈 성채 안에서 십자군은 며칠을 보내기로 했다. 도망간 주민들이 6천 명의 병사가 먹기에 충분한 식량을 버려두고 갔기 때문이다. 적의 습격을 두려워할 필요도 없었다. 훗날 십자군은 이 성채를 철저히 개조하고 확대해 견고하기 그지없는 장대한 성채를 건설하게 된다. 그곳은 천 년이 지난 지금까지 '기사들의 성(크락 데 슈발리에, Crac des chevaliers)'이라는 이름으로 남아 있는데, 이것과 규모나 수비 면에서는 비교할 수준이 아니지만 산 위에 우뚝 솟아 있다는 지형상의 이점은 변함없었다.

　이 성채에 체재하고 있던 레몽을, 트리폴리 태수가 보낸 사절이 찾아왔다.

　트리폴리 태수 잘랄 알 물크는 이집트 칼리프의 지배에 복종하기 싫었다. 그는 이집트 칼리프로부터 독립하는 데 십자군을 이용하려고 생각했다. 그래서 트리폴리의 영유권을 인정해준다면 그 대가를 치르겠다는 제안을 해온 것이다.

　이것은 레몽의 관심을 끌었다. 그는 태수와 직접 교섭하기 위해 수하 장수를 트리폴리로 보냈는데, 그가 돌아와 보고한 것은 트리폴리라는 도시의 풍요로움이었다. 레몽은 대가, 즉 돈을 더 높여 부를 수 있겠다고 생각했다.

군사력으로 위협해 더 많이 우려내려는 속셈이었다. 이런 레몽에게 탄크레디는 그런 일에 연연하다가는 예루살렘으로 가는 길만 늦어질 뿐이라고 반대하고 나섰다. 그래서 레몽은 자신이 직접 군대를 이끌고 트리폴리로 향했는데, 트리폴리까지 20킬로미터쯤 남겨놓고 장애에 부딪히고 말았다.

그곳 도시 아르카의 주민이 결사적으로 항전하는 바람에 더는 나아갈 수 없게 된 것이다. 화가 난 레몽은 수하 장수에게 군대의 일부를 떼어주고 그곳에서 약간 떨어진 도시 토르토사를 공격하게 했다. 근처 도시가 함락되었다는 것을 알면 아르카 주민의 마음도 변할 것으로 기대한 것이다.

토르토사는 간단히 함락되었다. 주군과 달리 머리가 잘 돌아갔는지 이 장수가 횃불의 바다를 만들어 한 줌밖에 안 되는 병력을 대군처럼 보이게 하자, 놀란 영주와 주민이 항복했던 것이다. 토르토사가 함락되었다는 것을 안 근처 도시들은 십자군이라는 소리만 들어도 선선히 성문을 열어주었다.

하지만 아르카 사람들의 마음은 바뀌지 않았다. 가망이 없어 보이는 아르카를 아무런 전략 변경도 없이 계속 공격하는 레몽에게 노르망디 공작과 탄크레디는 반발을 감추지 않았고, 레몽의 휘하 병사들까지 대장을 경시하게 되었다.

게다가 레몽의 권위를 더욱 떨어뜨리는 사건까지 일어난다.

불의 시련

예의 '성스러운 창'의 발견자로 유명인이 된 바르톨로메오는 레몽의 군대에 가담해 여기까지 따라왔는데, 진영 안에서 '아르카를 함락하라'며 큰 소리로 외치고 다니는 바람에 병사들의 눈총을 받고 있었다. 병사들 사이에서는 바르톨로메오가 발견한 '성스러운 창'이 가짜라는 소리까지 나왔다. 바르톨로메오는 그렇다면 '불의 시련'으로 진짜임을 증명해 보이겠다며 허세를 부렸다. 좋다, 어디 한번 해보자, 하고 병사들이 맞받아쳐 '불의 시련'을 4월 8일에 실행하기로 정한다.

'불의 시련'이란, 자신이 한 말의 진위를 신에게 증명받기 위해 타오르는 불 속을 옷 하나만 걸치고 맨발로 빠져나가는 의식이다. 병사들이 모인 가운데 치러진 이 의식은 바르톨로메오가 심한 화상을 입는 것으로 끝났다. 가련한 이 남자는 그로부터 9일 후에 죽었다.

'성스러운 창'을 기적이라 믿고 휘하 병사들까지 보내 이것을 발견하는 데 힘을 다한 것은 레몽이었다. 아데마르 주교도 믿지 않았던 이것을, 발견 후에도 성스러운 유물로 가까이 두고 소중히 한 것도 레몽이었다. 그리고 발견 당초부터 칭송도 받았지만 그만큼 헐뜯고 비방하는 소리도 많이 듣던 바르톨로메오를 계속 보호해준 사람도 그였다. 사람들이 자신을 바라보는 시선에 조소가 섞이기 시작한 것을 레몽도 알아차렸을 것이다.

하지만 툴루즈 백작 레몽은 '성스러운 창'을 계속 보관한다. 그러나 6년 뒤 그가 죽은 후 이 '성스러운 창'은 기묘하게도 네 개로 늘어난다. 이 네 개의 '성스러운 창'의 행방은 이런 성유물의 운명을 무척 흥미롭게 보여준다.

그중 하나는 지금도 아르메니아의 교회에 보존되어 있는 것으로, 팔레스티나에서 직접 가져온 것이라 전해진다.

두번째는 제7차 십자군을 이끌었던 프랑스 왕 루이 9세가 팔레스티나에서 가져온 것으로 보이는데, 오

빈의 호프부르크 궁전에 소장된 '성스러운 창(롱기누스의 창)'

랫동안 파리의 교회에 보존되다가 프랑스 혁명의 혼란중에 사라졌다.

세번째는 15세기 말 오스만투르크의 술탄이 당시 교황에게 보냈다는 것으로, 지금도 바티칸 어딘가에 있다고 하는데 아직 직접 본 사람은 없다.

마지막은 지금도 빈에 보존되어 있고 유일하게 인터넷상에서 사진과 설명을 찾아볼 수 있는 바로 그것이다. 옛날에는 신성로마제국의 권위를 상징하는 성유물로 소중하게 보존되던 것이다.

십자군 합류

'불의 시련' 소동이 벌어진 직후, 레몽보다 한 달 늦게 안티오키아를 출발한 고드프루아와 플랑드르 백작의 군대가, 레몽이 힘들게 공략하고 있는 아르카에 도착했다.

이들은 레몽의 군대와 달리 해안을 따라 남하한 덕에 영국이나 제노바 선박으로부터 보급을 받을 수 있어 짧은 기간에 도정을 소화할 수 있었다. 레몽의 군대처럼 도중에 거치는 지역의 영주들과 교섭할 필요도 없었는데, 절도 있게 행군하는 군대가 다가오자 근처 도시와 마을 주민들이 두려워하며 밖으로 나오지 않았으므로 손쉽게 통과할 수 있었다.

이 제2군이 도착한 탓에 레몽은 고립되고 만다. 지금까지는 그에게 이의를 제기하는 사람이 두 사람밖에 없었지만 이제 네 명으로 늘어났기 때문이다.

레몽은 자신이 지도자로서의 체면을 잃게 될 것은 알았지만, 아르카 공략을 그만 단념하고 전진하는 데 동의할 수밖에 없었다. 이리하여 십자군은 군사적 공략을 하지 않는 대가로 1만 5천 비잔틴 금화를 받고 트리폴리에 무혈입성할 수 있었다. 레몽의 군대도 마침내 지중해를 눈앞에 두게 된 것이다.

하지만 이 시기 툴루즈 백작 레몽은 스스로 화를 부르는 실수를 저질러 자신에 대한 평판을 더욱 떨어뜨린다.

그것은 이 무렵 또다시 참견하기 시작한 비잔틴 황제의 말을 믿었기 때문이었다.

황제 알렉시우스가 편지를 보내, 6월에는 자기도 군대를 이끌고 갈 테니 그때까지 기다렸다가 함께 예루살렘으로 가자는 뜻을 전해온 것이다.

어떤 제후도 이 말을 진지하게 받아들이지 않았지만 레몽만은 기다려야 한다고 우겼다. 황제가 이끌고 오는 새로운 병력이 필요하다는 것이 이유였다.

그런데 이 편지의 내용이 일찌감치 이집트의 칼리프에게 전해졌고, 칼리프는 즉시 콘스탄티노플로 급사를 보내 황제를 추궁했다. 귀군은 프랑크인 침략자들과 공동으로 무슨 일을 꾸밀 생각이냐고 말이다.

이집트의 칼리프를 적으로 돌리고 싶지 않았던 비잔틴 황제는, 자기 것으로 만들려 했던 안티오키아를 보에몬드에게 빼앗긴 원한도 있었던 터여서 간단히 생각을 바꾼다. 칼리프가 보낸 급사에게, 비잔틴제국은 중립을 유지하겠다고 대답한 것이다.

이 소식은 트리폴리에 잠입해 있던 이집트 스파이에 의해 퍼져나가 십자군 병사들의 귀에까지 들어왔다. 스파이란 정보를 모을 뿐만 아니라 정보를 퍼뜨리는 역할도 하는 것이다. 원래부터 황제를 믿지 않았던 제후들은 그럴 줄 알았다는 반응이었고, 레몽만 또다시 체면을 구기고 말았다.

하지만 여기에는 '뒷이야기'가 있다. 비잔틴제국 황제가 중립을 선언했다는 정보를 퍼뜨린 뒤 이집트의 칼리프는 십자군에게 사자를 보내 우호관계를 수립하자고 다시 제안해왔다. 무력을 사용하지 않고 평화적인 순례로 성지를 방문한다면, 팔레스티나 지방을 지배하는 이집트의 칼리프가 그들의 자유와 신변 안전을 보장해주겠다는 것이었다.

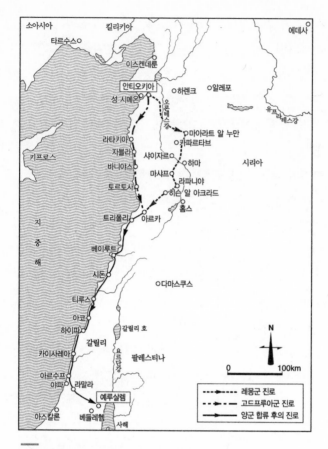

예루살렘으로 향한 각 군의 진로

십자군의 제후들은 여기에 답변조차 보내지 않았다. 촌놈이라고 경멸받던 이들 프랑크인도, 그리스도교도건 이슬람교도건 '오리엔트인'에게는 상대를 책모로 농락하는 기질이 있음을 조금씩 깨닫게 되었던 것이다. 하지만 이집트 칼리프와 비잔틴제국 황제의 이러한 움직임은 지금까지는 제멋대로 행동하는 경향이 강했던 제후들을 통합해주었다. 예루살렘 해방이라는 깃발 아래, 모든 이의 마음이 결집된 것이다.

안티오키아를 떠난 이후 여기까지 십자군이 답파한 지역은 오늘날로 따지면 시리아에 속한다. 이 길을 답파하는 데 레몽이 이끄는 군대는 4개월, 늦게 출발한 고드프루아의 군대도 3개월이나 걸렸다. 그런데 이후 레바논을 지나 이스라엘로 들어가 예루살렘에 도착하기까지는 3주밖에 걸리지 않는다. 전원의 생각이 일치했기 때문에 가능한 일이었다.

당시의 팔레스티나

5월 16일에 행군을 재개한 십자군은 더는 도중에 있는 도시들을 공략하려 하지 않았고, 군량 조달에도 시간을 허비하지 않았다.

트리폴리 태수를 보고 배운 것인지, 베이루트에서는 십자군이 아무 요구도 하지 않았음에도 돈을 지불하고 군량도 제공했다. 이어서 도착한 시돈도 마찬가지였다. 요새지대인 티루스에서는 저항이 예상되었는데, 막상 가보니 주민들은 성문을 걸어잠그고 숨죽이고 있었다. 여기도 성벽 바깥에 가져가란 듯이 놓여 있는 식량과 그밖의 것들을 가지고서 그대로 통과했다.

아코, 하이파, 고대 로마제국 시대에 일대 항구도시였던 카이사레아, 그리고 아르수프, 야파를, 1만 5천의 군대는 그 수에 걸맞지 않을 만큼 빠른 속도로 통과했다.

오리엔트 사람들은 서양의 중무장한 기사단을 본 적이 없었다. 십자군은 머리에서 발끝까지 온몸을 중무장한 무리다. 게다가 중세유럽의 투구는 기사의 얼굴을 완전히 가린다. 즉 사람보다 기계에 가까운 섬뜩함을 풍겼던 것이다.

게다가 허리에는 장검을 차고, 왼손에 방패를 들고, 오른손에는 큰 창을 든 모습이다.

중근동은 봄에도 더워서 전장 아닌 데서는 벗는 게 나았을 테지만, 식민지 시대 영국의 엘리트가 사막에서도 재킷을 벗지 않았던 것과 마찬가지로, 땀에 흠뻑 젖었을 기사들은 갑옷을 벗지 않았다.

이런 남자들이 대열을 지어 전진해오는 것을 본 사람들의 마음을 상상하기는 어렵지 않다. 중세 오리엔트 사람들은 오늘날 탱크부대가 다가오는 것과 같은 위압감을 느꼈을 것이다. 참고로 근현대 탱크부대는 중근세의 중무장한 기사단의 후계자로 인정받으며, 나라에 따라서는 부대 명칭까지 이어받고 있다.

어쨌든 중무장한 기사단을 앞세워 무언의 압력을 가해, 무기를 사용하지 않고 통과하겠다는 책략은 성공한 셈이다.

이 시기 팔레스티나의 지배자는 이집트 칼리프인데, 이집트는 해군을 갖고 있었다. 십자군이 통과해온 도시는 모두 항구도시이기 때문에 이집트의 지원을 기대할 수 있었다. 하지만 영주와 주민은 지원군을 기다리면서 항전하기보다, 십자군이 바라는 것을 제공해 무사히 지나가게 하는 것을 택했다. 그 배후에 이집트 칼리프의 지배를 유쾌하게 생각하지 않는 심정이 있었음은 물론이다. 또한 아무 일 없이 지나가주기를 바라는 주민측과, 아무 일 없이 지나가기를 바라는 십자군의 생각이 일치했던 것도 사실이었다.

야파를 지나서는 해안 쪽 길을 버리고 내륙으로 발을 들여놓았다. 이 길은 유럽에서 바닷길로 온 순례자가 야파에 상륙한 뒤 예루살렘으로 향하는 길이기도 했다. 그 도중에 라말라(라믈레)라는 도시가 있다. 여기도 주민들이 도망을 갔기 때문에 공략은 간단했다. 그러나 이곳까지 왔을 때, 예상하지 못했던 사람들이 기다리고 있었다.

그들은 이슬람교도의 바다 안에서, 그리스도교도가 있다 해도 대부분이 그리스정교파 그리스도교도인 사람들 사이에서 근근이 살아오던 가톨릭교도들이었다. 예수 그리스도가 태어난 베들레헴을 지킨다는 일념으로 유럽에서 찾아오는 순례자들을 안내하면서 살아온 사람들이다.

이 사람들이 십자군에 호소했다. 예수의 탄생지 베들레헴을, 지배자인 이슬람교도의 손에서 되찾아달라고.

내가 가겠다며 나선 것은 탄크레디였다. 이 젊은 장수는 결정도 빠르지만 움직임도 빨랐다. 즉시 자기 휘하의 병사 3백 명을 이끌고 베들레헴을 '해방'하러 간 것이다.

'해방'은 간단히 실현되었다. 하지만 그 직후 한 가지 말썽이 일어났다. 베들레헴을 자기 영토라고 선언한 탄크레디에게, 그 도시의 가톨릭 성당 사제가 신의 도시를 인간이 영유하는 것은 허락되지 않는다며 반대한 것이다. 그러자 탄크레디는 한 줌도 안 되는 가톨릭교도만으로 베들레헴을 지킬 수 있겠느냐고 응수한다. 베들레헴의 가톨릭교도들은 탄크레디의 이런 행동을 십자군의 수뇌들에게 하소연했다.

또다시 시간을 허비하게 된 상황을 해결한 것은, 얼마 전부터 탄크레디가 형으로 모시게 된 고드프루아의 한 마디였다. 요컨대 이런 사사로운 일에 개의치 말고 우선 예루살렘으로 가자고 말한 것이다. 탄크레디도 이것에 이의는 없었던 듯 문제를 당분간 그대로 놔두는 것으로 일단락되었다. 이로써 예루살렘으로 향하는 행군이 재개되었다.

다만 탄크레디는 행군에 함께하지 않았다. 병사들을 데리고 베들레헴으로 돌아간 것이다. 베들레헴의 영유권을 굳히기 위해서가 아니었다. 이 젊은 장수는 전투감각도 있고 행동도 과감할 뿐 아니라, 그에 더해 앞날을 읽는 능력도 갖추고 있었던 듯하다.

예루살렘에 도착하는 날을 사흘 늦추면서까지 그가 베들레헴으로 돌아간 것은, 예루살렘을 놓고 벌어질 공방전에 대비해 다량의 '군량'을 징발하기 위해서였다. 일찌감치 포진을 끝낸 십자군 진영에 사흘 늦게 도착한 탄크레디 부대는, 밀가루 포대를 가득 실은 짐수레를 이끌고 살아 있는 '식량'인 양떼를 몰고 나타났다.

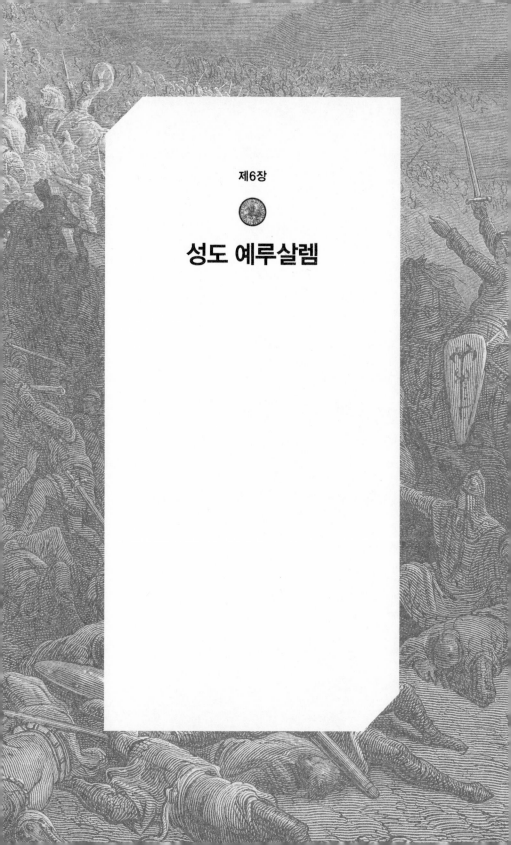

제6장

성도 예루살렘

1099년 6월 7일, 십자군은 마침내 예루살렘이 멀리 보이는 지역에 이르렀다.

갑옷들의 금속음을 내며 제후들은 말에서 내렸다. 그리고 마치 교회에 들어선 것처럼 정중하게 한쪽 무릎을 꿇고 투구를 벗었다.

기사들도 말에서 내려 그들의 뒤를 따랐다.

병사들 중에는 저도 모르게 두 무릎을 꿇고 두 손을 하늘로 올리며 울음을 터뜨리는 이도 있었다.

모두가 감동에 몸을 떨었고 감격의 눈물을 흘렸다. 태어났을 때부터 귀에 못이 박히도록 들어온 성도 예루살렘이 지금 그들의 눈앞에, 때마침 붉게 물든 석양을 받으며 조용히 그곳에 있는 것이다. 마침내 여기까지 왔다는 감회가 모든 이의 가슴 가득 차오르고 흘러넘치는 것을 감미로운 마음으로 받아들이고 있었을 것이다.

이 순간 제1차 십자군의 전사들은 온전히 겸허한 순례자가 되었다.

이런 마음에는 제후와 병사의 차이가 없었다. 면죄에 이끌려 십자
군에 참가한 살인자와 도적, 처음부터 신에게 일생을 바치기로 서약한
성직자의 차이도 없었다.

예루살렘은 그런 도시였다. 사람들에게 이런 마음을 갖게 만드는
도시. 또 그것이, 그리스도교와 유대교와 이슬람교 구별 없이 모두에
게 그런 마음을 갖게 한다는 것이, 일신교들 사이의 마찰을 낳는 원인
이기도 했다.

▌성도를 둘러싼 공방

▌우선 예루살렘 교외에 병사들이 야영을 할 수 있도록 준비했다. 기
록에는 없지만, 보에몬드가 안티오키아에 도착했을 때 그랬던 것처럼,
제후들은 이곳 예루살렘에서도 지세와 방어체계를 조사하는 데 하루
정도는 썼을 것이다. 그리고 그랬다면 알아차렸을 것이다. 예루살렘
을 둘러싼 성벽의 전체 길이는 4킬로미터로 안티오키아의 12킬로미터
에 비하면 짧았지만, 이 예루살렘을 공략하는 데는 다른 어려움이 기
다리고 있다는 것을.

고대와 중세 시대의 예루살렘은 오늘날 예루살렘의 구시가지에 해
당한다. 하지만 그 구조는 역사상 큰 변화가 없었다. 특히 고대 로마제
국 시대에 하드리아누스 황제가 성벽을 강화하고 시내도 철저하게 개
조했기 때문에, 그후 이 도시의 지배자가 된 비잔틴제국이나 이슬람은
세부적인 보강만 하고 넘어갔던 것이다. 그러므로 십자군이 본 예루

살렘은 900년 전의 고대 예루살렘과 거의 다를 바 없었다.

올리브 산을 등지고 있는 동쪽은 깊은 계곡 가장자리에 우뚝 솟은 높다란 성벽으로 방어되고 있다. 이 방향에서의 침공은 걱정할 것 없다고 본 듯한데, 그 증거로 이쪽 성벽은 거의 하나의 선으로 이어져 있고 방어력을 강화하는 탑도 거의 없었다.

한편 시온 산을 등지고 있는 남쪽은 평지가 펼쳐져 있기 때문에 포진에 적합하다. 하지만 높은 성벽 위에서의 공격에 쉽게 노출된다는 단점이 있었다. 또한 이곳은 사막지대이기 때문에, 때 아닌 폭우라도 만나면 천막으로 만든 진영은 순식간에 격류에 떠내려가버릴 것이다. 사막지대의 비는 은혜인 동시에 죽음이기도 했다.

이곳 예루살렘을 공격한다면 그 방향은, 공격하는 측이 확실하게 자리를 잡고 공격에 집중할 수 있을 만한 평지가 있는 북쪽이나 서쪽이었다. 따라서 이 양쪽 성벽은 요소요소에 탑이 이어져 강한 방어력을 갖추고 있다.

하지만 1099년 당시의 예루살렘에서, 공격하는 측인 십자군이 배후의 적을 염두에 둔다면 그 방향은 서쪽이었다. 예루살렘은 이집트 칼리프의 지배를 받고 있었다. 십자군의 공격을 받는 예루살렘에 누군가 원군을 보낸다면 그럴 의무가 있는 이집트일 것이고, 이집트군은 야파 남쪽에 있는 아스칼론에 기지를 갖고 있다. 따라서 예루살렘을 공격하는 십자군이 걱정해야 할 방향은, 야파로 통하는 문이 있는 서쪽이었다. 제1차 십자군의 주역인 제후들도 그것을 알고 있었을 것이다. 아마도 제후 각자가 마음대로 정한 것일 테지만, 그들이 진영을 구축한 곳은 다음과 같다.

이렇다 할 병력이 없는 노르망디 공작 로베르는 북쪽으로 난 성문 중 하나인 '헤롯 문' 앞에 진을 쳤다. 이 문은 십자군 시대에 '꽃의 문'으로 개명되는데, 그리스도교도인 그들 입장에서는 옛 유대 왕의 이름으로 부르는 게 싫었는지도 모른다.

오른쪽 북북서 방면으로 난, 다마스쿠스로 가는 방향이라는 뜻에서 '다마스쿠스 문'이라고 불리던 문 앞에는, 소수정예의 본보기나 마찬가지인 플랑드르 백작 로베르의 부대가 진을 쳤다. 이 문도 십자군 시대에 '성 스테판 문'으로 개명된다.

문제는 서쪽인데, 이 일대는 적의 공격을 예상해 '다윗 탑'이라 불리는 요새가 세워져 있었다. 바로 옆에 입을 벌리고 있는 것은 야파로 향하는 문이라는 의미의 '야파 문'이다.

그 문을 중심으로 한 일대에는 고드프루아의 군대가 천막을 잇달아 세웠다. 로렌 공작 고드프루아는 배후에서 적이 올 수도 있지만 예루살렘으로 진격하기에도 좋은 중요 지대에 자기 군대를 배치한 것이다. 고드프루아의 휘하 병사들은 정예군이었다. 그리고 무엇보다도 일개 병졸에 이르기까지 모두가 대장 고드프루아에게 심취해 있었다.

이 고드프루아 군대에, 사흘 늦기는 했지만 식량을 가득 실은 짐수레를 끌고 양떼를 몰며 도착한 탄크레디와 그의 부대가 합류한다.

한편 툴루즈 백작 레몽은 시온 산을 등지는 남쪽 성벽 앞에 포진하기로 했다. 그곳 한쪽에 예수 그리스도가 최후의 만찬을 벌였다고 전

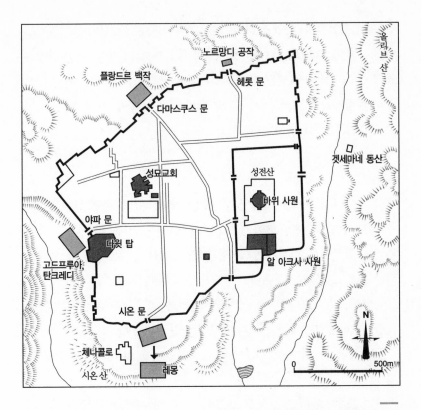

예루살렘 시가지와 각 장수의 포진
(Steven Runciman, *A History of the Crusades*, Vol. I)

해지는, 속칭 '체나콜로(cenacolo, 식당)'라는 건물이 있었다. 예루살
렘으로 순례를 오는 그리스도교도가 한 사람도 빠짐없이 참배하는 성
소이기도 하다. 신앙심이 깊은 레몽은 이것에 끌렸는지도 모른다.

　하지만 레몽의 진영은 얼마 후 장소를 바꾸었다. 성벽 위에서 이집
트 병사들이 쏘아대는 화살이 비 오듯 쏟아져내리는 와중에 느긋하게

진을 치고 있을 수 없었기 때문이다. 그래서 시온 산, 실은 산이라기보다는 언덕에 가까운 곳으로 옮기기로 했는데, 그렇게 되니 이번에는 공격을 하기에 너무 멀었다.

결국 십자군의 예루살렘 공격전 주요 전장은 북쪽 '헤롯 문'에서 서쪽 '야파 문' 일대가 되었다.

이 예루살렘 공략을 십자군은 '해방'이라 불렀다. 한편 안티오키아 공략은 어디까지나 공략이지 '해방'이라고 부르지는 않았다. 그렇게 부르지 않았다는 것은 그렇게 생각하지 않았다는 뜻이다. 즉 예루살렘 공략은, 그곳이 그들에게 '성도'인 만큼 특별한 것이었다.

특별한 전투이기 때문에, 십자군에 참가한 제후들은 자신이 직접 참전할 수 없는 경우에는 반드시 대리인을 참전시켰다.

안티오키아에서 역병으로 죽은 아데마르 주교의 대리인은 레몽 진영에 있던 그의 동생이 맡았다.

안티오키아에 남은 보에몬드도 조카 탄크레디가 자기 대신 참전하는 것으로 생각하고 있었다.

에데사에 남은 보두앵은 그때까지 항상 행동을 같이해온, 이름이 같은 사촌동생 보두앵을 에데사 수비에서 빼내면서까지 이곳으로 보냈다.

보두앵의 친형 고드프루아도 바로 아래 동생인 외스타슈를 데리고 참전했으므로, 로렌 공작가는 '예루살렘 해방'에 일가 모두가 참가했던 셈이다.

유럽에서 온 제후들 중 자신도 참전하지 않고 대리인도 참전시키지 않은 사람은, 안티오키아 공방전중에 도망친 블루아 백작과 사절로 파견된 것을 기회로 전선에서 벗어나 유럽으로 돌아간 프랑스 왕의 동생 위그, 그 둘뿐이었다. 민중 십자군을 이끌었던 은자 피에르도 살아남은 순례자들과 함께 제후들의 군대를 따라 예루살렘에 와 있었다. 성도 예루살렘의 해방이야말로 제1차 십자군의 궁극적인 목적이었기 때문이다.

이 시기 예루살렘을 지키고 있었던 사람은 이집트 칼리프의 수하 장수로, 이프티하르 아다울라라는 이름의 장관이었다. 이 사람은 그리스도교도 군대가 접근해온다는 것을 알자 곧 대책을 세운다. 예루살렘 성벽은 원군이 올 때까지 지켜낼 수 있으리라 생각했다. 빗물을 저장하는 저수조가 완비되어 있으므로 물 부족을 걱정할 필요는 없었다. 또한 고대 로마 시대의 하수도가 아직 완벽히 기능하고 있으므로 위생상태 악화로 역병이 발생하는 것도 두려워할 필요가 없었다. 식량 비축도 충분했다. 다만 방어에 임할 병사의 수가 충분하지 않았는데, 이것은 견고한 성벽이 대신할 수 있을 거라 생각했다.

그래서 우선 세 가지 대책을 즉시 실행에 옮겼다.

첫번째는 이집트군에 원군을 요청한 것이다. 요청서를 들고 가는 사자 한 사람에게만 기대지 않고, 오리엔트의 이슬람교도 사이에서 활용되고 있던 우편 비둘기도 이용할 정도로 신중을 기했다. 편지를 들고 가는 사자도 여러 명이었고, 편지를 발에 묶어 날려 보낸 비둘기도 여러 마리였으니, 예루살렘의 구원 요청은 아스칼론에 주둔하는 이집트군에게 틀림없이 도착할 것이었다.

두번째는 예루살렘 시내에 살고 있는 그리스도교도, 사실 그리스정교도가 대부분이었지만, 이들을 시외로 추방한 것이다. 다만 유대교도에게는 잔류를 허락했다. 말할 것도 없이 이들이 그리스도교도군과 내통하는 것을 막기 위한 조치였고, 아울러 농성중 먹는 입을 줄이기 위해서이기도 했다.

세번째는 예루살렘 근교에 있는 모든 우물에 독약을 풀어 물을 마실 수 없도록 한 것이다. 이 우물들은 여행자를 위한 것이기도 했지만 동시에 방목하는 가축을 위한 것이기도 했는데, 장관은 양치기들에게 그 사실을 알리고 가축을 모두 예루살렘 시내로 대피시키라고 명령했다. 이 덕에 농성중의 식량 부족도 덜게 되었다.

방어에 나선 병사의 수는 적었지만, 예루살렘의 방어책임자인 장관 아다울라는 원군이 올 때까지는 버틸 수 있다는 확신을 갖고 있었다. 지구전으로 가면 이길 수 있다고 말이다.

물 부족

예루살렘 앞에 진을 친 십자군은 다른 때와 달리 군량 부족에 시달리지 않았다. 탄크레디 덕분에 먹을 것은 만족할 만큼 있었기 때문이다. 그들은 곧바로 공격을 개시했지만, 생각처럼 진척되지 않았다. 물 부족이 원인이었다.

중근동의 6월은 이미 완연한 한여름이다. 아무리 익숙하다 해도 무거운 갑옷을 입고 공격하는 것은 견딜 수 없이 힘들다. 사정없이 내리쬐는 태양과 흘러내리는 땀 때문에 잠깐만 싸워도 머리가 멍해진다. 그렇다고 갑옷을 벗고 공격하면 상대방이 쏘는 화살에 희생될 뿐이었다.

그런데 우물을 쓸 수가 없다. 유일하게 예루살렘측이 독을 넣지 못한 못이 하나 있었는데, 그것은 남동쪽 성벽 바깥에 있었다. 그곳에 물을 뜨러 가면 성벽 위에서 쏟아지는 화살의 좋은 표적이 될 뿐이었다.

독이 들어 있지 않은 물을 얻으려면 10킬로미터나 떨어진 곳까지 가야 했다. 하지만 깊이 생각하지 않고 멀리 나갔다가는 분명히 근처에 있을 이집트 병사의 희생물이 될 위험이 있다. 요르단강까지는 너무 멀었다. 그래도 목마름에 괴로워하던 병사들 몇 명은 요르단강까지 나갔다. 그곳에서 예수 그리스도가 성 요한의 손으로 세례를 받았다는 것을 떠올리면서 요르단강에서 미역을 감던 병사들은, 약탈하러 온 것으로 오해한 인근 주민들의 습격을 받아 한 사람도 살아 돌아오지 못했다. 그런 일이 일어나도 갈증을 견디지 못하고 진영을 빠져나가 멀리까지 물을 구하러 가는 병사들의 수는 늘어가기만 했다.

이런 상황에서 공격을 계속할 수는 없었다. 물 부족에 시달리는 병사들은 사기가 완전히 저하되었고, 그런 병사들을 이끄는 제후들도 어떻게 해야 할지 막막했다. 예루살렘을 바라보며 감동에 전율한 날로부터 닷새밖에 지나지 않았다.

6월 12일, 제후들은 신에게 도움을 청하기로 했다. 올리브 산에 틀어박혀 수행중인 은자가 있다는 이야기를 듣고 그에게서 지혜를 얻으려고 한 것이다. 누가 대표로 찾아갔는지는 모르지만, 피에트로라는 이름의 그 은자는 신을 믿고서 당장 총공격하라고 일러주었다고 한다.

그래서 이튿날, 그들은 신을 믿고 총공격에 나섰다. 신이 도운 것인지, 그날 십자군은 북쪽 성벽을 넘을 수 있었다. 그런데 그 안쪽에 또 하나의 성벽이 가로막고 있다는 것을 알지 못했다. 그 성벽에 오르기 위해서는 많은 나무 사다리가 필요했는데, 신의 가호만 바랐던 십자군 병사들은 그것을 준비하지 않았던 것이다.

하는 수 없이 그날은 진영으로 돌아왔지만, 십자군은 이로써 알게 되었다. 예루살렘이 그들에게 특별한 도시일지언정 그것을 둘러싸고 있는 성벽은 다른 도시와 똑같은 성벽에 지나지 않으며, 공성용 탑 없이는 공략할 수 없다는 것을.

공성용 탑

십자군은 새삼 또 하나를 깨닫는다. 사막 한가운데에 있는 것이나 다름없는 예루살렘에는 돌은 있어도 나무는 거의 없다는 사실이었다.

제후들은 다시 실의에 빠졌는데, 그런 그들에게 신의 가호처럼 들리는 낭보가 날아들었다.

6월 17일, 제노바와 영국 배로 구성된 선단이 야파 항에 입항했다는 것이다. 그들이 가득 싣고 왔을 갖가지 보급물자를 적에게 뺏기는 일을 막기 위해, 레몽의 수하 장수 레몽 드 필레가 부대를 이끌고 야파로 향했다. 이 역시 신의 은총, 즉 기적이라 할 수 있었다. 그때 그들은 그리스도교도의 배란 것을 안 이집트 선단의 습격을 받아 고전하고 있었는데, 마침 그때 드 필레가 이끄는 병사들이 달려온 덕에 격퇴할 수 있었다. 이집트 선단은 야파 항의 봉쇄를 단념하고 아스칼론으로 돌아갔다.

그러나 이 밝은 소식은 곧 어두운 소식으로 변한다. 제노바의 대형 갤리선 두 척과 영국의 소형 범선 네 척은 갖가지 필요물자를 운반해왔지만 목재는 가져오지 않았던 것이다. 목재 정도는 현지에서 조달하기 쉬울 것이라 생각했기 때문인데, 예루살렘 주변은 그렇지가 않았다. 적어도 여러 개의 탑을 세우는 데 필요한 양은 쉽게 발견되지 않았다.

이렇게 되자 멀리까지 가서 목재를 조달해오는 임무는, 이제껏 매번 활동적인 모습을 보여주었던 두 사람이 짊어지게 되었다. 탄크레디와 플랑드르 백작이다. 젊은 두 사람은 각자의 병사를 합쳐 한 부대로 편성하고, 멀리 사마리아 지방까지 그들을 이끌고 가서 가까스로 필요한 만큼의 목재를 구해 돌아왔다.

즉시 공성용 탑 제작이 시작되었다. 성벽 높이까지 다다르지 않으면 공성용 탑의 역할을 할 수 없다. 따라서 두 개로 만족할 수밖에 없었는데, 하나는 고드프루아군이, 또 하나는 레몽군이 사용하기로 했다. 예루살렘을 공격하는 십자군 중 이 두 사람이 가장 많은 병사를 이끌고 있었기 때문이다.

그러나 이 정도 되는 탑은 하루아침에 만들 수 있는 게 아니다. 또한 어느 정도 기술을 요하는 작업인 만큼 일반 병사들은 곧 할 일이 없어졌다. 그리고 식량은 부족하지 않았지만 물 부족은 여전했다. 인간은 이러한 상황에서 쉽게 자기 통제력을 잃는다. 사소한 일을 이유로 다툼이 빈발했다. 요컨대 병사들의 마음이 거칠어진 것이다.

공성용 탑

이에 아데마르 주교의 친동생인 위그 드 몽테유가 나섰다.

그는 어젯밤 꿈에 형 아데마르가 나타나 십자군의 현 상황을 한탄하고 슬퍼하면서 알려주었다고 말했다. 모든 사람이 사흘간 단식하고 기도하면서 예루살렘 성벽 주위를 맨발로 돌며 속죄의 마음을 신에게 보이면, 신은 아흐레 안에 예루살렘을 함락하게 해주실 거라고.

이 고지(告知)에 제후와 병사 할 것 없이 모두 매달렸다. 공성용 탑 제작도 일시 중단되었다. 십자군 모든 진영에서 사흘간 단식하고, 그 사흘 동안 매일 모두가 맨발로 예루살렘 성벽 주위를 한 바퀴 돌았다. 십자가를 받쳐든 성직자들을 선두로, 항상 입고 있던 갑옷을 벗고 대신 짧은 옷을 입은 맨발의 제후들과 기사들이 뒤따랐다. 성벽 위에서 이슬람교도가 아연해하며 내려다보는 가운데, 대열의 끄트머리에는 병사들과 순례자들 행렬이 이어졌다.

이렇게 그리스도 전사들은 그리스도교식으로 말하자면 '속죄', 동양에서 말하는 '목욕재계', 내가 보기에는 '집단 세뇌'를 마쳤다. 사흘째 되는 날 저녁 속죄를 마치자, 지금까지 사람들 앞에서도 거리낌 없이 말다툼하는 사이였던 레몽과 탄크레디가 우애의 증거로 서로 껴안았다. 그걸 보면 나름대로 효과는 있었던 모양이었다.

다음 날부터 탑 제작이 재개되었다. 탑은 성벽에서 쏘는 불화살에도 견딜 수 있도록 바깥쪽에 온통 동물의 가죽을 둘러쳐야 한다. 하지만 집단 세뇌의 효과인지 탑 제작에 전원이 달려든 덕에 이 성가신 작업도 눈에 띄게 진척되었다. 게다가 완성된 탑은 원래 예정했던 두 개가 아니라 세 개로 늘어나 있었다. 그래서 원래 생각했던 남쪽과 서쪽외에, 노르망디 공작과 플랑드르 백작이 포진해 있는 북쪽에도 하나를 배치할 수 있었다.

이 모든 것이 완료된 것은 7월 10일이었다. 총공격은 사흘 후인 13일로 정해졌다. 그전에 성벽 바로 밑을 빙 둘러 파여 있는 해자를 메워야 했다.

7월 13일로 정해진 총공격은, 남쪽과 북쪽에서 탑을 성벽에 접근시켜 동시에 공격함으로써 방어하는 측의 주의를 끌고, 그 틈을 이용해 서쪽 성벽 앞으로 탑을 접근시켜 성벽을 기어오르려는 계획이었던 것으로 추측된다.

하지만 십자군의 이런 작전은 완전히 예상을 벗어났다. 방어를 지휘하는 이프티하르는 세 개의 탑 모두에 방어력을 배분했는데, 그중에서도 특히 고드프루아가 지휘하는 서쪽 탑을 맹렬하게 공격했던 것이다. 서쪽은 공격측이 사용할 수 있는 지역이 좁아서 자연히 탑도 다른 두 개보다 성벽에 훨씬 가깝게 배치되어 있었기 때문이다.

그리스의 불

방어하는 측이 활용한 무기는, 보통 '그리스 화염기'로 번역되나 원어로는 간단히 '그리스의 불'이라 불리던 것이다. 작은 단지 모양의 용기에 석유와 유황의 혼합물을 담고 그것에 불을 붙여 던지는 것인데, 맞으면 불덩어리가 되고 마는 끔찍한 무기다. 이 무기를 처음 사용한 것이 그리스인이 주체인 비잔틴제국이었기에 '그리스의 불'이란 이름으로 불렸다.

이 무기는 제1차 십자군 당시에는 아직 손으로 던지는 '수류탄' 형태였지만 그후 급속히 개량되어 곧 '화염방사기'에 가까운 형태가 되어, 석유가 풍부했던 오리엔트 사람들의 강력한 무기가 되어간다.

아직 '수류탄' 단계였지만, 유럽에서 온 십자군 병사들로서는 그때까지 전혀 보지 못했던 무시무시한 무기였다.

이 신무기를 맞자, 서쪽에 배치된 탑은 눈 깜짝할 사이에 불이 붙었다. 아슬아슬한 순간에 병사들이 탑을 후퇴시켜서 탑의 본체는 불길에 휩싸이지 않았다. 고드프루아는 그 탑을 북서쪽 방향으로 이동시키기로 했다. 서쪽보다 북서쪽의 땅이 넓어 바퀴가 달린 이동식 탑의 움직임이 보다 자유로웠기 때문이다.

이제 북서쪽 성벽은 두 개의 탑이 동시에 공격할 수 있게 되었다. 레몽이 이끄는 남쪽 탑 역시 '그리스의 불'을 맞으면서 끈질기게 선전하고 있었다.

예루살렘 방어에 나선 이집트군 병사들은 수가 적었음에도 용감하게 싸웠다. 화살에는 끄떡없던 강철 갑옷이 '그리스의 불'은 견뎌내지 못하는 것도 십자군에 불리하게 작용했다.

예루살렘 성벽을 사이에 둔 격렬한 전투는 그날 안에 끝나지 않아 다음 날까지 계속되었다. 하지만 그사이 고드프루아군의 탑은 끝내 '그리스의 불'을 맞고 불타오르고 만다.

그래도 전의를 상실하지 않은 고드프루아는 동생과 탄크레디와 함께, 북쪽에 배치된 또하나의 탑으로 이동했다. 노르망디 공작과 플랑드르 백작이 지휘하던 탑이었지만, 고드프루아가 이동해오자 그가 총지휘를 맡게 되었다.

7월 15일 아침, 십자군은 이 탑을 '헤롯 문' 근처 성벽에까지 밀착시키는 데 성공했다. 동시에 이번에는 용의주도하게 준비해온 여러 개의 사다리를 탑 양옆 성벽에 나란히 세웠다.

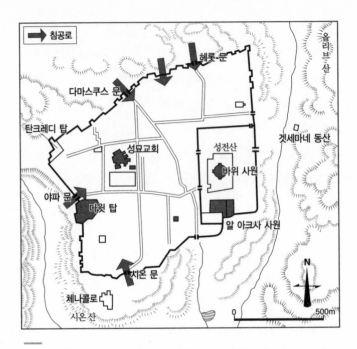

예루살렘 시가지 공격로(Steven Runciman, *A History of the Crusades*, Vol. I)

　사각형 탑의 꼭대기에서 한쪽 변이 소리를 내며 성벽 위로 떨어져내렸다. 그리고 로렌 공작 고드프루아가 탑에서 성벽 위로 내려섰다. 탄크레디, 플랑드르 백작, 노르망디 공작도 그 뒤를 따랐다. 그들 뒤를 따라 병사들이 한데 뭉쳐 성벽 위로 우르르 들이닥쳤다.

　그들 중 누군가가 성문을 열었으리라. 얼마 지나지 않아 굳게 닫혀 있던 성문이 모두 열렸고, 그곳으로 십자군 병사들이, 아니 순례자들까지 예루살렘 시내로 밀어닥쳤다.

예루살렘 해방

장관 이프티하르는 더는 방어가 불가능하다고 보고 측근들만 데리고 '다윗 탑'으로 도망쳤다. 그곳은 '탑'이라기보다 하나의 견고한 성채였으니, 당분간은 저항할 수 있었을 것이다. 하지만 장관은 자신들의 안전한 철수를 조건으로, 근처 '야파 문'으로 들어온 레몽에게 항복했다. 레몽은 그들이 가지고 있던 귀중품과 '다윗 탑'을 내놓는 조건으로 그들의 항복을 받아주었다. 이렇게 장관과 그의 측근들은 소란스러운 싸움터가 된 예루살렘을 뒤로하고 아스칼론으로 도망칠 수 있었다.

그사이 예루살렘 시내에서는, 안티오키아의 함락 때보다 더하면 더했지 결코 덜하지 않은 잔혹한 참극이 벌어지고 있었다.

안티오키아 때와 마찬가지로 십자군은 시내에 이슬람교도밖에 없다고 생각했다. 실제로 그리스도교도는 없었지만 유대교도는 있었다. 그러나 유럽에서 온 그리스도교도의 입장에서는 유대인도 이교도다. 그래서 십자군 병사들은 사람이 보이기만 하면 닥치는 대로 죽였다. 붙잡아 노예로 파는 것조차 그날 그들의 머릿속에는 없었던 듯하다. 성스러운 도시 예루살렘에 이교도는 한 사람도 남아 있어서는 안 되었다.

이런 광란 속에서 로렌 공작 고드프루아는 소수의 병사만을 이끌고 성묘교회로 직행했다. 그리고 예수 그리스도의 묘 위에 세워졌다고 전해지는 그 교회 안에서 무릎을 꿇고 조용히 기도를 올렸다. 하지만 그런 그도 병사들이 저지르는 만행을 멈추게 하려고 애쓰지 않았다. 고드프루아도 중세 그리스도교도의 한 사람이었다.

탄크레디도 시내로 들어간 직후에는 이교도 말살에 전념했지만, 이슬람 성소에 소장되어 있는 보물을 빼앗는 것도 잊지 않았다. 그런데 약탈의 목표물 중 하나였던 '알 아크사 사원'이라는 이슬람교 성소 안에 발을 들여놓았을 때 그가 본 것은, 두려움으로 얼어붙어 피신해 있는 3백 명 가까운 이슬람 여자와 아이들이었다.

스물네 살의 젊은 장수는 그들에게 무사히 나가게 해주겠다고 약속한다. 그는 그 성소의 지붕 위에 자신과 보에몬드가 속한 알타빌라 가문의 깃발을 내걸고, 내부에 소장된 보물을 자기 것으로 삼는 것도 잊지 않았다.

그러나 탄크레디와 그의 수하 병사들이 보물을 보관할 장소를 찾으러 간 사이에 그곳에 다른 십자군 병사들이 난입했다. '알 아크사 사원'은, 안에 있는 3백 명의 이슬람교도와 함께 불태워졌다.

다음 날인 16일, 예루살렘 시내 도로를 흐르는 피로 물들인 참극은 더이상 일어나지 않았다. 제후들이 그만두게 했기 때문이 아니었다. 병사와 순례자 모두 저녁 무렵까지 계속된 살육에 지쳐, 성벽 밖의 천막으로 돌아와 잠에 곯아떨어졌기 때문이었다. 때문에 조용해진 시내를 통과해, 아니, 살해당한 이슬람교도의 시체 더미 사이를 통과해, 제후들은 성묘교회에 모여 함락 후 처음으로 전원이 얼굴을 마주했다.

그날은 성묘교회 안에서 신에게 감사기도를 올리는 것만으로 끝났다. 이교도만 보면 가리지 않고 죽이던 사람들이 이날은 제단 앞에 울면서 무릎을 꿇었다. '성도 예루살렘 해방'은 1099년 7월 15일에 드디어 성취되었다. 유럽을 뒤로한 지 3년의 세월이 지나 있었다.

선인과 악인이 따로 있는 게 아니다. 한 인간 안에 '선'과 '악'이 공존하고 있는 것이다. 그러므로 종교나 철학이나 윤리를 통해 교정하려 노력하는 것인데, 아직도 그 성과는 신통치 않다. 옛사람들은 이러한 현실을 두고 '하늘 아래 새로운 것은 없다'고 말했다.

함락한 지 이틀이 지난 7월 17일, 십자군 수뇌들은 다시 성묘교회에 모였다. 해방을 이룬 예루살렘의 미래를 결정하기 위해서였다.

우선 종군한 성직자들의 강력한 주장으로, 예루살렘 대주교로 누구를 앉힐까부터 결정하기로 했다. 성직자들은 성스러운 도시 예루살렘의 통치는 신에게 평생을 바친 성직자가 맡아야 한다고 주장했다. 그러나 통치권이 누구에게 돌아가는가 하는 문제는 차치하고라도, 제후들 역시 예루살렘의 종교 지도자를 정하는 데는 이견이 없었다.

그 자격을 갖춘 이로는 두 사람을 들 수 있었다. 교황의 대리인으로 십자군에 종군한 아데마르 주교와, 이슬람 지배 아래에서 예루살렘 대주교를 맡아온 시메온이다. 하지만 아데마르는 이미 안티오키아에서 죽었고, 시메온 역시 예루살렘이 이집트의 지배를 받게 되었을 때 키프로스 섬으로 추방되어 얼마 전 그곳에서 죽었다.

이런 경우에는 로마에 사절을 보내 로마 교황의 결정에 따르는 것이 도리다. 하지만 교황 우르바누스 2세도 얼마 전부터 건강이 좋지 못한 것으로 알려져 있었다. 실제로 십자군을 제창하고 대군을 오리엔트로 보낸 장본인인 우르바누스 2세는 그해 7월 29일 로마에서 죽는다. 예루살렘이 함락되고 2주일 후였지만, 이 시대에는 정보 전달이 늦었다. '십자군 교황'으로 역사에 이름을 남긴 이 사람은 '성지 예루살렘 해방'을 알지 못한 채 죽은 것이다. 또한 곧바로 새로운 교황을 선출하지 않는 것이 이 시대의 상식이었다.

이렇게 되면 예루살렘 대주교는 이 지역에서 뽑을 수밖에 없다. 그리고 이러한 경우 적극적이고 강력하게 밀어붙이는 쪽으로 의견이 기울어지는 것은 성직의 세계에서도 마찬가지다.

목소리를 높인 사람은 노르만계 이탈리아인이라서 안티오키아에 남은 보에몬드파 수도사였다. 하지만 그는 자신을 추천한 것이 아니었다. 자신의 친구이자 수뇌부가 반대하기 힘든 인물을 예루살렘 대주교로 추천하고, 자신은 베들레헴 대주교가 되자는 것이 이 사람의 작전이었다.

예루살렘 대주교라는 중요한 지위에 추천된 드 로는, 노르망디 공작의 고해신부로 종군한 사람이었다. 영국을 정복해 노르만 왕조를 연 '정복왕 윌리엄'의 딸로 수녀원에 들어간 세실리아의 가정교사를 맡은 적도 있었다. 요컨대 지배계급과 가까운 관계이므로 자격이 있다고 여긴 것이다.

그런데 이 사람의 선출에 레몽이 반대하고 나섰다. 툴루즈나 프로방스로 구성된 프랑스 남부의 영주인 레몽 입장에서 보면, 이 인선은 너무 프랑스 북부에 치우친 것으로 생각되었기 때문이다.

레몽의 강경한 반대에 직면하자 예루살렘 대주교 선출도 일단 좌절될 수밖에 없었다. 결국 이 문제는 뒤로 미루기로 하고, 예루살렘 왕을 누구로 할 것인가 하는 문제로 옮겨갔다.

성묘의 수호자

칼리프에게 술탄이나 재상이 있는 것처럼, 대주교도 실권을 가진 왕이 뒤를 받쳐줘야 자리를 지킬 수 있었다. 따라서 해방된 예루살렘의 방어를 책임질 사람의 선출은 절대 빼놓을 수 없는 중요한 문제였다.

레몽이 강력하게 주장을 펼친다. 그는 '성스러운 창'에 그토록 집착했으며 예수가 제자들과 최후의 만찬을 벌인 땅이라는 이유로 진영지를 선택한 사람이다. 프랑스 남부에 광대한 영지를 소유하고 있으므로 특별히 영토에 야심이 있는 것도 아니었다. '성도 예루살렘의 왕'이라는 이름과 지위가 그의 마음을 뜨겁게 달군 것이다. 툴루즈 백작 레몽은 야심가라기보다는 허영가에 가까웠다.

그렇게 레몽은 간절히 왕이 되고 싶어했으나, 자신이 제후들의 호감을 얻지 못하고 있다는 사실은 알고 있었다. 그래서 한 가지 생각을 해낸다.

툴루즈 백작 레몽은 제후들 앞에서 이렇게 말했다. 가장 연장자인 나도 성스러운 도시의 왕이 된다고 생각하면 부담스러워진다고. 자신이 이렇게 말하면 다른 제후들도 주눅이 들어 전부 물러날 것이라 지레짐작한 것이다.

그런데 레몽의 이 말을 스스로 사퇴하겠다는 뜻으로 받아들이고, 내심 레몽이 왕이 되면 곤란하다고 생각하던 사람들이 일제히 고드프루아를 왕위에 앉히자고 나섰다. 그리고 레몽의 예상과는 달리, 로렌 공작 고드프루아는 한 번은 사양했지만 결국 이를 받아들였다.

쉰일곱 살이 된 레몽은 안티오키아에서도 마흔아홉 살인 보에몬드와 다퉈 여지없이 패했는데, 예루살렘에서는 서른아홉 살의 고드프루아와 제대로 싸워보지도 못하고 또다시 패하고 만 것이다.

기분이 상한 레몽은 자기 군대를 이끌고 예루살렘을 떠나 예리코로 가버렸다. 그리고 구약성서 시대부터 존재한 이 고도에서 거리낌 없이 화풀이를 한다.

레몽이 떠나버리자, 그때까지 그가 점거하고 있던 '다윗 탑'은 자연스레 고드프루아의 것이 되었다.

레몽의 전선 이탈은, 그의 반대로 중단되었던 예루살렘 대주교 선출에도 장애가 없어졌다는 것을 뜻한다. 노르망디 공작의 고해신부였던 드 로는 십자군 시대의 최초의 예루살렘 대주교가 되었다.

이 대주교는 제후들과 충돌하지는 않았지만 종교 면에서는 대단히 열성적인 사람이었다. 그는 먼저 예루살렘에서 그리스도교는 가톨릭만 인정하고, 그리스정교와 아르메니아 종파의 그리스도교는 인정하지 않겠다고 선언했다. 이것은 나중에 비잔틴제국과 마찰을 빚는 원인이 된다.

이어서 대주교가 열중했던 것은, 예루살렘에 감추어져 있다고 전해지는, 예수 그리스도가 못 박혔던 십자가였다. 사실은 그저 평범한 나뭇조각에 지나지 않았던 모양이지만, 이 나뭇조각을 끼워 맞춘 십자가는 '성십자가(True Cross)'로 불리며 이후 십자군이 군사행동을 할 때면 어디에나 받쳐들고 다니게 된다.

이러한 일이 겹치자 성직자들의 목소리가 커졌다. 그들은 또다시 성스러운 도시 예루살렘을 세속의 인간이 왕의 이름으로 통치하는 것은 허락할 수 없다는 주장을 펼쳤다.

로렌 공작 고드프루아는 지금까지 쓸데없는 싸움에 가담하지 않는 것을 원칙으로 행동해왔다. 이번에도 왕의 강권을 이용해 성직자들의 입을 막으려고 하지 않았다.

그는 자신은 '왕'이 아니라 '성묘의 헌신적인 수호자'라고 말하고 싶다고 했다.

라틴어로는 '아드보카투스 상크티 세폴크리(Advocatus Sancti Sepulchri)'. '왕(Rex)'이 아니라 '수호자(Advocatus)'를 자처한 것이다. '아드보카투스'란 고대 로마 시대에는 변호인을 의미했다. 이렇게 말하자, 성직자들도 입을 다물 수밖에 없었다.

따라서 로렌 공작 고드프루아는 원칙적으로는 예루살렘 왕국의 초대 왕이 아니다. 하지만 실질적으로는 왕이었다. 이는 한 달도 지나지 않아 분명해졌다.

'성묘의 수호자'에 막 취임한 고드프루아에게 연달아 난제가 밀려들었다.

첫번째는 노르망디 공작과 플랑드르 백작이 유럽으로 돌아가겠다고 한 것이다. 둘은 자신들이 십자가에 서약한 것은 예루살렘의 해방이고, 그것을 달성했으니 이제 유럽으로 돌아가겠다고 말했다. 이 두 사람이 이끌고 온 병사는 그 수는 적었으나 항상 제일선에서 용감하게 싸웠다. 그중에서도 특히 플랑드르 백작은 다른 제후들이 항상 의지할 수 있는 장수였다. 그리고 장수가 귀국한다는 것은 그가 이끌고 온 병사들도 귀국한다는 뜻이었다.

고드프루아는 이미 안티오키아 전투와 이번 예루살렘 전투에서 자기 군대의 많은 병사를 잃었다. 그런데 그들이 유럽으로 돌아가버리면 병력이 더욱 감소하는 것이다. 남는 제후는 그를 포함해 세 명인데, 레몽은 미덥지가 않고, 유일하게 기댈 수 있는 탄크레디 역시 소수의 병력밖에 거느리고 있지 않았다.

하지만 신에게 서약한 것을 이미 지켰다는 말에는 어떻게 해볼 도리가 없었다. 고드프루아는 동생 외스타슈를, 제노바의 배를 타고 유럽으로 돌아가는 노르망디 공작과 플랑드르 백작과 함께 떠나도록 했다.

로렌 공작 고드프루아는 노르망디 공작과 플랑드르 백작과 마찬가지로 어엿한 영지의 영주였다. 그도 예루살렘을 해방시킨 후 고국으로 돌아갈 생각으로 유럽을 떠났을 것이다. 그러므로 자기 영토인 하로렌 지방의 통치를 상로렌의 영주인 형에게 맡기고 십자군에 참가했던 것이다.

그러나 '성묘의 수호자'가 된 지금, 그 일을 해내기 위해서는 문제가 산적해 있다는 것을 깨달았다. 그는 '성묘'를 내버려두고 귀국할 수 없었다. 그래서 자신을 대신할 영주로 동생을 귀국하게 한 것이 아니었을까. 고드프루아 자신은 이곳 팔레스티나에 뼈를 묻을 결심을 하고서.

이집트군의 접근

사실 고드프루아는 그런 고민을 할 여유조차 없었다. 이집트의 대군이 카이로에서 육로를 통해 팔레스티나로 진격해오고 있었다.

그러자 야파 항에서 배를 기다리던 노르망디 공작과 플랑드르 백작도 다시 돌아왔고, 예리코에서 불쾌한 기분을 주체하지 못하고 있던 레몽까지 군대를 이끌고 달려오겠다는 소식을 전해왔다.

고드프루아는 우선 예루살렘 왕국 밑으로 들어가도 좋다는 의사를 전달해온 나블루스에 나가 있는 탄크레디를 불러들인다. 그리고 이집트군의 상황을 살펴보고 오라고 지시했다. 그사이 귀국길에 올랐던 사람들과 레몽이 예루살렘으로 돌아왔다. 탄크레디도 며칠 지나지 않아 돌아왔다.

이집트 병사 몇 명을 붙잡아 직접 심문했을 뿐 아니라 아스칼론의 항구도시에까지 진입해 살펴본 탄크레디의 보고에 따르면, 팔레스티나로 진격하는 이집트군은 총 3만 명으로 재상 알 아흐달이 직접 이끌고 있다고 했다. 그들은 이미 육로로 아스칼론 교외에 도착했으며, 이집트에서 해로를 통해 아스칼론으로 운반되는 군량이 도착하기를 기다리고 있다는 것이었다.

탄크레디는 이집트군이 준비를 끝내기 전에 이쪽에서 먼저 나가서 쳐야 한다고 진언했다. 고드프루아는 이 스물네 살 젊은 장수의 진언을 받아들였다. 공격 시기는 목표 지점에 도착한 날 밤이 새기 직전으로 정했다.

예루살렘을 함락한 7월 15일부터 헤아려 불과 25일 만에 십자군은 이집트의 대군을 맞아 싸우게 된 것이다. 이 전투의 결과에 따라, '예루살렘 해방'이 한 달도 채우지 못한 꿈으로 끝날지도 모르는 일이었다.

이때 이집트 군대를 공격하는 십자군의 총 전력이 어느 정도였는지는 알려져 있지 않다. 그러나 예루살렘을 목표로 남하하던 당시에도 십자군의 총 전력은 기병 1500명과 보병 1만 1000명 전후였다. 예루살렘 공방전에서의 손실과, 그것을 상회할 정도였던 물 부족에 의한 손실을 생각하면, 1만 2500명의 총 전력은 훨씬 줄었을 것으로 보인다. 어림잡아 말해도 십자군은 이때 세 배의 적을 상대하는 셈이었다.

팔레스티나 지방의 항구도시 중 이집트에서 가장 가까운 아스칼론 (현 Ashqalon)은 예루살렘에서 직선거리를 따지면 서남서로 70킬로미터밖에 떨어져 있지 않다. 예루살렘에서 야파까지가 북서쪽 직선거리로 60킬로미터이므로, '성도 예루살렘 해방'을 한여름 밤의 꿈으로 만들어버릴 수도 있는 대군은 사나흘 거리까지 접근해온 것이다. 예루살렘 공략에 성공한 제후들이 평소의 적개심과 불만을 잊고 단결한 것도 당연했다.

이집트의 재상이 이끄는 3만 명의 병사는 보급물자가 도착하기를 기다리며 아스칼론 교외에 야영하고 있었다. 그들은 이 시기 십자군의 병력을 상당히 정확하게 파악하고 있었던 것으로 보인다. 그래서

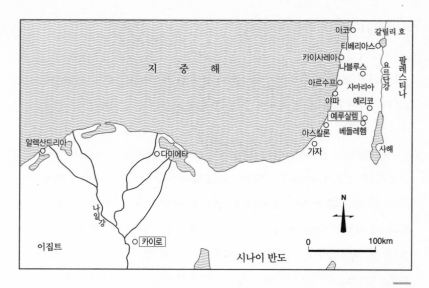

지중해

알렉산드리아

다미에타

이집트

나일강

카이로

시나이 반도

아코

갈릴리 호

티베리아스

카이사레아

나블루스

아르수프

사마리아

야파

예리코

예루살렘

아스칼론

베들레헴

가자

사해

요르단강

팔레스티나

100km

N

팔레스티나와 이집트

쉽게 기습해올 수 없을 거라 보고, 방어태세도 갖추고 있지 않았다.

　그 이집트군의 야영지에 접근한 십자군은, 공격에 들어가기에 앞서 고드프루아가 미리 생각해둔 바에 따라 진형을 구성했다.

　지중해를 오른쪽으로 바라보는 우익은 툴루즈 백작 레몽이 이끄는 프랑스 남부의 병사들. 이 우익의 역할은 적이 아스칼론으로 도망가는 길목을 차단하는 것이다.

　플랑드르 백작과 노르망디 공작, 그리고 탄크레디는 돌격력이 좋으므로 중앙에 배치되었다.

　좌익은 이제 로렌 공작이 아닌 '성묘의 수호자'가 된 고드프루아가 이끄는 로렌 지방의 독일 기사들. 이 좌익이 맡은 임무는 왼쪽으로 돌아 들어가 적을 포위하는 것이다.

'소'가 '대'를 이기려면 허를 찌르는 수밖에 없다. 그러기 위해서는 소리를 내지 않도록 주의하는 것을 빼놓을 수 없었다. 계절은 한여름. 아마도 이때의 십자군은 호버크 위에 강철 흉갑만 입고, 다른 무구와 투구는 벗었을 것이다. 방어력은 떨어지지만 민첩하게 공격해야 하는 전장에서 더욱 자유롭게 활동할 수 있기 때문이다. 그 증거로 기병은 큰 창과 장검과 방패를, 보병 역시 장검과 방패를 몸에서 떼어놓지 않았다. 병사들의 배후에는 '성십자가'를 받쳐든 예루살렘 대주교가 따랐다. 병사들로서는 그리스도가 책형에 처해진 십자가가 지켜보는 가운데 그리스도를 위해 싸우는 심정이었을 것이다. 1099년 8월 11일 미명이었다.

해가 뜨기 직전에 공격하는 전술이 성공한 것은 다분히 이집트 병사들이 일찍 일어나는 습관이 없었기 때문이기도 했다. 이른 시간대에 시작된 습격의 효과가 분명히 나타나는 데는 몇 시간이 채 걸리지 않았다.

허를 찔린 이집트 병사들은 도망치려고 우왕좌왕하며, 맞서 싸울 태세를 취하기는커녕 이리저리 쫓겨다닐 뿐이었다. 창에 찔리고 칼에 베어 넘어지고, 아스칼론으로 도망치려는 병사들도 레몽의 군대에 의해 바다로 내몰려 대부분 익사했다.

총사령관이었던 재상 알 아흐달은 근위대의 호위를 받으며 가까스로 아스칼론으로 도망쳤는데, 그곳에서 맞서 싸울 생각도 하지 않고,

항구에 정박해 있던 이집트 배에 올라타 그대로 카이로까지 도망쳐버렸다.

십자군의 완벽한 승리였다. 알 아흐달은 초록색 바탕에 흰색으로 코란 글귀를 써넣은 이집트 파티마 왕조를 상징하는 군기며, 자기 보석과 귀금속, 호화로운 장식의 칼까지 버려두고 도망쳤다.

이집트 재상이 버려두고 간 것은 그것만이 아니었다. 수많은 호화로운 융단과 금색으로 빛나는 다마스쿠스산 비단옷, 상자 가득한 각양각색의 보석과 페르시아 진주 목걸이, 대량의 금괴. 그리고 십자군에게는 무척 고마웠을, 아랍 순수 혈통의 말들. 이 모든 것이 십자군의 전리품이었다.

아랍인이나 투르크인은 원래 유목민이었던 탓인지 전장에도 모든 재산을 가져가는 습관이 있었다. 하렘의 여자들까지 데려가는 사람도 있었다. 그래서 이슬람교도 군대와 싸워 이긴다는 것은 군사력을 패배시키는 것뿐 아니라 한몫 단단히 챙기는 일이기도 했다. 8월 13일, 십자군은 이 모든 것을 갖고서 예루살렘으로 개선했다.

그런데 열광과 도취의 순간이 지나자마자 새로운 문제가 생겼다.

알 아흐달이 이끄는 이집트군이 패주했으므로, 그 전선기지였던 아스칼론에 사는 이슬람교도들은 공포에 사로잡혀 있었다. 이집트의 항구도시이긴 했으나 수비대의 규모는 변변치 않았다. 승리에 의기양양한 프랑크군에 공격당한다면 예루살렘보다 더 빨리 함락당하리라는 것은 불 보듯 뻔했다. 그래서 공격해오기 전에 항복하기로 결정한 것이다. 그리고 아스칼론의 이러한 결정을 알게 된 아르수프의 주민들도 싸우지 않고 성문을 열기로 했다.

그들은 이러한 뜻을 전할 사자를 툴루즈 백작 레몽에게 보냈다. 팔레스티나에 사는 이슬람교도의 눈에는, 침략자인 프랑크인 제후 중 가장 유력한 인물이 레몽으로 보였던 것이다.

하지만 누구를 통해선지는 몰라도 고드프루아가 이 사실을 알게 되었다. 그런데 그는 생각지도 못한 무혈입성 요청을 굳이 거절해버렸다.

이 일로 고드프루아를 보는 제후들의 눈이 달라졌다. 아스칼론과 아르수프의 무혈입성이 이루어지면 레몽의 공적이 될 테니, 그것을 꺼린 고드프루아가 좋은 기회를 날려버렸다고 생각한 것이다. 질투심 때문에 십자군 전체의 이익을 해쳤다며, 지금까지 고드프루아와 일심동체처럼 행동해온 플랑드르 백작과 노르망디 공작까지 고드프루아를 냉랭한 눈으로 보게 되었다. 물론 고드프루아가 억지를 부렸다고 생각한 레몽은 이제 고드프루아와 행동을 같이하지 않겠다고 선언하고는 재빨리 자기 병사만 이끌고 북쪽으로 떠난다.

그러나 고드프루아가 굴러들어온 호박 같은 좋은 기회를 거절한 것은, 질투심 때문이 아니라 지휘계통의 일원화를 생각해서였을 것이다.

지금까지 그랬던 것처럼 레몽은 항상 자기주장을 내세워왔다. 아스칼론과 아르수프의 무혈입성이 이루어지는 날에는 이런 레몽의 발언권이 더욱 커질 것이다. 성도 예루살렘을 방어하는 지휘관이 두 명이 되는 것이다.

두 명의 비범한 지휘관보다 한 명의 평범한 지휘관을 택하겠다고 한 것은 나폴레옹이지만, 지휘계통의 일원화는 가지고 있는 힘을 효율적으로 활용하기 위해 절대 빼놓을 수 없는 것이다.

이집트군에 승리한 후 십자군에 남은 병력은 겨우 1만 명 안팎이었다. 이러한 상황에서 두 장수가 병립한다면 어떻게 되겠는가. 아스칼론과 아르수프는 지금이 아니라도 언젠가 손에 넣을 수 있다고 예상할 수 있었다. 왜냐하면 이집트에서 온 대군을 물리쳤다는 것은 팔레스티나에 대한 이집트의 패권을 뒤흔들었다는 뜻도 되기 때문이다.

레몽은 이것을 알지 못했다. 그리고 플랑드르 백작과 노르망디 공작도 마찬가지였다. 유일하게 탄크레디만은 젊은 나이에 어울리지 않게 그것을 이해하고 있었다.

그런데 팔레스티나의 이슬람교도들은 왜 고드프루아가 아닌 레몽에게 무혈입성을 요청했을까. 이 문제에 대한 해석은 동서고금 변함없는 '뉴스'에 대한 고찰로 대신할 수 있을 것이다.

이 시기까지의 십자군을 기술한 그리스도교측 기록자와 이슬람측 연대기 작가의 공통점은, 십자군에 참가한 제후들 중 고드프루아를 언급하는 빈도가 적다는 것이다.

이 사람들이 종교의 차이와 상관없이 가장 자주 기술한 것은 보에몬드와 레몽이었다.

안티오키아 공방전 때 보여준 보에몬드의 활약상은 주지의 사실이었으니 당연하다 해도, 그때부터 레몽의 이름이 자주 언급되는 것은 이 사람의 언행이 항상 떠들썩했고, 따라서 그 시대 '저널리스트'들의 주목을 끌었기 때문이다.

기록자든 연대기 작가든, 항상 화제를 제공해주는 사람의 언행에 주목하는 성향은 오늘날의 저널리스트와 전혀 다르지 않다.

한편 로렌 공작 고드프루아처럼 꼭 필요하다고 생각되는 일이 아니면 동료들끼리의 분쟁에 끼어들지 않고 담담하게 임무를 수행하는 유형의 인물은, 뉴스, 바꿔 말해 가십을 제공하는 일이 적기 때문에 언급되는 횟수도 많지 않은 것이다.

그리스도교측의 유명도를 재는 기준이 이렇다면, 이슬람측이 받는 인상도 그에 좌우되는 것이 당연했다. 게다가 레몽은 제후들 중 가장 연장자이며, 이슬람 세계에서는 연장자를 존중하는 기풍이 강했다. 그래서 그들은 제안을 받아줄 사람으로 레몽이 적격이라 생각했을 것이다.

하지만 고드프루아는 그것을 거절했다. 그것에 기분이 상한 레몽과 플랑드르 백작, 노르망디 공작 세 명은 9월에 접어들자마자 짐을 챙겨 북쪽을 향해 예루살렘을 떠나버렸다.

플랑드르 백작과 노르망디 공작 두 사람은 예루살렘을 해방하기로 신에게 서약한 것을 지켰다고 생각했을 때부터 유럽으로 돌아가기로 마음을 굳혔으므로, 한 달 늦게나마 그것을 실행했을 뿐이다. 시리아까지 가면 그곳 항구도시에 비잔틴제국이나 이탈리아의 배가 있을 테고, 그것을 타고 유럽으로 돌아가면 될 일이었다.

고드프루아는 동생 외스타슈를 이 두 사람과 동행하게 한다. 앞서 말한 대로 팔레스티나에 남는 자신을 대신해 로렌 지방에 있는 자기 영지의 통치를 부탁할 의도였을 것이다.

로렌 일가의 사람들 중, 고드프루아의 사촌동생에 해당하는 또 한 명의 보두앵도 이 시기에 예루살렘을 떠났다. 하지만 그는 유럽이 아니라 에데사로 돌아가기 위해 떠난 것이다. 이제 에데사 백작이 된 보두앵과 함께 에데사 백작령을 지키는 일이 기다리고 있었다.

예루살렘에 남은 사람은 서른아홉이라는 나이에 비해 노련한 고드프루아와, 스물네 살이라는 나이에 걸맞은 탄크레디뿐이었다. 이 둘의 병력을 합쳐도 기병 3백 명과 보병 2천 명 정도였다고 한다. 탄크레디의 병력만 따지면 기병 24명에 지나지 않았다.

후세의 많은 역사가들은, 예루살렘을 해방한 후 유럽으로 돌아간 장수들을 영토 욕심이 없고 신앙심으로만 뭉친 기사들이었다고 칭찬하고 있다. 하지만 나는 결국 책임감이 많고 적음의 차이가 아니었을까 하는 생각이 든다. 신앙만으로는 신앙조차 지킬 수 없는 것이 인간세상의 현실이니까.

그렇지만 고드프루아에게는, 항상 용감하게 싸운데다 서른네 살로 아직 한창때인 플랑드르 백작의 귀국은 뼈아프게 다가왔을 것이다. 내년에 마흔을 맞이하는 고드프루아에게 남은 것은, 해가 바뀌어도 스물다섯 살밖에 안 되는 탄크레디 한 사람뿐이었으니까.

교황의 새로운 대리인이 오다

플랑드르 백작, 노르망디 공작과 함께 북쪽을 향해 출발했지만, 유럽으로 돌아가는 두 사람과 달리 레몽은 중근동에 머물렀다. 레몽은 9월 중순 시리아의 항구도시 가운데 하나인 자블라에 도착했다. 그곳에서 20킬로미터 북쪽에 있는 항구도시 라타키아에 피사의 선단이 입항해 있다는 사실을 알았다. 또한 아데마르 주교가 죽은 후 교황 우르바누스 2세가 새롭게 임명한 교황 대리인이 그 배로 도착했다는 것도 알게 되었다.

새로 임명된 교황 대리인은 피사의 대주교였던 이탈리아 사람으로, 이름은 다임베르트였다. 이슬람교도 무어인을 상대로 레콘키스타가 진행중이던 스페인에서도 교황의 대리인 자격으로 카스티야 왕에게 보내진 적이 있었는데, 그때의 경험을 인정받아 팔레스티나에서 이슬람을 상대로 싸우는 십자군의 교황 대리인으로 임명된 것이다. 그가 피사의 배를 타고 온 것은 피사 출신이기 때문이었다.

레몽은 생전의 아데마르 주교와 항상 행동을 함께해왔을 만큼 고위 성직자를 좋아했다. 교황의 신임 대리인이 도착했다는 것을 안 그는, 이 사람을 자기편으로 끌어들인다면 고드프루아에게도 영향력을 행사할 수 있을 것이라고 생각했다.

무엇보다 교황 대리인은 예루살렘 대주교보다 위치가 높다. 자신이 그렇게 반대했음에도 불구하고 현재 예루살렘 대주교는 일개 고해신부에 지나지 않던 사람이 맡고 있다. 레몽은 신임 대리인 다임베르트에게 신중하게 접근했다. 그와 동시에 비잔틴제국의 해군 장수를 통해 황제 알렉시우스에게도 다시 신중하게 다가가기 시작했다. 이 모든 것은 이곳에 자신만의 영토, 즉 백작령을 획득하기 위한 책략이었다. 하지만 그는 깊이 생각하면 할수록 오히려 좋은 결과로 이어지지 못하는 사람이었다.

  새로이 부임한 교황 대리인 다임베르트는 피사에서 태어난 피사인
이다. 당시는 아직 이탈리아라는 개념이 없이 피렌체인, 베네치아인,
제노바인으로 구분하던 시대였다.

  그중 하나인 피사인은 아말피, 피사, 제노바, 베네치아로 이어지는
이탈리아의 해양 도시국가 가운데 하나로, 통상입국을 목표로 삼아온
사람들이다. 이슬람권과 교역하는 한편으로 이슬람 해적선과의 치열
한 싸움을 위해 해군력을 증강하고, 최초로 아라비아숫자를 도입하는
등 진취성도 뛰어났다. 이들이 바보일 리 없었다. 아니, 그들이 바보였
다면 한 줌밖에 안 되는 토지와 사람뿐인 도시국가가 지중해를 종횡
무진으로 항해하며 통상활동을 할 수도 없었을 것이다.

  교황 대리인 다임베르트는 이런 피사 사람이었다. 성 안에서의 생
활밖에 모르는 중세 북유럽 귀족의 고해신부 출신과는 좋은 의미로든
나쁜 의미로든 그 그릇이 달랐다.

  라오디케아(현 라타키아)에서 배를 내린 다임베르트는 레몽의 권유
에는 가타부타 대답도 않은 채, 일단 시리아 제일의 도시 안티오키아
로 향한다.

  레몽은 나름 신앙심이 깊은 사람이었지만, 반면에 보에몬드는 몹시
도 그다운 생각으로 종교를 대했다. 안티오키아 공작령의 주인이 된
보에몬드는 새로 부임한 교황 대리인을 따뜻하고 정중하게 맞이했다.

2년 전 비잔틴제국의 공주를 매료시킨 이 남자의 매력은 마흔아홉이 되었어도 건재했다. 그는 교황 대리인에게 자신이 예루살렘까지 수행하겠다고 자청하고 나섰다. 즉 호위하겠다는 뜻이었는데, 그 이유는 이탈리아를 떠날 때 십자가에 서약했던 대로 예루살렘에 있는 성묘교회에서 신에게 기도를 올리고 싶다는 것이었다. 게다가 이 서약을 지키고픈 마음은 에데사 백작 보두앵도 마찬가지일 테니 그에게도 이를 알려 둘이 함께 교황 대리인을 예루살렘까지 모시겠다고 말했다.

예루살렘 해방은 성공했지만 그 주변 일대까지 평화로워진 것은 결코 아니었다. 고드프루아와 탄크레디가 주변 일대를 정복하고 있었지만 그래도 아직 예루살렘으로 가는 길은 안전하지 않았다. 교황 대리인인 이상 예루살렘에 가지 않으면 의미가 없는 다임베르트로서는, 군대를 이끄는 두 장수가 수행해준다는 것은 실로 반갑기 그지없는 말이었다.

이리하여 각각 안티오키아와 에데사에 머물며 예루살렘 공방전에 참가하지 않았던 보에몬드와 보두앵의 성지순례가 실현되었다.

또한 아데마르가 안티오키아 공방전에서 죽었으므로 로마 교황은 자기 대리인을 통해서라도 아직 성도 예루살렘의 땅을 밟아보지 못한 상태였다. 그런데 비로소 그것도 실현할 수 있게 되었다. 교황 대리인 다임베르트의 시리아와 팔레스티나에서의 임무는 더할 나위 없이 좋은 출발을 보이는 듯했다.

게다가 보에몬드는 성탄절을 베들레헴에서 맞고 싶다는 기특한 말까지 했다. 때문에 더이상 허송세월할 수 없다며 서둘러 예루살렘으로 갈 준비를 시작했다.

보에몬드와 보두앵, 성지순례에 오르다

보에몬드를 따라 이탈리아 남부에서 온 기사와 병사 들도 다들 순례 길에 따르고 싶다고 난리였다. 하지만 안티오키아를 비워둘 수는 없다. 보에몬드는 데려갈 사람을 선발하는 데 고심했는데, 그를 더욱 고민스럽게 한 것은 병사가 아닌 순례자들도 데려가야 한다는 것이었다.

예루살렘이 해방되었다는 소식은 당시로서는 놀랄 만한 속도로 서유럽에 전해졌기에, 앞을 다투어 순례를 오는 사람들이 급증하고 있었다. 그 사람들 대부분은 배로 왔기 때문에 그리스도교 국가의 배가 안전하게 입항할 수 있는 시리아의 항구도시에 상륙했다. 그들이 그다음으로 향하는 곳이 안티오키아였으므로 이곳 역시 순례자들로 넘쳐나고 있었다. 이 사람들이 군대의 보호를 받을 수 있어 안전한 보에몬드의 순례행에 편승하려 했던 것이다.

보에몬드의 순례행을 따라간 사람의 수가 2만 5천 명이었다는 연대기 작가의 기록을 믿는다 해도, 그 가운데 병사가 어느 정도였는지는 알려져 있지 않다. 어쨌든 병사 겸 순례자와 순수한 순례자의 비율은 반반 정도가 아니었을까 싶다. 또한 여자 순례자들도 포함되어 있었다.

이렇게 불어난 일행은 11월 초에 안티오키아를 뒤로했다. 그리고 해안 쪽 길을 택해 남하했다.

일단 라타키아까지 가는 것이 첫번째 목표였다. 그 도시에 레몽이 있으므로 식량을 나눠줄 것으로 기대했던 것이다.

그런데 교황 대리인이 보에몬드와 동행한 것에 기분이 상한 레몽은 전혀 협조하지 않았다. 그래도 어찌어찌 해결할 수 있었던 것은 피사 선단의 보급 덕분이었다.

다시 남하한 일행은 바니야스에 도착했다. 이곳에서 에데사에서 오는 보두앵과 합류하기로 했다.

보두앵 일행도 라타키아를 통과해서 왔는데, 어쩐 일인지 레몽은 보두앵에게는 보급 면에서 협조를 아끼지 않았다. 레몽 입장에서 보면, 보에몬드는 숙적일지언정 보두앵은 그렇지 않았는지도 모른다.

그런데 보두앵을 기다리던 보에몬드와 다임베르트는 이 바니야스에서 비잔틴제국 황제의 심술을 겪게 된다. 시리아와 팔레스티나 전역을 제패하고 있는 십자군 세력을 달갑지 않게 여긴 황제 알렉시우스가, 아직 비잔틴제국 지배하에 있는 항구도시에 십자군 관계자에게는 식량을 팔지 말라는 명령을 내렸던 것이다. 키프로스 섬은 여전히 비잔틴제국령이다. 또한 시리아 해안을 따라 늘어서 있는 도시들은 그 키프로스와 가까웠다.

여기서도 피사의 선단이 대신 물자를 구매해주었기 때문에 어려움을 면할 수 있었는데, 그것은 피사인과 비잔틴제국의 백성인 그리스인이 서로 장사하는 관계였고, 이때까지만 해도 피사인을 아직 십자군과 관계 지어 생각하지 않기 때문이었다.

보에몬드와 합류한 보두앵, 그리고 교황 대리인 다임베르트는 병사와 순례자 들을 데리고 11월 말 토르토사(현 타르투스)에 도착했다.

그러나 여기서 그들을 기다리고 있던 것은 식량 보급 같은 것과 비교할 수 없는 아주 어려운 문제였다.

이 항구도시는 레몽이 한때 공략했다가 그후 바로 다시 이슬람 도시가 된 곳이어서 그리스도교도에 대한 주민들의 적의가 무척 강했다. 식량을 팔기는커녕 오히려 공격을 해왔다. 군사적인 충돌에 익숙지 않은 순례자들 중 상당수의 사상자가 나왔다. 중세시대 이교도의 땅으로 가는 순례행은, 비무장 상태인 순례자들도 목숨을 걸어야 하는 길이었던 것이다.

이런 상황에서 트리폴리까지는 남하했는데, 이곳 이슬람교도 주민들은 협조적이었지만 최근의 기근으로 인해 팔 수 있는 것 자체가 적었다. 있다 해도 엄청나게 비싼 가격이어서 순례자들은 사탕수수 줄기를 씹으며 굶주림을 견디는 수밖에 없었다.

트리폴리는 설탕 산지로 유명한데, 십자군 시대에 이 땅에서 생산되는 설탕이 서유럽으로 전해졌다. 유럽인의 단맛이 고대 로마 시대의 벌꿀에서 설탕으로 바뀐 것도 십자군 원정의 영향 중 하나다.

지중해성 기후는 겨울에 비가 자주 내린다. 일행은 12월의 빗속을 뚫고 베이루트, 시돈, 티루스, 아코, 하이파를 무사히 지나, 그달 중순에는 카이사레아에까지 도달했다.

시리아 해안을 남하할 때보다 팔레스티나 지방의 해안을 통과할 때 문제가 적었던 것은 십자군이 이집트군에 대승한 영향이 컸다. 팔레스티나는 이집트 칼리프의 지배를 받고 있었으므로, 그 이집트군을 격파한 영향이 컸던 것이다. 이 항구도시의 주민들은 변함없이 이슬람교도였지만 십자군 관계자를 평화적으로 대해주었다. 약자의 입장이 된 이상 그럴 수밖에 없기도 했겠지만.

먹을 것에 대한 걱정이 없어져 일행의 발걸음이 가벼워진 덕에 생각보다 빠른 12월 21일, 드디어 동경하던 예루살렘 땅을 밟을 수 있었다. 크리스마스 나흘 전이었다.

예루살렘에서는 고드프루아가 그답지 않게 노골적으로 기쁨을 드러내며 마중을 나왔다. 함락 당시 주민들을 닥치는 대로 죽였기 때문에 이 시기 예루살렘은 십자군 병사 외에는 거의 사람이 살지 않는 도시가 되어 있었다. 또한 대주교가 가톨릭교도만 인정하고 그리스정교도를 배제하는 방침을 밝혔기 때문에 이전에 살던 주민들도 다시 돌아오지 않았다.

그런 예루살렘에 2만 5천 명의 사람들이 도착한 것이다. 예루살렘을 재건하는 입장인 고드프루아로서는 가뭄에 단비였을 것이다.

고드프루아는 병사들에게 성도의 방어를 위해 남아달라고 설득하고, 순례자들에게도 주변 경작지를 무료로 줄 테니 남으라고 권유했다. 주변 지역도 자신과 탄크레디가 분담해 정복하고 있으니 갈수록 안전해질 것이라고 보증했다.

보에몬드와 보두앵은 안티오키아 공작령과 에데사 백작령을 자기 힘으로 지켜온 남자들이다. 예루살렘에 와서야 그들은 고드프루아와 탄크레디가 운용할 수 있는 병력이 얼마나 빈약한지를 알게 되었다.

성벽이 아무리 견고하다 해도 기병 3백 명과 보병 2천 명으로는 예루살렘을 지켜내기란 불가능했다.

보두앵은 자신이 이끌고 온 병사들이 잔류하는 것에 반대하기는커녕 오히려 찬성했다. 원래 이 병사들은 형 고드프루아의 병사들이었다. 에데사로 갈 때, 그리고 에데사를 자기 영지로 만들 때 형이 빌려준 병사들이었다.

보에몬드도 데리고 온 병사들 중 일부가 잔류 의사를 표한 것에 전혀 이의를 제기하지 않았다. 그 역시 고드프루아가 수중의 병력만으로는 예루살렘을 지켜낼 수 없으리라는 것을 이곳 성도에 오자마자 알았던 것이다.

자신의 오른팔로 활약하던 탄크레디는 이제 고드프루아의 오른팔이 되어 있었다. 게다가 보에몬드의 조카인 이 젊은 장수는 예루살렘의 방어벽이나 마찬가지인 갈릴리 지방을 불과 기병 24명이라는 병력으로 정복하는 중이었다. 기병에게는 최소한 시종과 마부가 따르므로 24명의 기병이면 총 인원은 72명이 된다. 하지만 전력을 따지면 어디까지나 기병 24명이다.

2년 전 탄크레디가 보두앵과 협력해 소아시아 남동부의 킬리키아 지방을 정복한 것이 그 바로 남쪽에 위치한 안티오키아를 방어하는 데 얼마나 크게 기여했는가를, 지금 안티오키아의 영주가 된 보에몬드는 지나칠 만큼 잘 알고 있었다. 예루살렘에 있어 갈릴리 지방은 안티오키아에 있어 킬리키아 지방이나 마찬가지다. 예루살렘에게 갈릴리는 다마스쿠스 영주 두카크를 막아주는 방어벽이 되기 때문이다.

보에몬드와 보두앵의 병사들 중 얼마가 예루살렘에 남았는지는 알려져 있지 않다. 하지만 적어도 고드프루아를 안도하게 만들 정도의 수였던 것은 확실하고, 또 자기 휘하의 병력 감소를 보에몬드와 보두앵 모두 흔쾌히 용인했다는 것도 분명하다.

쓸쓸했던 예루살렘 시내는 이렇게 조금씩 사람으로 채워지게 되었다.

성탄절이 되자 성지에 와 있는 이들이 하느님에게 기도하고, 하느님의 아들의 탄생을 축하하는 장소는 당연히 베들레헴이 되었다. 고드프루아, 보에몬드, 보두앵, 세 사람의 수뇌는 교황의 대리인 다임베르트와 함께 병사와 순례자 들을 데리고 그리스도가 탄생한 베들레헴으로 가서 12월 24일과 그다음 날을 보냈다.

탄크레디의 활약

이 축제에 탄크레디가 합류했는지 어땠는지는 알려져 있지 않다. 그는 당시 예루살렘에서 북쪽을 향해 예리코, 나블루스, 나사렛, 티베리아스와 요르단강까지 올라간 후에도, 요르단강을 따라 더욱 북쪽으로 올라가 거의 다마스쿠스 코앞까지 다다를 만큼 넓은 지역을 정복하고 있었다.

이 스물네 살의 젊은 장수는 아주 흥미로운 방식으로 정복해나가고 있었다. 팔레스티나 내륙부에 해당하는 갈릴리 지방에, 가톨릭은 아닐지라도 그리스도교도가 사는 도시가 원래부터 많았기 때문이기도 했지만.

우선 주민 대부분이 이슬람교도인 도시는 대개의 경우 탄크레디가 다가오기도 전에 미리 도망가버렸는데, 그는 아직 남아 있는 사람들에게 도망간 주민의 귀환을 인정해주겠다고 알리게 했다. 다만 이들은 이제 예루살렘 왕국에 속하며, 그것을 분명히 하기 위해 매년 연공을 내는 조건이었다.

둘째로 주민이 그리스도교도인 경우인데, 사실 이들은 가톨릭교도가 아니라 그리스정교나 그밖에 가톨릭교회가 이단시하는 그리스도교도였다. 가톨릭만 인정하기로 한 예루살렘에서는 이런 이들을 추방했지만 탄크레디는 그에 따르지 않았다. 이들도 예전처럼 계속 같은 곳에 살게 해준 것이다. 다만 어디까지나 예루살렘 왕국의 일원으로.

그렇다고 모든 도시의 정복이 이런 식으로 진행된 것은 아니었고, 그중에는 저항하는 도시도 있었다. 하지만 24명이라는 적은 병력으로, 그것도 상당히 넓은 지역을 정복하는 데 성공했다는 사실은 그런 도시가 소수였다는 것을 보여준다. 자신이 운용할 수 있는 병력이 적다는 것을 역이용한 탄크레디의 전략이 성공한 것이다. 보이는 방어벽이 아니라 보이지 않는 방어벽을 만들었기 때문이다. 아무리 견고한 방어벽을 만들어도 주민의 협조가 없으면 '방어벽'의 의미가 없다.

그리고 탄크레디는 갈릴리 호수, 예수 그리스도가 제자들에게 물고기를 낚는 어부가 아니라 사람을 낚는 어부가 되라고 가르친 호수 근처에 있는 티베리아스를 이 일대 전역의 수도로 정하고, 그곳을 견고한 성채도시로 만드는 일에 착수했다. 이 땅을 확보하면, 남쪽에 있는 예루살렘의 방어벽으로 삼을 수 있을 뿐만 아니라, 서쪽으로는 지중해를 면한 항구도시 아코나 하이파로 바로 갈 수 있기 때문이었다.

전략적으로 매우 중요한 이 도시들을 불과 24명의 기병으로 정복한 것은 대단한 일이었다. 고드프루아가 그를 의지한 것도 당연했다.

크리스마스를 어디서 보냈는지는 모르지만, 탄크레디는 연말 전에는 예루살렘으로 돌아왔을 것이다. 베들레헴에서 크리스마스를 보낸 수뇌부 전원이 예루살렘으로 돌아왔기 때문이다.

탄크레디 입장에서 보면, 1년이라는 짧은 기간 동안 온갖 일들을 겪고서 백부 보에몬드와 재회한 것이었다. 서로 곧잘 언성을 높이면서도 이 둘이 줄곧 우호적인 관계를 유지해온 것은, 고드프루아와 보두앵 형제의 돈독한 관계와 함께 제1차 십자군의 성공 요인 중 하나로 들 수 있다. 이들 네 명은 다른 제후들에 비해 오리엔트로 들어간 이후 급속하게 성장한 사람들이었다. 이 땅을 정복한다는 게 어떤 의미인지, 그리고 그것을 어떻게 이뤄내야 하는지를 이 땅에 오자마자 재빨리 습득한 이들이었다.

그때까지 그다지 존재를 드러내지 않던 교황의 대리인 다임베르트는, 베들레헴에서 예루살렘으로 돌아온 후로는 때가 되었다고 느꼈는지 활발하게 움직인다. 먼저 예루살렘 대주교 자리에 있던 드 로를 쫓아내는 일에 착수했다.

예루살렘의 대주교는 콘스탄티노플과 안티오키아의 대주교와 함께, '아르키베스코보(arcivescovo)'가 아닌 '파트리아르카(patriarca)'

로 불린다. 후기 라틴어인 '아르키베스코보'와 달리 그리스어를 어원으로 하는 '파트리아르카'를 나는 '대주교(大主敎)'라고 번역하는데, 이는 대도시의 종교 지도자라는 의미가 담긴 명칭이다. 예루살렘은 대도시를 의미하는 '메트로폴리스'는 아니었지만 그리스도교 최대의 성지라는 이유로 메트로폴리스와 동등한 대우를 받고 있었던 셈이다.

다임베르트의 주장은 예루살렘의 종교 지도자를 지금의 '아르키베스코보'가 아닌 '파트리아르카'가 맡아야 하고, 그 자리에는 교황의 대리인 자격을 가진 자신이 적합하다는 것이었다. 드 로의 처지는 확실히 불리했다. 그는 교황의 대리인 자격을 갖지 못했을 뿐만 아니라 대주교나 주교 경험도 없었다. 태어난 곳은 이탈리아지만 노르망디 공작의 고해신부였던 전력밖에 없었다. 게다가 대주교에 취임할 때 강력하게 밀어준 노르망디 공작도 유럽으로 돌아가버리고 없다. 그리고 보에몬드는 자신이 통제할 수 있을 것으로 보이는 다임베르트의 취임을 지지했고, 고드프루아도 교황의 대리인을 존중할 수밖에 없었다.

쫓아내는 일은 간단히 성공했다. 그러나 드 로는 대주교의 지위를 빼앗기고도 팔레스티나에 머물렀다. 그는 예루살렘 교외에 거처를 마련하고 일개 종교인으로 조용한 생활을 시작했다.

정식으로 성도 예루살렘의 '파트리아르카'로 취임한 다임베르트가 다음으로 한 일은, 신의 이름으로 군주에게 정당한 통치권을 부여하는 것이었다.

그리스도교 세계에서는 군주 같은 세속의 지위도 신이 부여해야 비로소 정당화된다. 때문에 신의 뜻을 인간에게 전하는 입장인 주교나 대주교가 그 지위의 상징인 관을 수여하는 의식이 매우 중요했다. 신성로마제국의 황제도 로마 교황으로부터 관을 수여받고 나서야 통치권을 가질 수 있는 것이 중세의 그리스도교 세계였다.

이에 따라 다임베르트는 무릎을 꿇은 보에몬드와 고드프루아에게 신의 뜻에 의한 권력 행사권을 부여했다. 보에몬드는 안티오키아 공작, 고드프루아는 '성묘의 수호자'라는 명칭은 달라지지 않았지만, 신의 뜻을 이어받은 대주교가 인정함으로써 그들 두 사람의 지위는 공식화되었다.

에데사를 영유하는 보두앵도 이 두 사람처럼 정식으로 지위를 인정받았다는 기록은 없다. 보두앵은 십자군 원정에 동행했던 첫번째 부인이 죽은 후 알렉산드로스 대왕이라도 흉내 내는 양, 정복지 에데사에 살고 있던 아르메니아인 여자를 아내로 삼았다. 가톨릭교도가 아닌 이 여자와의 결혼은 작지 않은 스캔들이 되었고, 가톨릭교회 입장에서는 그것이 보두앵의 지위를 정당화하는 데 걸림돌이 되었는지도 모른다. 어쨌든 자신의 지위가 정당화되지 못한 것에 보두앵은 항의하지 않았다. 한때 성직자였던 이 사람은, 아무래도 신의 뜻을 존중하는 마음이 부족했던 듯하다.

또한 같은 날, 지금껏 자기 영지를 가져본 적이 없던 탄크레디도 갈릴리 지방의 통치를 정식으로 인정받았다. 갈릴리 공작 탄크레디가 된 것이다. 아마 이 젊은 장수의 능력을 인정하고 활용해온 보에몬드와 고드프루아가 천거했을 것이다.

권력행사가 정당화된 것에 기분이 좋아졌는지, 탄크레디는 새해가 오는 것도 기다리지 않고 다시 갈릴리로 떠났다. 예전처럼 기병 24명이 아니라, 백부 보에몬드 아래 있던 병사들이 옮겨온 덕에 상당한 병력을 거느릴 수 있었다. 탄크레디와 수하 기병 24명 모두 이탈리아 남부의 노르만인이었고, 새로 가세한 이들도 동향 출신이었다. 상당한 병력이라 해도 채 1천 명이 안 되었던 듯하지만, 그래도 큰 활약을 할 수 있었던 것은 동향자 집단이기 때문이었다.

탄크레디는 이때부터 대략 1년 만에 갈릴리 지방을 완전히 제패한다. 특히 이 일대의 요충지인 티베리아스를 견고한 성채도시로 만들었는데, 지금 남아 있는 유적만 보아도 그것이 서유럽의 축성 기술로 지어졌다는 것을 분명히 알 수 있다. 이 티베리아스를 중심으로 한 갈릴리 지방은, 동쪽으로 펼쳐지는 이슬람 세계에 대한 최전선이 되었다. 이로부터 87년 후 그 유명한 살라딘조차 무력에 의한 공략을 단념할 정도로, 티베리아스는 강력한 성채도시였다.

'나탈레(Natale, 성탄절)' 뒤를 잇는 그리스도교도의 중요한 축제는, 해가 바뀐 1월 6일의 '에피파니아(Epiphania, 주님 공현 대축일)'이다. 별을 보고 구세주의 탄생을 알게 된 동방박사 세 명이, 각자 선물을 들고 별의 인도를 받아 먼 베들레헴까지 찾아왔다는 전설을 통해 '동방박사의 경배'로 널리 알려진 축제다.

이 축제일을 예루살렘에서 보낸 뒤, 보에몬드와 보두앵은 각자의 영

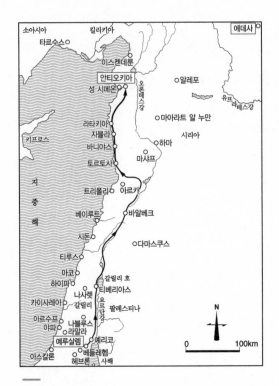

보에몬드와 보두앵의 귀로

지인 안티오키아와 에데사로 돌아가기 위해 예루살렘을 뒤로했다.

올 때보다는 몸이 상당히 가벼워졌을 것이다. 병사 중 다수가 잔류하고 순례자들도 대부분 예루살렘에 남았기 때문이다. 그 탓인지 돌아가는 길은 올 때와 다른 길을 택했다.

예리코로 나간 후 요르단강을 따라 북상하고, 갈릴리 호수를 오른쪽에 두고 계속 위로 올라갔다. 고대의 신전 터가 아직 남아 있는 바알베크를 지나서도 계속 올라가, 아르카 근처까지 가서야 비로소 바닷가 쪽으로 빠졌다. 그다음에는 안티오키아까지 죽 뻗은 길을 따라간 것이다.

병사의 수가 줄었다고 해도 이것을 강행할 수 있었다는 사실은 탄크레디의 정복이 얼마나 성공적이었는가를 잘 보여준다. 또한 그후에도, 산악지대를 사이에 두긴 했지만 대도시 다마스쿠스 영주 두카크의 코앞을 태연하게 통과하기도 했다. 두카크는 이를 알면서도 방해조차 하지 못했다.

이 에피소드를 기술한 이슬람측 기록은 분기로 가득 차 있다. 그것은 자신들이 집안싸움만 벌인 것이 원인이다, 즉 프랑크인의 성공은 이슬람측이 통일되지 못했기 때문이라고 주장한다.

그러나 집안싸움은 그리스도교측에도 많았다. 다만 제1차 십자군의 주역이었던 제후들은 궁극적인 목표 앞에서는 다른 걸 잊었던 것뿐이다. 물론 그것도 일시적이었고 위급한 상황이 지나자마자 다시 싸우긴 했지만.

이슬람측이 이 시기에 열세였던 것은 단지 궁극적인 목표가 없었기 때문이다. 그런 이유로 자신들은 홈에서 싸우면서도, 어웨이에서 싸우는 불리함을 안고 있던 십자군에게 성공을 허락했던 것이다. 이슬람측이 이 궁극적인 목표의 중요성을 깨달으려면, 그리고 그것을 철저하게 활용하려면 살라딘의 등장을 기다려야 했다.

예루살렘이 해방된 뒤 맞은 첫 해인 1100년은 시리아와 팔레스티나에 십자군 국가가 조금씩 확립되는 해가 되어야 했다. 성도를 해방했다는 기세가 아직 충분히 건재했기 때문이다.

그런데 그 1100년에는 이슬람측이 환호성을 지르는 사건이 차례로 이어지게 된다.

그래도 1년이 지나고 나서 보면 우세를 유지한 것은 그리스도교측이었다. 알렉산드로스 대왕은 전장이라는 격동의 장에서는 주도권을 장악한 측이 이긴다고 했는데, 예측하지 못한 사태가 계속 덮쳐와도 여전히 주도권을 쥐고 있었던 것은 십자군측이었다.

고드프루아의 정복

아무리 겸허하게 스스로를 '성묘의 수호자'로 칭했다 해도, 고드프루아도 내륙부에 있는 예루살렘을 유지하기 위해서는 바다와의 연결이 불가피하다는 사실을 알고 있었다. 야파(현 텔아비브) 항을 이용할 수 있지만 그것만으로는 충분하지 않았다. 시리아에서 보에몬드가 한 것처럼 모든 항구도시를 정복하지 않으면 의미가 없었다. 그래서 연공(年貢)을 내는 대신 예루살렘 왕의 주권을 인정하자는 쪽으로 의견이 모아지고 있던 아르수프에 교섭인을 파견했다. 이 항구도시 아르수프는 야파에서 북쪽으로 16킬로미터밖에 떨어져 있지 않았다.

아르수프측은 교섭에 들어가기 전, 그것이 시간 벌기가 아니라는 증거로 인질을 보내라고 요구했다. 고드프루아는 부하 기사 다베네스를 보냈다. 자기 동생이라고 속이고서. 동생을 인질로 보내는 것은 고드프루아의 버릇이었지만, 그의 곁에는 동생이 한 명도 남아 있지 않았다. 그러나 아르수프측은 예루살렘 왕의 동생을 인질로 잡고 있는 것으로 생각했다.

그런데 교섭이 결렬되었다. 고드프루아가 아르수프의 완전한 통치권까지 요구했기 때문이다. 고드프루아는 항복을 거부한 아르수프를 무력으로 공격하지 않을 수 없었다. 아르수프에 사는 이슬람교도는 단호한 항전을 결의했고, 인질 다베네스를 성벽 위에 매달아놓는 것으로 그 의지를 표명했다.

다베네스가 자기는 상관 말고 공격하라고 외치지 않았어도, 프랑스인보다 독일인에 가까운 고드프루아의 마음은 변하지 않았을 것이 틀림없다. 큰 상처를 입지 않도록 주의하긴 했지만, 인질의 안전 따위는 전혀 신경 쓰지 않는 양 다베네스를 향해 화살을 쏜 것을 보면 말이다. 이에 놀란 것은 아르수프측이었다. 그들은 피를 흘리는 다베네스를 성벽 위에서 끌어내려 상처를 치료했다.

여기서 고드프루아는 전법을 바꾼다. 주변 경작지대가 타격을 받으면 도시는 굶어죽는다. 그래서 아르수프 주변 일대를 약탈하고 불을 지르게 했다.

주변 지역을 약탈하고 불을 지르는 작전은 한번 시작되자 좀처럼 그치지 않았다. 고드프루아의 휘하 병사들 중에서도 특히 안티오키아나 에데사에서 온 병사들은 무시무시했다. 오랜만에 이교도를 상대로 십자군 정신이 폭발한 것이다. 그들의 만행은 아르수프 주변에 그치지 않고 북쪽에 있는 카이사레아, 하이파, 아코까지로 확대되었다. 그중에서도 카이사레아에서는, 이슬람측의 기록에 따르면 도망쳐 들어온 사람들과 함께 모스크가 통째로 불타올랐다고 한다.

이렇게 되자 결국 자신들은 이집트 칼리프의 지배를 받고 있다며 십자군의 지배를 거부해온 팔레스티나의 항구도시도 항복했다. 더구나 이집트에서 원군으로 보내온 해군 역시 피사나 베네치아 선단에 가로막혀 돌아갈 수밖에 없었다.

3월, 고드프루아에게 아르수프의 사절이 찾아왔다. 인질로 잡혀 있는 다베네스의 석방과 성벽의 요소요소에 세운 탑의 열쇠, 그리고 매년 연공을 지불하는 조건으로 이슬람교도 주민도 계속 아르수프에 살 수 있게 해달라고 요청해온 것이다. 이번에는 고드프루아도 승낙했다.

며칠 후 억류중에 부상이 완치된 다베네스가 돌아왔다. 고드프루아는 화살을 쏜 것에 대한 사과의 뜻인지, 이 기사에게 헤브론을 영지로 주었다.

4월, 아르수프의 일을 전해들은 카이사레아, 아코, 게다가 예로부터 이집트 해군기지인 아스칼론까지 고드프루아에게 사절을 보내 강화를 요청해왔다. 이 세 항구도시가 지불하는 연공의 합계는 매달 5천 비잔틴 금화나 되었다. 다른 조건도 아르수프와 같았다. 고드프루아는 이 요청을 모두 수락했다.

고드프루아의 이러한 지배권 확대 방식은 요르단강 동쪽에도 알려졌던 것 같다. 이 지방의 아랍인 장로(샤이흐)들은 요르단강 서쪽에 붙어 있는 항구도시에 토산물을 팔고 있었다. 그 수출이 십자군의 침입으로 중단되었는데, 이들 장로들은 적대하지 않을 테니 수출을 재개할 수 있게 해달라고 고드프루아에게 요청해온 것이다.

고드프루아도 항구도시의 경제가 유지되면 내륙에 위치한 예루살렘을 비롯한 도시와 마을도 풍요로워진다는 것을 알고 있었다. 중세의 봉건 영주가 경제에 눈을 뜬 것이다. 이것은 이후 갈수록 이탈리아의 해양 도시국가가 지닌 해군력과 경제력이 십자군 국가에 꼭 필요한 존재가 되어가는 징조였다. 요청을 받은 고드프루아가 그들에게 제시한 유일한 조건은, 이미 피사인이 대대적으로 개조하고 있는, 즉 완전히 십자군의 항구가 되어가고 있는 야파에도 수출해달라는 것이었기 때문이다.

하지만 팔레스티나의 모든 이슬람교도들이 현실적인 노선을 택한 것은 아니었다. 다마스쿠스 영주 두카크의 수하이자 스스로도 한 지방을 영유하고 있는 남자가 있었다. 십자군이 '살찐 농부'라는 별명으로 불렀던 사람이다. 그가 자신의 영지 근처를 정복중이던 탄크레디에게 공공연하게 덤벼들었다. '살찐 농부'가 두카크에게 원군을 요청했으므로, 대처하기에 따라서는 큰일로 번질 위험이 있었다.

탄크레디는 고드프루아와 함께 싸우기를 바랐다. '살찐 농부'가 부유하고 영지도 풍요로운데 거기에 다마스쿠스와 연합전선까지 펼친다면 갈릴리 지방의 안전을 보장할 수 없다는 것이 그 이유였다. 불이 더 번지기 전에 끄자는 것에는 고드프루아도 이의가 없었다.

탄크레디와 고드프루아의 공동작전은 전투가 아니라 약탈이었다. 즉 적의 재산을 빼앗음으로써 적의 기반을 뒤흔드는 작전이었다. 전과는 매우 좋았고, 이들은 일단 전리품을 갖고 예루살렘으로 돌아가기로 했다.

그런데 바로 그때, 지금까지는 십자군 군대 앞을 막아설 용기가 없었던 두카크가, 전리품을 갖고 귀로에 오른 십자군의 후미를 덮쳤다. 고드프루아의 부대는 앞서가고 있었기 때문에 피해가 없었지만 뒤쪽에 있던 탄크레디의 부대가 피해를 입었다. 인적 손실은 없었지만 약탈해온 물건은 버려야만 했다.

이 일은 스물다섯 살의 젊은 장수를 미칠 듯한 치욕과 분노에 떨게 했다. 탄크레디가 한번 분노를 폭발시키면 보에몬드조차 쉽사리 진정시킬 수 없었는데, 이때의 분노는 바로 그런 것이었다.

고드프루아는 예루살렘으로 돌아갔지만, 탄크레디는 티베리아스에 머물며 그곳을 기지로 삼고 이번에는 혼자서 폭행을 일삼았다. 그 기세가 두카크가 거처하는 다마스쿠스의 성문에까지 육박할 정도가 되자, 두카크도 강화를 요청하고 나왔다.

탄크레디는 아직 분노를 가라앉히지 못했지만 교섭을 위해 사절을 보내는 것은 허락했다. 그러나 그 사절에게 전달한 조건은 강경했다.

술탄 두카크가 그리스도교의 세례를 받든가, 아니면 다마스쿠스를 버리든가, 둘 중 하나를 선택하라는 것이었다.

만약 이것이 탄크레디의 생각을 그대로 반영한 것이라면, 스물다섯 젊은 장수의 외교감각은 빵점이라고 할 수밖에 없다. 하지만 바그다드로 옮기기 전까지 이슬람 세계의 수도였던 대도시 다마스쿠스를 십자군 국가로 편입시키기는 어차피 불가능하다고 생각해서 그런 것이라면, 스물다섯치고는 현실을 직시하고 있었다고 말할 수도 있을 것이다.

어쨌든 이런 조건을 제안받은 두카크도 이슬람의 긍지를 지니고 있었다. 사절로 방문한 여섯 명에게 이슬람교로 개종할 것인지 아니면 죽음을 택할 것인지 물었던 것이다. 한 사람은 개종을 받아들였지만 다섯 명은 거절했다. 두카크는 그 다섯 명을 단칼에 죽여버렸다.

이 일로 탄크레디의 분노는 다시 불타올랐다. 그는 고드프루아에게 함께 싸우자고 요청했고, 이번에는 철저함을 기하기 위해 2주일은 필요하다고 말했다.

2주일 동안 철저한 살육과 약탈과 화공(火攻)이 계속되었다. 두카크는 다마스쿠스의 성에 틀어박힌 채 반격은 생각도 못 하는 공포의 2주일을 보냈다. '살찐 농부'는 머리를 숙이고 엎드려 탄크레디의 충실한 농부가 되겠다고 맹세하고 용서를 받았다. 이후 그는 신기하게도 정말 그렇게 했다.

갈릴리 지방에 머무르면서 동쪽에 있는 다마스쿠스 술탄의 영지를 호시탐탐 노리고 있던 탄크레디를 티베리아스에 남겨두고 예루살렘으로 돌아온 고드프루아에게는 또다시 새로운 문제가 기다리고 있었다.

교황의 대리인이자 예루살렘 대주교(파트리아르카) 자리에 앉은 다임베르트가 가톨릭교회 사람다운 본성을 드러낸 것이다.

성직자는 종교인이므로 정신적인 면을 갈고닦는 데만 전념하고 세속의 자산 등에는 관심이 없을 거라 생각하면 큰 오산이다. 중세의 가톨릭교회는 신도들을 위해 필요하다는 이유로 재산, 이 시대로 말하자면 토지를 소유하는 데 무척 열심이었다.

게다가 시리아와 팔레스티나는 그리스도교도에게 '성지'다. 그리고 예루살렘은 '성도'다. 성지이고 성도인 이상 그 소유권은 교회로 돌아간다. 다임베르트 역시 추호의 의심 없이 이렇게 생각하던 중세의 성직자였다.

대주교 다임베르트는 막 돌아온 고드프루아에게 항구도시 야파의 한 구역에 대한 소유권을 요구했다. 고드프루아는 승낙한다.

여기에 기세를 얻었는지, 대주교는 나아가 야파 전체의 소유권을 요구했다. 게다가 그가 요구한 것은 야파 하나만이 아니었다. 예루살렘이 성도라는 이유를 들어, 이 성도의 방어에 가장 중요한 역할을 지닌 '다윗 탑'의 소유권까지 요구해온 것이다.

일이 여기에 이르자 신앙심이 깊은 것으로 알려진 고드프루아도 꼬리를 뺐다. 자신이 죽고, 두 개 남은 이슬람측의 중요 도시를 공략하는 데 성공한다면 그 요구를 받아들이겠다고 한 것이다. 이것이 나중에 성가신 일의 불씨가 되리란 것은 아무도 몰랐다. 아마도 신만이 알고 있었을 것이다.

이탈리아의 경제인들

이대로는 그리스도교도에게 당혹스러울 수밖에 없었을 상황을 구해준 것이 베네치아 공화국 사절의 방문이었다. 베네치아는 고드프루아에게 해군을 주체로 군사동맹을 결성하자고 제안하고, 그 대신 다음과 같은 것을 요구했다.

1. 십자군이 정복한 모든 지방에서 베네치아 상인들이 자유롭게 경제활동을 할 수 있도록 해줄 것.

2. 베네치아가 협력해 정복한 도시의 3분의 1에 해당하는 구역을 베

네치아인의 거류지로 인정할 것.

　3. 트리폴리 공략에 베네치아 공화국은 전면적으로 협조하겠지만, 함락 후 항구도시 트리폴리 시 전체는 베네치아 소유로 할 것. 다만 트리폴리 사용료로 베네치아 공화국은 매년 예루살렘의 왕에게 연공을 지불할 것.

　피사인과 제노바인은 해적을 상대하는 해전과 이슬람교도와의 교역 둘 다에 무척 적극적이었지만, 이 사람들의 활약은 개인이거나 혹은 그 개인들로 이루어진 집단의 수준에 머무르는 것이 보통이었다. 그중에서도 특히 제노바는 개인주의가 심해서, 갤리선과 범선처럼 속도가 다른 배들을 한 선단으로 편성하는 것조차 싫어했을 정도다.

　그런데 베네치아인은, 이들이 과연 같은 이탈리아인인가 하고 놀랄 정도로 다르다. 베네치아의 통사를 다룬 『바다의 도시 이야기』에서 말한 것처럼, 모든 베네치아인을 '베네치아주식회사'의 사원이라 생각해도 좋을 정도로 항상 한데 뭉쳐 진출했다.

　그러므로 시작은 피사나 제노바에 뒤처졌지만, 일단 마음먹으면 철저하게 할뿐더러 오랫동안 지속하는 것이 베네치아인의 일관된 행동방식이었다. 경제인 중에서도 최고인 '이코노믹 애니멀'이었던 것이다.

　다만 베네치아가 치고 나왔다고 피사나 제노바가 밀려났는가 하면 그렇지는 않다. 피사인과 제노바인은 철저한 개인주의 독불장군이었기 때문에, 어디든 가리지 않고 침투하고, 조국이 위기에 처해도 아랑곳 않고 자기 장사를 계속하는 사람들이었다. 반대로 베네치아는 국익을 가장 우선시하기 때문에, 개인의 경제활동을 적극적으로 지원하는 한편, 일단 국가가 위기에 처하면 상선까지 내놓으며 해군에 가세하는 것을 주저하지 않았다.

그건 그렇고 고드프루아도 큰일이었다. 원래는 전혀 반대의 입장인 성직자와 상인이 같은 것, 즉 토지를 요구하며 조여왔기 때문이다.

그러나 성직자, 기사, 상인의 삼자로 구성되어 있는 것이 중근동 십자군 국가의 실태였다. 이 삼자는 끝까지 자기의 이익을 주장했다. 하지만 만약 이 삼자가 융합하여 일원화되었다면 성직자, 기사, 상인 모두 그 특질을 잃어버려, 십자군 국가의 수명은 좀더 단축되었을지도 모른다. 이 삼자가 서로 경쟁적으로 이익을 주장하는 관계였기 때문에, 그들의 에너지도 더욱 분출했던 것이다.

1100년 여름, 베네치아와의 공동투쟁 약속이 성립되었다. 이것은 십자군에게 지금까지 불가능했던 육지와 바다 양쪽에서의 정복활동을 가능하게 했다. 그들은 아코를 좋은 항구라 판단한 베네치아인의 진언을 받아들여 그곳을 첫번째 목표로 정했다. 7월 13일, 그들은 예루살렘에서 출진했다.

정복을 위한 출정에는 반드시 불려오는 탄크레디는 이번에도 참가했지만, 고드프루아의 모습은 보이지 않았다. 얼마 전부터 건강이 좋지 않아 예루살렘에 남아 있었던 것이다. 그러나 책임감 때문인지 아니면 자기 대신 탄크레디를 자제시키기 위해서인지, 가장 신뢰하던 부르고뉴 출신의 기사 가르니에 드 그레를 대신 참전시켰다.

아코로 향하기 전, 그들은 일단 야파에 들렀다. 야파에서 기다리고 있던 베네치아 선단이 바닷길을 통해 아코가 있는 북쪽으로 가는 것에 맞추어 육로로 북상하기로 했던 것이다.

그런데 이쪽 근해는 바람의 방향이 수시로 바뀌었다. 야파에서 아코로 향하는 베네치아 선단이 거리가 벌어져 고생하는 와중에 육지에서도 불상사가 발생했다. 드 그레가 병으로 쓰러진 것이다. 어쩔 수 없이 드 그레는 예루살렘으로 돌아갔다.

이것은 어떻게 보면 다행이었다. 교황 대리인인 다임베르트뿐만이 아니라, 고드프루아에게 심취해 있던 이 사람도 그의 임종을 지킬 수 있었으므로.

고드프루아의 죽음

1100년 7월 18일, 로렌 공작 고드프루아 드 부용이 죽었다. 그의 나이 겨우 마흔이었다.

대주교 다임베르트는 임종 직전의 고드프루아에게 종부성사를 하며, 예루살렘을 로마 교회에 바친다는 유언을 남기라고 끈질기게 요구했다. 그러나 죽어가면서도 고드프루아는 한 마디도 하지 않았다. 그리고 맞은편에 서서 주군의 죽음을 지켜보던 부르고뉴의 기사는, 앞으로 자신이 무엇을 해야 하는지 소리 없는 명령을 들었다.

고드프루아의 유해는 사람들의 고별인사를 위해 닷새간 성묘교회의 제단 앞에 안치되었고, 그후에 장례식이 거행되었다.

예장용 무장을 하고 가슴에는 흰색 바탕에 붉은 십자 표시를 단 채

관 속에 누워 있는 로렌의 기사 앞에는, 지금까지 그와 행동을 같이해 온 기사와 병사 들이 이별을 고하기 위해 끝없이 늘어서 있었다.

그중에는 아코 공략을 중단하고 달려온, 역시 예장용 무장을 갖춰 입은 탄크레디의 모습도 있었다. 그러나 때는 7월 여름이다. 에데사에 있는 보두앵은 형의 장례식에 맞춰 올 수 없었다.

자신이 정복하고도 스스로를 예루살렘 왕이라 칭하지 않고 '성묘의 수호자'로 불린 이 남자는, 그리스도의 묘인 성묘교회에 매장되었다.

이것이 이슬람 세계를 환희에 들뜨게 만든 첫번째 일이었다. 예루살렘을 지키는 사람이 없어졌다고 생각한 이슬람교도들은 이제 반격에 나설 수 있겠다고 기뻐한 것이다. 하지만 사태는 그들의 기대에 반하는 방향으로 진행된다.

대주교 다임베르트가 움직이기 전에 재빨리 행동에 나선 부르고뉴의 기사가, 고드프루아의 부하였던 병사들을 모조리 데리고 '다윗탑'에 올라간 것이다. 그리고 최고의 성채라고 해도 좋은 그 요새를 완전히 수중에 넣은 뒤 에데사에 있는 보두앵에게 급사를 보냈다. 즉시 달려오라고 전하기 위해서였다.

여기서 우스운 이야기 하나.

고드프루아가 다임베르트에게, 예루살렘을 로마 교황에게 봉납하는 것은 자신이 죽은 후라고 말한 것을 떠올리기 바란다.

지금도 그리스도교 세계, 특히 가톨릭 국가에서는 '죽은 후'라는 약속은 안 하는 게 좋다는 것이 서민의 지혜다. 왜냐하면 신은 친절한 분이므로, 그렇다면 이런 고생스러운 삶이 아니라 즐거움만 있는 죽음의 세계로 보내주리라 생각할지도 모르기 때문인데, 이것을 그들은 '신의 손'이라고 부른다. 좀더 고상한 말로 하자면 '신의 은총(프로비덴티아)'이다.

따라서 서민들이 이 얘길 들었다면 고드프루아에게, '죽은 후에' 같은 말을 그리 가볍게 하지 말지 그랬느냐고 했을지 모른다. 그 약속을 하고 한 달도 지나지 않아 고드프루아가 죽었을 때, 교황의 대리인 다임베르트도 속으로 이거야말로 '신의 은총'이라고 생각했는지도 모르는 일이니.

이야기를 다시 되돌리자.

고드프루아의 죽음으로 중단된 아코 공격은 탄크레디의 주도 아래 곧 재개되었다. 하지만 아코의 주민들은 끈질기게 저항한다. 그래서 또다시 베네치아인의 진언을 받아들여, 바로 남쪽에 있는 하이파로 공격의 화살을 돌렸다. 육지와 바다 양쪽에서 맹공을 받은 하이파는 간단히 함락되었다.

이것으로 십자군이 이용할 수 있는 팔레스티나의 항구도시는 북쪽에서 남쪽으로 베이루트, 시돈, 하이파, 카이사레아, 아르수프, 야파, 아스칼론, 이렇게 일곱 개로 늘어났다. 야파 한 군데뿐이던 1년 전과 비교하면 눈부신 성과라고 할 수밖에 없다. 예루살렘의 안전보장은 이들 항구도시에 의존했다. 항구도시가 십자군 밑으로 들어올수록 예루살렘의 안전도 강고해지는 것이다. 그런데 이와 거의 같은 시기에, 이슬람 세계를 환호하게 만든 또하나의 사건이 일어났다.

보에몬드, 붙잡히다

쉰 살을 맞이하고 이제 안티오키아 공작령의 정식 통치자의 자리도 안정된 보에몬드는 어쩌면 다소 방심했는지도 모르겠다. 보에몬드로서는 실로 하찮은 실수를 범한 것이다.

안티오키아 공작령의 안전보장을 확립하기 위해서는 전략적으로 중요한 주변 지역을 확보하는 것도 빼놓을 수 없었다. 보에몬드는 이미 어느 정도 만족할 만큼 그것을 이뤄놓은 상태였다. 그래서 안전보장권의 둘레를 보다 넓히려고 생각하던 참에, 멜리테네 주민들이 안티오키아 공작령으로 들어오고 싶다고 요청해온 것이다.

고대의 멜리테네(현 터키의 말라티아)는 천연 요충지이자 로마제국의 동방 방어선의 중요 지역이기도 했다. 제국 전역의 방어선을 시찰하고 다닌 것으로 알려진 하드리아누스 황제도 방문했을 정도인데, 이 땅을 자기편으로 끌어들이면 아직 소아시아를 완전히 지배하겠다는 바람을 포기하지 않은 셀주크투르크를 재기불능으로 만들 수도 있었다. 동시에 이제 노골적으로 적대감을 드러내는 비잔틴제국 황제 알렉시우스에게 무언의 압박을 줄 수도 있었다.

멜리테네로 진출한다는 생각 자체는 옳았다. 하지만 보에몬드는 소아시아 내륙 안쪽을 공략하는 길임에도, 군대의 주력은 안티오키아에 남겨두고 소규모 병력만 이끌고 갔다.

술탄 다니슈멘드에게 이 소식은 다시없는 복수의 기회였다. 소아시아를 통과하던 십자군에게 도릴라이움에서 대패의 쓴맛을 본 것을, 이 늙은 투르크인은 잊지 않았다. 그때 십자군 승리의 공로자 중 한 사람이 보에몬드였다.

늙은 술탄은 신중하게 작전을 생각했다. 보에몬드의 용맹함은 이미 이슬람 세계에도 널리 알려져 있었으므로 정면으로 공격하는 것은 불안했다. 결국 지세를 숙지하고 있다는 것을 무기로 삼아 매복 작전을 펼치는 수밖에 없었다.

이 작전은 보기 좋게 성공했다. 양쪽 산에서 공격을 당해 앞과 뒤가 막혀버린 보에몬드의 부대는, 그와 두 명의 기사 외에는 전멸하고 말았다.

그렇다고 보에몬드는 절망한 나머지 적진으로 쳐들어가 순교자가 되는 길을 택하는 남자는 아니었다. 살아남은 기사 중 한 명에게 자신의 머리털을 자르라고 한 다음, 그것을 가지고 에데사의 보두앵에게 가서 자초지종을 이야기하고 구출을 부탁하라고 명했다. 그리고 그 기사가 떠나는 것을 확인한 후 투르크군에 항복한다.

다니슈멘드의 기쁨은 상상하기 어렵지 않지만, 이 늙은 술탄은 안티오키아에 건재한 보에몬드의 부하들이 구출하러 오리라는 것까지 예상하고 있었다. 그래서 수갑과 족쇄를 채운 보에몬드와 리카르도를 십자군의 힘이 미치지 않는 지역으로 호송했다.

보에몬드가 갇힌 곳은 지중해가 아니라 도리어 흑해에 가까운 니크사르의 외딴 성이었다. 십자군에서는 누구도 그들이 보에몬드를 그렇게 먼 곳까지 데려갔을 거라고 예상할 수 없었고, 그후에도 오랫동안 알려지지 않은 채 시간이 흘렀다.

같은 시기 십자군은 또 한 명의 인물에게도 의지할 수 없게 되었다. 이 경우는 의지할 수 없게 된 것이 차라리 다행이라고 생각될 정도지만, 보에몬드가 멜리테네로 떠나기 전에 이미, 더는 불만을 참을 수 없게 된 레몽이 황제 알렉시우스의 초대를 받은 것을 빌미 삼아 콘스탄티노플로 가버린 것이다.

이것이 이슬람 세계를 환호하게 만든 1100년 십자군측의 3대 불행이었다.

고드프루아가 죽었다.

보에몬드는 어딘지 알 수 없는 곳에 잡혀 있다.

레몽은 콘스탄티노플로 가버렸다.

이슬람교도들 사이에서 가장 유명했던 사람이 이들 세 명이다. 그런데 세 명 모두 무대에서 퇴장했으니, 이슬람 세계가 기뻐한 것도 당연한 일이었다.

한 다발의 잘린 금발을 본 보두앵은 곧바로 구출하러 떠난다. 군대를 준비할 시간이 없다며 140명의 기병만 이끌고 멜리테네로 떠난 것이다. 머리카락을 가져온 기사의 이야기를 통해 보에몬드가 그 근처에서 매복 작전에 당했음을 알았기 때문이다.

구출하러 올 것이라고는 생각했지만 이렇게 소수이리라고는 예상하지 못했던 늙은 술탄은, 이들 뒤를 따라 바로 대군이 들이닥칠 것이라 생각했다. 그래서 지금은 도망칠 때라며 병사들을 후퇴시켰기 때문에 보두앵과 140명의 기병은 무사히 멜리테네로 들어갈 수 있었다. 하지만 기꺼이 맞이한 멜리테네의 주민들에게는 기병 50명만 남겨두고 결국 에데사로 돌아와야 했다. 사방팔방을 찾아보았지만 끝내 보에몬드가 잡혀 있는 곳을 알아내지 못했기 때문이다.

　8월 말에 에데사로 돌아와서야 비로소 보두앵은 형 고드프루아가 7월 18일에 죽었다는 사실을 알았다. 그리고 드 그레가 전해준 말도 들었다.

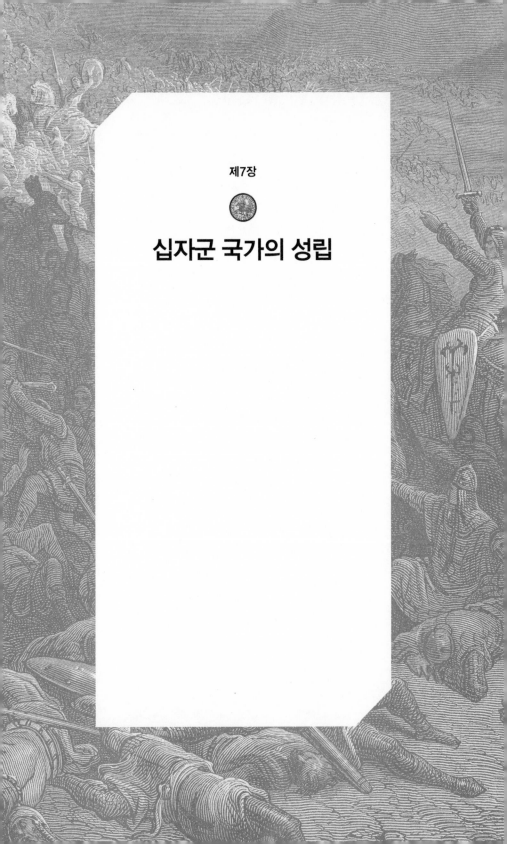

제7장

십자군 국가의 성립

보두앵, 예루살렘 왕이 되다

보두앵은 태어난 해가 불분명해 나이가 정확하지 않지만, 그와 마흔 살에 죽은 형 고드프루아 사이에는 유럽으로 돌아간 외스타슈가 있기 때문에, 아무리 많아도 이제 막 삼십대 후반에 접어든 나이에 지나지 않았을 것이다.

그는 젊고 행동도 민첩했지만, 그렇다고 아무 생각 없이 돌진하는 성격은 아니었다.

그는 예루살렘으로 떠나기 전에 먼저 당시 포로가 된 보에몬드에 대한 대책에 전념하고 있던 사촌 보두앵을 안티오키아에서 에데사로 불러들인다. 에데사 백작령의 통치를 맡기기 위해서였다.

동시에 사촌에게 맡길 에데사 백작령의 유력자들을 모아놓고 여러 가지 지령을 내렸다. 에데사가 하나로 뭉쳐 견고해지면 안티오키아의 방어벽 역할도 충분히 할 수 있기 때문이다.

이 모든 것을 끝낸 10월 2일, 2백 명의 기병과 7백 명의 보병만을 데리고 보두앵은 에데사를 뒤로한다. 제1차 십자군이 젊은 세대의 시대로 접어든 것이다.

죽은 형 고드프루아가 남긴 병사들이 있긴 하지만 그들은 예루살렘에서 기다리고 있다. 에데사에서 예루살렘까지는 자력으로 가야 했다. 아무리 중무장을 했다고 해도 보두앵에게는 기병 2백 명과 보병 7백 명밖에 없었다. 이 정도의 군대를 이끌고, 오늘날로 보면 터키에서 시리아를 빠져나와 레바논을 남하해 이스라엘로 들어가야 하는 것이다. 안전하게 행군할 수 있는 길보다 위험한 길이 더 많았다.

이들은 우선 안티오키아로 향한다. 그곳에서 보에몬드가 붙잡힌 사건 때문에 일어난 동요를 다잡는 대책을 강구한 다음, 이제는 완전히 시리아의 십자군 항구가 된 라타키아로 갔다. 하지만 그곳에서도 시간을 허투루 쓰지 않고 지중해를 오른쪽에 두고서 남하를 서두른다.

그러나 이 무렵부터 다마스쿠스 영주 두카크가 보낸 병사들의 게릴라 작전에 시달리게 된다. 그것도 한 번으로 끝나지 않고 몇 번이고 기습해오는 바람에, 그때마다 보두앵은 전사한 병사들을 매장하면서 행군을 계속해야 했다. 트리폴리에 도착했을 때는 병력이 기병 160명과 보병 5백 명으로 줄어 있었다고 한다.

트리폴리의 태수는 보두앵 일행을 따뜻하게 맞이하고 필요한 것을 모두 제공해주었다. 그는 같은 이슬람교도이면서도 다마스쿠스의 두카크와 사이가 나빴던 것이다. 그래서 지붕 아래의 편안한 잠자리와 필요물자를 제공해주었을 뿐만 아니라, 다마스쿠스군에 대한 정보까지 알려주었다.

트리폴리와 베이루트 사이에는 그들이 '개의 강(Dog River)'으로 부르는 강이 흐르고 있는데, 두카크의 병사들이 그 강 옆에 매복하고 있다는 것이었다. 그렇지만 그 강을 건너지 않고서는 예루살렘으로 갈 수 없었다. 보두앵은 기병 160명과 보병 5백 명을 데리고 남하를 계속했다.

이슬람교도가 거짓말을 하지 않았다는 것은 곧 판명되었다. 다마스쿠스의 두카크는 홈스 태수의 병력까지 가세한, 보두앵의 몇 배나 되는 병력을 거느리고 기다리고 있었던 것이다.

강 근처 수풀에 매복한 적병을 알아채지 못한 것처럼 가장하면서, 보두앵과 그 일행은 태연히 '개의 강'을 건너기 시작했다. 승부는, 예상치 못했던 보두앵의 움직임에 허를 찔려 공격할 타이밍을 놓친 한 순간에 결정되었다.

보두앵은 미리 후미에 최정예 기사들을 배치해놓았다. 덕분에 다마스쿠스의 병사들은 가장 강한 상대와 싸우는 처지가 되고 만 것이다.

게다가 상대는, 공격해올 것이라는 걸 정확히 예상했던 양 뒤로 돌아서 먼저 공격을 퍼부었다. 좁은 강기슭이었으므로 병력 차이가 미치는 영향은 거의 없었다. 오히려 병사가 많으면 혼란에 빠지기 쉽다. 두카크는 또다시 다마스쿠스로 도망칠 수밖에 없었다.

'개의 강'은 당시 시리아와 팔레스티나 사이를 가르는 경계로 여겨지고 있었다. 십자군의 침공을 받기 전의 중근동에서 시리아는 바그다드 아바스 왕조의 칼리프를 모시는 셀주크투르크의 패권 아래에 있었고, 남쪽의 팔레스티나는 카이로에 있는 파티마 왕조의 칼리프를 모시는 아랍인의 패권 아래에 있었다. 그리고 막 12세기에 들어선 이 시기에는 '개의 강' 남쪽에 위치한 팔레스티나의 항구도시 대부분이, 고드프루아의 노력 덕에 십자군의 지배하에 들어와 있었다. 따라서 보두앵과 그 일행이 '개의 강'에서 남쪽으로 향하는 행군은 순조로웠다. 이집트인 태수가 다스리는 티루스조차 보두앵을 환영했을 정도였다.

예루살렘에는 11월 9일에 도착했다. 고드프루아가 죽은 후 3개월 남짓한 기간 동안 누가 자신들을 지켜줄지 걱정하고 있던 주민들은 고드프루아의 친동생인 보두앵을 맞이하고서 비로소 안도했다. 보두앵은 여기서도 시간을 허투루 보내지 않았다.

예루살렘에 도착한 보두앵은 곧장 교황의 대리인이자 대주교인 다임베르트와 회담을 가졌다. 아마도 두 사람만의 밀담이었던 듯한데, 이 성직자를 보두앵은 처음부터 확고한 태도로 대했다. 다임베르트가 차지한 지위는 존중하지만 자기 영역에는 손대지 말라고 분명히 말한 것이다.

다임베르트가 이 조건을 받아들이게 하기 위해, 보두앵은 어찌 보면 지저분한 수단도 마다하지 않았다. 교황의 대리인이자 대주교라는 지위를 이용해 다임베르트가 부정축재를 하고 있다는 것을 폭로하겠다고 협박한 것이다. 다임베르트는 잠자코 있을 수밖에 없었다. 이런 정보는 아마도 고드프루아 수하 장수들로부터 얻었을 것이다.

그후에도 보두앵은 시간을 허비하지 않았다. 예루살렘에 들어온 지 이틀밖에 되지 않은 11월 11일, 주민들을 소집한 보두앵은 그 자리에서 사람들의 박수갈채를 받으며 예루살렘의 왕으로 추대되었다. 형처럼 '성묘의 수호자'를 자칭할 생각은 애초부터 그의 머릿속에 없었다. 태연하게, 그리고 당당하게, '예루살렘의 왕'이라는 적절한 호칭을 선택한 것이다.

그러나 민중의 환호만으로는 충분하지 않았다. 그리스도교 세계에서 왕이 되려면 신의 뜻을 전하는 교황이나 대주교로부터 관을 수여받아야 한다. 이러한 의식 없이는 정식으로 인정받을 수 없다. 예루살렘에 로마 교황은 없었지만, 교황의 대리인은 있었다.

또한 대관식 역시 2백 년 전 샤를마뉴가 그랬던 것처럼, 그리스도 성탄일에 거행하는 것이 가장 그리스도교답다고 여겨졌다. 그래서 보두앵이 예루살렘 왕이 되는 대관식은 그해 12월 25일 성묘교회에서 거행되었다.

예전에는 성직자의 길에서 실패했고 영지도 상속받지 못한 신분에 지나지 않았던 보두앵은, 그리스도교도들이 동경하는 땅인 성도 예루살렘의 왕이 된 것이다. 이렇게 되는 데 불과 4년밖에 걸리지 않았다. 제1차 십자군의 주역인 제후들 중 몇 명은 오리엔트로 온 후 인간으로서 장족의 발전을 이루는데, 보두앵도 그 가운데 한 명이다. 아니, 그

중 제일인자라고 해도 좋을지 모른다.

이제 보두앵 1세라고 불리게 된, 아직 삼십대 후반의 이 사람이 가진 최대 장점은 복수나 원한을 깨끗이 잊는다는 점이었다. 모든 것은 이미 지나간 일인 것이다. 대주교 다임베르트도 쓸데없는 간섭을 하지 않는 한 내버려두었고, 강경책을 펼쳐 로마 교황과 대립하는 것도 피했다.

또한 분노 때문에 지나치게 흥분하는 일도, 라이벌 의식도 없었다. 그가 훌륭한 인격자였기 때문이 아니었다. 단지 그런 일은 시간낭비에 지나지 않는다고 생각했기 때문이다. 하지만 감수성은 풍부했는지 인간관계는 대체로 양호하게 유지했다.

보두앵의 대관식에는 탄크레디도 참석했다. 열두세 살의 나이차가 있다 해도 두 사람 다 십자군 제후 중에서는 젊은 세대에 속한다. 고드프루아가 죽은 직후 탄크레디도 그의 자리를 노리는 마음은 있었지만, 고드프루아의 수하 병사들이 만들어낸 보이지 않는 두꺼운 벽 앞에서는 시도조차 불가능했다.

탄크레디가 지금까지 쌓아온 실적은 보두앵에게 전혀 뒤지지 않았다. 하지만 막내일지언정 본가에서 태어난 보두앵에 비해 탄크레디는 방계, 즉 분가 출신이었다. 중세는 능력보다 혈통이 중요시되는 시대였다. 탄크레디는 대관식에 참석은 했지만 속으로는 어떤 생각이 있었을 것이다. 그래서 대관식이 끝나자마자 자기 영지인 갈릴리로 떠났다.

십자군의 젊은 세대

예루살렘의 왕이 된 보두앵 1세가 대주교 다임베르트 다음으로 해결해야 했던 것이 이 탄크레디 문제였다.

갈릴리 공작령은 예루살렘 왕국에 속한다. 하지만 탄크레디는 누가 왕이 되든 쉽게 그 밑으로 들어갈 남자가 아니었다. 그렇게 되면 예루살렘 왕국은 두 명의 지도자를 갖게 된다.

두 사람 다 애송이였던 시절 킬리키아 지방을 제패할 때, 그리고 그 후의 모든 전투를 통해 보두앵은 탄크레디의 뛰어난 전투감각을 충분히 인정하고 있었다. 갈릴리 지방으로 떠난 탄크레디를 그는 직접 찾아갔다.

보두앵은 갈릴리 공작령은 자기가 책임지고 지킬 테니 안티오키아로 가달라고 탄크레디에게 부탁했다. 백부 보에몬드가 잡혀 있는 동안 탄크레디에게 안티오키아 공작령의 통치자가 되어달라고 말한 것이다.

탄크레디는 이미 갈릴리 공작령의 정식 통치자가 되어 있었지만, 대도시 안티오키아를 중심으로 한 안티오키아 공작령이라면 이야기가 달라진다. 그 자리에서 쾌히 승낙하고도 남을 일이었지만 탄크레디는 어쩐지 자신이 이용당하는 것 같다는 생각이 들기 시작했다.

그래서 보두앵에게, 3년이 지나도 보에몬드가 돌아오지 않는다면 안티오키아 공작령을 자기 것으로 한다는 조건이라면 승낙하겠다고 말한다. 보두앵은 그래도 좋다고 대답한다.

지금까지 기사나 병사 중 이슬람측의 포로가 된 자는 있었지만, 제후급에서는 보에몬드가 처음이었다. 게다가 십자군에 쓴맛을 본 다니슈멘드의 포로가 된 것이다. 아직 포로 신분인지 아니면 벌써 살해당했는지도 전혀 모르는 상태였다. 보두앵이나 탄크레디나 이미 희망이 없다고 생각하고 있었다.

보두앵이 안티오키아 공작령을 탄크레디에게 맡긴 것은 성가신 존재를 쫓아내기 위해서가 아니었다. 안티오키아가 견고하게 유지된다면 남쪽에 있는 예루살렘 왕령의 방어도 용이해지기 때문이다. 그 안티오키아를 권력 공백 상태로 놔둘 수는 없었다. 게다가 탄크레디는 그 임무를 맡기기 불안한 남자가 아니었다. 아직 이십대 중반의 이 젊은 장수는 군사적인 능력뿐만 아니라 신의도 두터운 성격이었기 때문이다.

만족한 탄크레디는 고향에서 데려온 수하 군사만 데리고 용감하게 안티오키아로 출발했다. 안티오키아에 가면 백부의 군대를 운용할 수 있기 때문이다.

이렇게 이슬람측이 크게 기뻐했던 고드프루아의 죽음과 보에몬드의 부재라는 십자군의 2대 불행은, 보두앵과 탄크레디가 바통을 이어받음으로써 극복되었다. 반년도 지나지 않아 더는 불행이 아니게 된 것이다. 바그다드를 본거지로 삼고 있던 아바스 왕조도, 카이로에 있는 파티마 왕조도 그 반년을 전혀 활용하지 못한 채 허비하고 말았다. 주도권은 여전히 십자군측에 있었다.

왕으로 취임한 보두앵은 주도권을 장악하는 것의 중요성을 알고 있었다. 그러기 위해서는 당장이라도 행동을 재개해야 했다.

그를 따르는 것은 형 고드프루아의 병사가 주체가 된 군대였는데, 보두앵은 그들이 이미 경험한 일부터 시작했다. 그것은 생전의 고드프루아가 어느 정도 끝냈던 일, 즉 팔레스티나 항구도시를 완전히 제패하는 일이었다.

역사에서 종종 '정치적 정복'이라는 말이 나온다.

군사를 이끌고 공격하거나 위협하면 상대는 이를 강자로 인정하고 연공을 바침으로써 복종의 뜻을 표하는 방식이다. 지배란 곧 징세권을 뜻함을 여실히 보여주는 대목인데, 이 경우 세금만 내면 공략을 피할 수 있고 약탈도 당하지 않기 때문에 도시의 지배자나 통치 조직은 예전 그대로 남는다. 고드프루아가 이룬 제패는 거기까지였다. 예루살렘이 함락된 지 채 1년이 지나지 않은 당시에는 이런 식의 정치적 정복만 가능할 뿐이었다.

그러므로 십자군 앞에 성문을 연 이 팔레스티나의 항구도시들은, 입으로는 십자군에 복종을 표했으나 뒤에서는 여전히 예전 지배자인 이집트와 관계를 유지하고 있었다. 즉 양다리를 걸치고 있었던 것인데, 그들 입장에서는 당연한 일이었다. 십자군이 팔레스티나 지방의 패권을 잡은 지 채 2년도 되지 않았다. 아직 아무도 십자군 세력이 확실하게 자리 잡았다고 생각지 않았고, 언제 어느 때고 이집트군이 들이닥쳐 십자군이 일소될지도 모르는 것이다. 양다리는 종교가 끼어들 여지가 없는, 단순한 삶의 지혜였다.

십자군 입장에서는 곤란한 상황이다. 언제 어느 때 도시의 주민들이 반란을 일으켜, 정박중인 그리스도교도의 배를 습격하거나 항구를 폐쇄해버릴지 모르기 때문이다. 이들 항구도시를 이용할 수 있어야 팔레스티나의 십자군 국가를 존속시킬 수 있기 때문에, 예루살렘 왕이 된 보두앵은 이 정치적 정복을 반드시 실질적인 정복으로 바꿔내야 했다.

이 시기 항구도시의 주민 대부분은 이슬람교도였는데, 보두앵은 그들을 내쫓고 그리스도교도만의 도시를 만들 생각은 없었다. 지금까지도 그는 그리스도교도라 해도 엄밀히 따지면 그리스정교나 아르메니아 종파에 속한 이들, 그외에는 이슬람교도로 이루어진 에데사 백작령을 다스려왔다. 아내로 맞아들인 여자도 아르메니아 종파의 그리스도교를 믿는 사람이었다.

요는 누가 주권을 장악하는가 하는 것이다. 십자군 국가에서는 가톨릭교도가 주권을 장악해야만 했다. 특히 예루살렘 존속에 큰 영향을 끼치는 팔레스티나 지방에서는 더더욱 그랬다. 그리하여 즉위 첫해에, 아니 그후에도 오랫동안 보두앵은 정치적 지배를 실질적인 지배로 바꾸기 위한 정복에 많은 시간을 들였다.

공식적으로 성도 예루살렘의 왕위에 올랐지만, 그 이름에 걸맞은 일을 하는 것은 몹시 힘든 일이었다.

우선 예루살렘 자체가 가난했다. 주변은 황량한 영토뿐이고, 바로 이러한 땅이기에 '젖과 꿀이 흐르는 강'이 있는 천국을 꿈꾸게 된 건가 싶은 생각마저 든다. 당시의 기술로는 농경에도 적합하지 않았고, 이렇다 할 만한 수공업도 없다. 풍요로운 경작지로 둘러싸여 있는 에데사나, 경작지에 수공업까지 번성한 안티오키아처럼 자활이 가능한 땅이 아닌 것이다.

그래도 예루살렘이 중요시된 것은 유대교도, 이슬람교도, 그리스도교도에게 모두 '성스러운 도시'였기 때문이다. 그리고 이 예루살렘의 재정은 아랍인이 지배하던 무렵부터 조금도 변함없이, 항구도시와 내륙지대를 잇는 물산수송의 통행료에 의존하고 있었다.

그런 생태계를 십자군의 침공이 단절해버린 것이다. 이 또한 항구도시들의 실질적 정복을 빨리 이뤄내야 하는 이유였다.

아직 대부분의 항구도시는 뒤에서 이집트와 연결되어 있었다. 그리고 이 도시들의 공략에는 또 하나의 장애물이 가로막고 있었다.

고드프루아도 희생된 것으로 알려진 역병이 그것이었다. 항구도시에는 모두 근처에 바다로 흘러드는 강이 있는데, 이 담수와 해수의 혼합지대에 생기는 늪과 습지대가 역병의 온상이 되는 것이다.

형의 뒤를 이은 보두앵은 자신이 해야 할 일을 잘 알고 있었다. 그러나 그런 그를 괴롭힌 것은, 그러잖아도 적은 병력이 전투를 하지 않는데도 식량부족과 역병 때문에 점점 줄어드는 것이었다.

그런 보두앵에게 멀리서 압력을 가해온 것이 파티마 왕조의 이집트다. 이집트는 누가 봐도 풍요로운 땅이었다.

나일강 주변의 농경은 말할 것도 없고 카이로와 알렉산드리아를 중심으로 한 일대는 수공업의 메카로, 유리와 도기, 면직물과 설탕과 같은 당시의 고가품 생산지였다. 게다가 홍해를 지배하고 있었으므로 이것들을 수출할 뿐만 아니라 아라비아 반도의 고무, 이집트 오지의 대리석, 그리고 무엇보다 아시아에서 수입한 향신료 등으로 항상 북적거리는 일대의 통상 중심지였던 것이다.

설령 그곳을 지배하는 아랍인의 전투의욕이 약해졌다 해도, 이 정도의 부(富)라면 병사도 얼마든지 돈으로 고용할 수 있었다. 그러므로 파티마 왕조하의 이집트는 용병 천국이 되었고, 그 결과 카이로의 시아파는 바그다드의 수니파와 달리, 이슬람교도이기만 하면 출신 민족이나 계급을 크게 따지지 않는, 인재 활용에 아주 유리한 사회를 형성하고 있었다.

이런 이집트에서 바닷길로 사흘이면 팔레스티나에 도착할 수 있다. 게다가 시나이 반도를 거친다면 이집트와 팔레스티나는 육지로도 연결되어 있었다.

돈도 많고 식량도 많고, 사람은 물론 해군까지 있는 이집트에 부족한 것이 있다면, 모든 것을 가진 자가 으레 그렇듯, 실제로 움직이기까지 시간이 몹시 걸린다는 것이었다. 그렇다 해도 보두앵은 그런 이집트를 항상 의식하지 않을 수 없었다.

이런 보두앵이니, 유럽에서 새로운 십자군이 출발했다는 소식을 듣고 기뻐한 것도 당연했다.

서유럽은 성도 예루살렘이 해방되었다는 사실에 열광하고 있었다. 누구나 십자가에 맹세하고 싶어했고, 십자군에 참가하려는 기운이 흘러넘쳤다.

가장 먼저 일어선 것은 이탈리아 북부였다. 제1차에서 제8차까지 주요 십자군에는 셀 수 없이 많은 원정이 있었는데, '1101년의 십자군'이라는 이름으로 기억되는 이 십자군은 밀라노 대주교가 선도하고 이탈리아 북부와 프랑스 남부의 병사와 순례자가 주체가 되어, 제1차와 마찬가지로 일단 콘스탄티노플을 목표로 출발했다.

그 뒤를 이어 프랑스와 독일의 기사로 구성된 십자군도 콘스탄티노플로 떠난다. 이들 중에는 제1차 십자군에 참가했으나 안티오키아 공략중에 도망쳐 유럽으로 돌아왔던 블루아 백작 에티엔과 프랑스 왕의 동생 위그도 포함되어 있었다. 이 둘은 아직 십자군 참가자의 서약, 즉 예루살렘의 성묘교회에서 기도하겠다는 서약을 지키지 못했다. 블루아 백작 에티엔은 또다시 부인이 등을 떠밀어 참가했을 것이다.

그들을 맞이한 비잔틴제국의 황제 알렉시우스는, 지난번과 마찬가지로 이번 십자군도 소아시아의 투르크 세력을 일소한 뒤 그 지역을 비잔틴제국령으로 삼는 데 이용하려고 했다. 알렉시우스는 합류해온 이 십자군의 총대장으로, 동료들로부터 따돌림을 당해 콘스탄티노플에 와 있는 툴루즈 백작 레몽을 지명했다.

레몽이나 블루아 백작 에티엔, 그리고 프랑스 왕의 동생 위그는 제1차 십자군에서는 힘을 발휘할 수 없었던 사람들이다. 그런 그들이 새로운 십자군을 이끌고 소아시아로 들어설 때까지는 좋았는데, 예전 동료들에 대한 경쟁심 때문인지 이들은 제1차 십자군과 달리 움직이고자 했다.

소아시아를 북서부에서 남동부로 가로지르는 길로 가면, 지금은 그리스도교도가 지배하는 안티오키아 공작령으로 들어갈 수 있었다. 그런데 이들은 먼저 앙카라로 가고, 그후 소아시아의 북동부로 깊이 들어가버렸다. 안티오키아로 가기 전에, 포로가 된 보에몬드를 구해내자는 의견에 세 사람이 일치했기 때문이다.

그러나 그곳은 셀주크투르크가 지배하는 지역이다. 그리고 투르크인은 지난번은 서유럽의 기사에게 익숙지 못한 탓에 일패도지했지만, 지금은 그들에게 익숙해져 있었다.

결과는 보기에도 무참했다. 수많은 기사와 병사들의 피가 소아시아 내륙의 황무지를 물들였다. 하마터면 레몽, 블루아 백작, 위그까지 보에몬드의 감방 동료가 될 뻔했지만, 대장들은 가까스로 도망치는 데 성공했다. 레몽은 다시 콘스탄티노플로 도망쳐왔고, 블루아 백작과 위그도 허둥지둥 안티오키아로 도망쳤다.

이러한 참상을 통해, 유럽은 소아시아를 통과하는 것의 어려움을 깨닫는다. 그 이후로는 순례자들도 성지로 갈 때 바닷길을 선택하게 된다.

그리고 타인의 힘을 이용하는 것밖에는 생각하지 못하는 비잔틴제국 황제 알렉시우스의 사고방식은 또다시 크게 한방 얻어맞았다. 아니, 오히려 시리아에서는 열세를 면치 못하던 투르크 세력이 소아시아라면 해볼 만하다는 생각을 갖게 만들어버린 것이다. 제1차 십자군 덕분에 되찾아가고 있던 소아시아도 비잔틴제국의 손에서 결정적으로 떨어져나가기 시작했다. 소아시아 한복판에 있는 도시 코니아로 셀주크투르크가 당당히 돌아왔을 정도였으니까.

새로운 병력이 도착하기를 손꼽아 기다리던 예루살렘 왕 보두앵의 기대는 이렇게 수포로 돌아갔다. 예루살렘을 찾아와 그리스도의 묘 앞에서 기도하겠다는 십자군 전사의 서약을 지킨 블루아 백작과 위그 는 이후에도 남아 함께 싸우겠다고 약속했지만, 보두앵이 바라던 것은 병력이었다.

결국 지금까지와 마찬가지로, 아니, 역병 때문에 더 줄어든 병력으 로 싸워나가는 수밖에 없었다. 하지만 그런 그에게 또 불리하게 작용 했던 것은, 이 시기부터 20년 동안 이어지는 베네치아 해군의 전장 방 기였다.

베네치아 공화국은 무엇보다 국익을 우선시했다. 중세에서는 보기 드문, 종교보다 국익을 우선시하는 나라였다. '그리스도교도이기 앞 서 베네치아인이다'라는 격언이 있을 정도였는데, 예전부터 이집트의 이슬람교도와 교역하고 있던 이들은 십자군의 팔레스티나 침공 후에 도 이집트와의 교역을 그만두지 않았다. 로마 교황이 자신은 유럽의 어디에서나 교황이지만 베네치아에서만은 그렇지 않다고 한탄했을 정도로, 로마 교황의 금령이 내려와도 이교도와의 교역관계를 끊지 않 은 민족이었다.

그 베네치아의 생명선이라고 해도 좋은 아드리아 해의 동쪽 연안을 헝가리 왕이 공격해왔다. 베네치아는 아드리아 해 안쪽에 있다. 베네 치아 선박이 항해의 안전과 자유를 유지하기 위해서는, 이 아드리아 해를 당시 이름처럼 '베네치아의 만'으로 지켜내야만 했다.

헝가리 왕이 공격한 동쪽 연안 일대의 항구들을 방어하기 위해, 베네치아 공화국은 지중해 전역에 흩어져 있던 상선까지 소집한다. 강대한 해군을 편성해 육지에서 공격해오는 헝가리군을 격퇴하기 위함이었다. 팔레스티나 바다에서 베네치아 선박이 사라진 것에는 이러한 사정이 있었던 것이다. 이 해역에 베네치아 선박이 본격적으로 돌아온 것은 헝가리 문제가 해결되는 20년 후였다.

하이파 공략에 많은 도움이 되었던 베네치아를 어쩔 수 없이 포기하게 된 보두앵은, 같은 이탈리아의 해양도시 중에서도 국익 제일주의가 아닌 제노바와 피사의 해상 전력에 의지할 수밖에 없었다. 하지만 그들과의 공동전선은 쓸데없는 살육을 낳게 되었다.

협력 끝에 함락시킨 항구도시에 돌입한 피사나 제노바의 선원들은, 북유럽에서 온 병사들 못지않은 잔악함으로 이슬람교도 주민들을 닥치는 대로 죽였던 것이다.

하지만 이것도 그들 입장에서 보면 전혀 이해할 수 없는 것도 아니었다. 전작 『로마 멸망 이후의 지중해 세계』에서도 말한 것처럼, 피사인과 제노바인은 북아프리카의 이슬람교도 해적선과 항상 최전선에서 싸워왔던 이들이기 때문이다.

같은 이탈리아인이면서 베네치아인에게서는 그들 같은 적의를 찾아볼 수 없는 것은, 베네치아 교역의 주요 대상이 비잔틴제국이나 중근동의 이슬람 국가였고, 북아프리카와의 교역량은 그에 비해 적었기 때문이다. 즉 북아프리카의 이슬람교도에게 습격과 약탈을 당하거나, 선원과 상인이 납치되어 돈을 내고 자유를 얻어야 했던 일이 적었던 것이다.

베네치아와는 반대로 피사와 제노바가 해양국가가 되어 강력한 해군을 갖게 된 것은, 교역에 앞서 북아프리카에서 습격해오는 해적으로부터 자신들을 보호하는 것이 중요했기 때문이다. 어느 나라에서든 해군은 해적에 대한 방어책으로 생긴 것이지만, 피사와 제노바의 경우는 이슬람의 해적 대책이 최우선이었다 해도 좋을 것이다.

이런 피사와 제노바 사람들에게는 이슬람교도라는 것 자체가 이미 적이었다. 적이므로 죽이는 데 주저하지 않았다. 다만 교역을 중시하는 나라의 백성인 이상, 이교도라 해도 같이 장사를 할 수 있다면 완전한 파트너가 된다. 자신들이 활약할 수 있는 환경만 갖춰진다면, 즉 항구도시 내에 거류지만 가질 수 있다면 그곳을 기지로 삼아 이슬람 상인들과 통상하는 것은 당연한 일인 것이다. 그렇게만 된다면, 종교의 차이 따위는 잊을 수 있는 것이 그들이었다.

북유럽에서 온 중세 기사의 눈에는, 이처럼 장사 파트너라면 종교의 차이는 문제 삼지 않는 이탈리아 해양국가의 사람들만큼 이해하기 힘든 사람들도 없었을 것이다. 하지만 이기주의자끼리의 타협은 항상 성립한다. 이 시기의 보두앵에게 가장 의지할 만한 협력자는 그런 이탈리아 사람들이었다.

보에몬드의 복귀

예루살렘의 왕이 된 이후 보두앵은 점차 예루살렘 왕이라기보다 십자군 국가 전체의 지도자에 더 어울리는 모습으로 변해갔다. 그런 그가 포로 신세가 된 보에몬드를 내버려둘 수는 없는 노릇이었다. 직접 움직인 것은 에데사의 보두앵이었다고 하는데, 나는 아무래도 예루살렘 왕인 보두앵이 이 동명의 사촌동생을 움직이게 한 것이 아닐까 생각한다. 예루살렘 왕령을 확립하느라 짬을 낼 수 없었던 보두앵이 사촌동생을 시켜 보에몬드를 데려올 수단을 강구한 것이 아니었을까. 그런데 보에몬드를 붙잡아두고 있는 술탄에게서 돌아온 답은, 26만 비잔틴 금화라는 터무니없는 금액이었다.

포로의 몸이라고 해도 지위가 높은 사람에게 수갑과 족쇄를 채워 지하 감옥에 가둬두는 일은 거의 없다. 처음에는 그렇게 했어도 조금 지나면 높은 탑 같은 데 수용하는 것이 보통이다. 보에몬드도, 그와 함께 붙잡힌 살레르노 출신 기사 리카르도의 포로생활도 그런 나날이었을 것이다. 어쨌거나 보에몬드는 26만 비잔틴 금화의 값어치가 있는 포로였으니까.

이 보에몬드가 술탄의 애첩을 회유했다는 이야기가 전해지는데, 그것의 진위는 분명하지 않다. 하지만 하렘의 여자가 중개를 했는지 여부와 상관없이, 술탄을 만날 기회를 잡고 나서부터는 완전히 보에몬드의 세계가 펼쳐졌다.

늙은 술탄은 당시 난처한 상황이었다. 몸값을 26만 비잔틴 금화로 매긴 것이 다른 술탄에게도 알려져, 나한테도 돈을 내놓아라, 그러지 않으면 쳐들어가 포로를 빼앗겠다고 협박해와 몹시 난감하고 있었던 것이다.

그런 술탄을 보에몬드가 설득했다. 포로생활중에 투르크어까지 습득했던 모양으로, 보에몬드만한 사람에게 이런 상황은 이미 사냥감을 코앞에 갖다 바친 것이나 다름없었다.

그는 10만 정도로 괜찮다면 자신이 지불하겠다고 말했다. 돈은 매력적이지만 공격당하는 건 싫었던 술탄은 그것을 받아들였다. 게다가 보증을 위해 기사 리카르도를 두고 간다고 하자, 돈도 받지 않은 상태에서 보에몬드를 석방했다. 늙은 술탄에게 보에몬드는, 유럽에서 흔히 말하는 '손안의 타버린 석탄'이었을 것이다.

이리하여 보에몬드는 2년 만에 혼자서 불쑥 안티오키아로 돌아왔다. 탄크레디는 깜짝 놀랐고, 병사들은 환호성을 질렀다.

아무리 10만으로 깎았다고 해도 안티오키아에는 그만한 돈이 없었다. 그렇지만 아무리 이교도와의 거래라 해도 빚을 떼먹는 것은 기사가 할 짓이 아니다. 결국 안티오키아 공작령에 사는 사람들에게 특별세가 부과되었다. 그 덕에 이탈리아 남부 살레르노 출신 기사 리카르도도 석방되어 돌아왔다.

자유의 몸이 된 보에몬드는 탄크레디에게, 자기가 없는 동안에 안티오키아를 지켜주어 고맙다는 인사 정도는 했을 것이다. 탄크레디도 보에몬드가 돌아온 이상 다시 그에게 안티오키아를 내어줄 마음이 충분히 있었다. 그러나 적어도 자신이 정복한, 안티오키아 공작령에 접한 지역의 영유권은 인정해달라는 탄크레디의 항의는 허사로 끝난다.

탄크레디는 퇴직금도 받지 못하고 해임된 것이나 마찬가지다. 갈릴리 지방으로 돌아가려 해도, 그곳은 이미 완전히 예루살렘 왕령에 편

보에몬드가 포로로 있던 니크사르와 그 주변

입되어 있어 돌아갈 수도 없었다. 방계로 태어난 자의 비애였다.

그럼에도 탄크레디는 백부와의 관계를 끊지 않았다. 또한 보에몬드도 유사시에는 이 젊은 조카에게 의지했다. 노르만 일가라는 유대는 역시 강했던 것일까. 고드프루아와 보두앵이 가진 로렌 일가의 결속이 단단했던 것처럼 말이다.

예루살렘 왕 보두앵이 항구도시들의 실질적 지배를 위해 분주한 나날을 보내는 한편, 안티오키아 공작 보에몬드는 포로에서 풀려난 직후임에도 다시 전장에 나갔다. 상대는 시리아의 태수들이었다. 이들의 집안싸움은 조금도 개선되지 않았지만, 그런 그들도 자기 영토를 빼앗길 것 같으면 단결했다.

이 지역 그리스도교도 대 이슬람교도의 전장은 에데사 근처였다. 에데사 백작령으로 불리는 이 일대는 유프라테스강 너머 동쪽에 위치하므로, 이슬람 땅을 향해 돌출된 요새였다. 그리고 이 에데사 백작령은 보두앵이 예루살렘 왕이 된 이후 그의 사촌동생 보두앵이 통치하고 있었다.

당시 에데사에는 프랑스 서부의 영주인 쿠르트네 일가에 속하는 조슬랭이라는 기사도 있었다. 그는 소아시아에서 무참한 결과로 끝난 '1101년의 십자군'에서 살아남아 허둥지둥 안티오키아로 도망쳐온 사람 중 한 명으로, 그후 에데사 백작령으로 보내졌다. 말하자면 조력자인 셈이다.

이 조력자의 참가로 기세가 오른 에데사의 보두앵은, 안티오키아의 보에몬드에게도 참전을 요청하고, 유프라테스강으로 흘러드는 지류 근처에 있는 하란을 공략하려 했다. 하란은 주변 황야를 한눈에 내려다볼 수 있는 전략적 요충지였기 때문이다. 이곳 하란만 손에 넣는다면, 티그리스강에서 서쪽으로 다가올 것이 뻔한 이슬람군의 앞길을 가로막는 첫번째 요새로 삼을 수 있었다.

일이 여기에 이르자 이슬람측도 단결한다. 여느 때 같으면 서로 으르렁거렸을 근처 영주들도 모술의 영주가 호소한 공동투쟁 전선에 가세해, 기병 7천 명과 보병 3천 명으로 구성된 총 전력이 그리스도교군과 격돌했다.

그리스도교 총 전력의 정확한 숫자는 알려져 있지 않다. 하지만 당시 십자군의 규모는 적군의 절반 정도가 아니었을까 생각한다. 결국 보두앵과 조슬랭 드 쿠르트네가 인솔하는 에데사군, 그리고 보에몬드와 탄크레디가 이끄는 안티오키아군의 공동전선은 적의 거센 돌격 앞에서 제대로 힘도 써보지 못하고 끝나버렸다.

이슬람측의 기록에 따르면 그리스도교측 전사자는 2천 명이나 되었다고 한다. 아무튼 대패를 당했다는 것은 분명했다. 보에몬드와 탄크레디는 도망치는 데 성공했지만, 보두앵과 조슬랭은 포로로 잡히고 만다. 십자군측으로서는 예루살렘 해방에 성공한 해로부터 5년 만에 처음으로 당한 통렬한 패배였다.

그러나 이때도 역시 이슬람측은 좋은 기회를 살리지 못했다. 중요 인물 둘을 포로로 잡았으면서도 그 소유권을 둘러싸고 다시 집안싸움을 시작한 것이다. 보에몬드의 몸값이었던 10만 비잔틴 금화가 그들의 뇌리를 떠나지 않았는지도 모른다. 결국 포로 둘은 두 명의 영주가 나눠 가졌다. 그리고 그리스도교측은 적이 이런 싸움에 열중해 있는 틈을 놓치지 않았다.

안티오키아로 도망친 보에몬드는 방어 책임자가 없어진 에데사 백작령에 탄크레디를 보낸다. 정식 통치자는 아니지만, 통치를 대행하는 자, 즉 섭정으로 보낸 것이다.

스물아홉 살이 된 탄크레디는 힘차게 에데사로 출발했다. 하지만 이 시기의 에데사 백작령을 지키기란 쉬운 일이 아니었다. 하란에서의 패배 때문에, 십자군이 불패의 전사가 아니라는 것을 이슬람측이 알았기 때문이다.

하란에서 승리를 거둔 후 시리아의 이슬람 영주들은 다시 집안싸움을 시작했지만, 개별적으로는 과감하게 공격해왔다. 그에 대한 방어전이 잇따랐지만 탄크레디는 끝내 에데사 백작령을 지키는 데 성공한다. 그것도 보에몬드의 지원을 거의 기대할 수 없는 상황에서, 독자적인 힘으로 성공했던 것이다.

만약 이때 시리아의 셀주크투르크 세력이 대동단결해 있었다면 제아무리 탄크레디라 해도 대항하기 힘들었을 것이다. 그랬다면 에데사 백작령이 탈환되고, 안티오키아 공작령도 위험한 상황에 빠졌을 것임에 틀림없다.

십자군측을 위험에서 구해준 것은 셀주크투르크측의 변함없는 내부 분열과 영지 쟁탈전, 적대의식, 그리고 그들의 탐욕이었다. 보에몬드를 석방하면서 받은 막대한 몸값으로, 이슬람 영주들은 그리스도교측 중요인물을 붙잡으면 한몫 챙길 수 있다는 것을 알았던 것이다.

에데사 백작 보두앵을 포로로 잡고 있는 이슬람 영주의 사자가 안티오키아의 보에몬드를 찾아왔다. 이 영주도 보에몬드와 보두앵은 중요도에 차이가 있다는 건 알았던 듯하다. 보에몬드의 몸값이 10만 비잔틴 금화였던 것에 비해, 영주가 제시한 에데사 백작 보두앵의 몸값은 1만 5천이었다. 그에 더해 안티오키아에 잡혀 있는 투르크 공주를 넘겨달라는 요구였다.

물론 보에몬드는 그 조건을 받아들였다. 1만 5천 금화와 투르크 공주는 그 자리에서 사자에게 건네졌고, 사자는 유프라테스강 동쪽으로 떠났다. 몸값을 청구하러 사자가 찾아왔다는 사실이 벌써 알려져 있었으므로, 같은 그리스도교도의 석방을 위해 노력했다는 것을 보여줄 필요가 있었다.

그러나 돈과 공주를 넘겨주었음에도 보에몬드는 전혀 보두앵의 석방을 재촉하지 않았다. 이슬람 영주도 재촉도 받지 않은 상황에서 굳이 먼저 석방하지 않았다. 그래서 에데사 백작 보두앵은 여전히 포로 상태였다.

이때 보에몬드가 취한 기묘한 행동의 이유는 기록에 없으므로 상상할 수밖에 없는데, 보에몬드는 이를 이상하게 여긴 조카 탄크레디에게 다음과 같은 말을 하지 않았을까.

보두앵이 석방되지 않으면 에데사는 계속 너의 것이다. 그렇게 되면 안티오키아 공작령과 에데사 백작령 둘 다 우리 일가의 영유가 될 것이다, 라고.

에데사를 맡고 있던 보두앵은 고드프루아와 예루살렘 왕이 된 보두앵의 사촌동생이므로 북유럽 로렌 일가의 일원이다. 한편 같은 십자군의 제후라 해도 보에몬드와 탄크레디는 이탈리아 남부를 본거지로 하는 노르만 일가에 속한다. '일가'란 훗날 스코틀랜드의 '클랜' 같은 것으로, 클랜 내부에서는 결속력이 강하지만 다른 클랜과는 라이벌이 된다. 이슬람측이 부족끼리 라이벌 관계인 것처럼, 그리스도교측도 중세에는 그와 비슷한 상태였다.

한편 조슬랭 드 쿠르트네는 석방을 위해 자신을 포로로 잡고 있는 영주와 직접 교섭을 벌였다. 이 영주가 라이벌인 다른 영주와 싸울 경우 함께 참전하고, 그에 더해 3만 디나르 금화를 지불한다는 것이 조건이었다. 프랑스 서부 출신의 이 기사는 성지에 도착한 지 얼마 되지 않았으므로 수중의 자산이 아직 충분했을지도 모른다. 영주가 그 조건에 동의하여, 조슬랭은 자유를 되찾았다.

그는 석방된 후 함께 포로가 된 보두앵이 여전히 포로의 몸이라는 것을 알았다. 오리엔트로 온 직후라 기사도 정신도 충분히 갖고 있던 듯, 이 프랑스인은 보두앵을 포로로 잡고 있는 영주를 홀로 찾아가서 보두앵의 석방을 요구했다.

그러자 영주는, 이미 보에몽드에게서 1만 5천을 받았음에도, 6만 디나르 금화를 몸값으로 낸다면 석방하겠다고 대답한다. 조슬랭에게는 그만한 돈이 없었다. 기사는 3만 디나르 금화까지는 지불하겠다, 부족한 돈 대신 자신이 포로가 되겠다고 말했다.

영주는 이 프랑스인의 기사도 정신에 감격하고 말았다. 3만 디나르 금화를 받은 후 보두앵을 석방했을 뿐만 아니라, 더이상 아무것도 요구하지 않고 조슬랭도 보내주었다.

탄크레디는 돌아온 보두앵에게 에데사 백작령을 넘겼다. 예루살렘 왕이 앉힌 사람이 돌아온 이상 그에게 돌려줄 수밖에 없었고, 또 이 시기의 탄크레디는 에데사뿐 아니라 안티오키아의 섭정도 겸하고 있었기 때문이다.

1099년 예루살렘이 해방되고, 최대 공로자였던 고드프루아가 죽은

1100년 이후, 십자군은 지금까지 정복한 지역에서 세력을 굳히는 단계에 접어들었다. 그 일을 맡은 예루살렘 왕 보두앵 1세와 안티오키아 공작령의 보에몬드는 그러기 위해 매일같이 싸움을 계속해야 했다. 이 십자군의 진군을 도운 것은 이슬람측의 분열이었는데, 그들 역시 자기 영토를 침범당하면 도망가지 않고 싸웠다. 대동단결까지는 아니었지만 개별적으로는 용맹하게 싸운 것이다.

그래도 십자군측은 대부분의 경우 승리를 거두었다. 그러나 전투에서 이긴다 해도 희생이 전혀 없는 것은 아니다. 반드시 얼마간의 희생이 따르기 마련이다. 그것이 쌓이면 무시할 수 없는 수가 된다. 예루살렘 왕 보두앵도, 안티오키아 공작 보에몬드도, 그칠 줄 모르고 흐르는 피처럼 병력이 감소하는 것을 늘 고민해야 했다.

성도 예루살렘의 해방과 성지 팔레스티나의 탈환은 서유럽 전역을 열광시켰다. 따라서 중근동을 방문하는 순례자들도 늘어났다. 또한 이교도 이슬람과 싸울 마음이 충천해 오리엔트로 떠나는 영국과 덴마크, 노르웨이 병사들도 적지 않았다.

그러나 이 사람들은 실질적인 전력이 아니었다. 적어도 전장에 바로 투입할 수 있는 전력은 아니었다. 기사라 해도 한 번도 얼굴을 본 적 없는 사람 밑에서 그의 명령에 따라 목숨을 버릴 준비까지는 되어 있지 않았던 것이다. 더군다나 순례자들의 경우는 훈련한다고 해서 전력이 될 사람들이 아니었다.

제1차 십자군의 주역인 제후들은 자신들이 속한 일가가 거느리는 병사를 축으로 모은 군대로 싸워온 사람들이다. 그런 수하의 병사들이 전투를 치르면서 점점 줄어들었다. 게다가 이 주요 전력을 보조해온 일반 병사들도 대폭 줄어 있었다. 시리아와 팔레스티나의 항구도시에는 유럽에서 온 사람들을 태운 배가 매일같이 입항했지만, 병력감소를 개선하는 데는 거의 도움이 되지 않았다. 훈련되고 통합된 전력을 보충할 수 있을 것이라 기대했던 '1101년의 십자군'은, 시리아에들어오는 건 고사하고 소아시아를 종단하다가 안개처럼 흩어지고 말았다. 중근동에서 이러한 병력감소가 특히 심각했던 곳은, 하란에서 대패를 맛본 에데사와 안티오키아였다.

1104년 가을, 안티오키아 공작 보에몬드는 에데사에 있는 탄크레디를 불러들였다. 그리고 정식으로 안티오키아의 섭정, 즉 자신의 대행으로 임명한 후 바닷길을 통해 유럽으로 떠났다. 로마 교황이나 프랑스 왕을 설득해 새로운 십자군을 일으키려고 생각했던 것이다. 시리아와 팔레스티나의 십자군 세력에 실질적인 전력을 보충하기 위해서는 새로운 십자군을 조직해 오리엔트로 보내는 수밖에 없었다.

한 번도 자기 영토를 가져본 적이 없었던 탄크레디는 이제 안티오키아 공작령과 에데사 백작령이라는 두 개의 영지를 맡게 되었다. 3년후 보두앵이 석방되어 돌아오자 에데사는 그에게 돌려주었지만, 그후에도 안티오키아 공작령의 방어와 내정은 삼십대 중반도 채 되지 않은 이 젊은이에게 일임되었다.

탄크레디는 이 중책을 훌륭하게 수행했다. 무려 8년이라는 긴 세월에 걸쳐.

전투감각이 뛰어나다는 것은 이슬람측에까지 알려졌을 정도였지만, 그는 내치에서도 상당한 실적을 올렸다. 보에몬드가 제노바인에게 거류지를 제공해 안티오키아 경제의 활성화를 꾀했듯이, 탄크레디도 피사인에게 거류지를 제공했다. 또한 이민족이 태반인 영지를 통치했음에도 주민들의 반란이 한 번도 없었다는 것은 그의 정치적인 능력을 실증해준다. 전투에 나갔다가 돌아오기를 반복해왔으므로 심사숙고하는 성격과는 거리가 멀었을지 몰라도, 그는 활동적이고 적극적이며 활발한 남자였을 것이다.

레몽의 건투

한편 툴루즈 백작 레몽은 무얼 하고 있었을까.

비잔틴제국의 황제가 지명했다 할지라도 자신이 이끈 것이나 마찬가지였던 '1101년의 십자군'이 참담한 결과로 끝나버린 후 레몽은 콘스탄티노플로 돌아와 있었는데, 어느 정도 시간이 지나자 그곳 생활도 싫증이 나기 시작했다. 그래서 시리아의 항구도시 라타키아로 돌아간 것까지는 좋았는데, 여기에서 황제 알렉시우스의 뜻을 이어받아 안티오키아 공작령을 침범하려 했다가 순식간에 탄크레디에게서 호된 반격을 받고 말았다.

일시적이기는 하지만 탄크레디는 이 대선배를 포로로 붙잡기까지 했다. 곧바로 석방되긴 했지만 이제 탄크레디 근처에 있는 것은 위험했다. 그렇다고 예루살렘으로 간들 보두앵 1세가 건투중이므로 자신이 할 일이 없다. 그뿐 아니라 이제 아무도 자신을 찾지 않는다는 사실을 그도 잘 알고 있었다. 예순이 넘은 툴루즈 백작 레몽은 어디든 갈

곳을 찾지 않고 그대로 있을 수는 없는 상황이었다.

그런 그의 머리에 번뜩 떠오른 것이 트리폴리 정복이었다. 그곳을 공략해 트리폴리 백작령으로 확립한다면 안티오키아 공작령과 예루살렘 왕령 사이의 지대가 메워지고, 십자군 국가는 육지로 이어지게 된다. 이 생각 자체는 전적으로 옳은 것이었다.

항구도시 중에서도 풍요로운 트리폴리는 아직 아랍인 영주가 다스리고 있었는데, 알 물크 아부 알리라는 이름의 이 영주는 프랑크인의 친구로 익히 알려져 있었다. 형이 죽은 후 예루살렘으로 향하던 보두앵에게 하룻밤의 잠자리를 제공했을 뿐만 아니라, 다마스쿠스군이 '개의 강'에서 매복하고 있다는 정보를 제공해준 사람이기도 했다.

이 사람도 십자군을 단순한 침략군으로 생각하던 당시 이슬람교도 중 하나로, 종교가 관련되어 있다고는 꿈에도 생각지 못하고 십자군과의 공존도 가능하다 여기고 있었다. 그런 생각은 트리폴리 주변도시인 샤이자르, 하마, 홈스, 부카이아, 바알베크의 영주들도 마찬가지였다. 제1차 십자군도 이들의 영지에는 손을 대지 않았다.

레몽은 트리폴리만 함락하면 이 주변도시들에 대한 공략도 쉬워질 테니, 트리폴리를 중심으로 전역에 트리폴리 백작령을 이룰 수 있으리라 생각했다. 이러한 생각은 제후 중 가장 열렬한 그리스도교도였던 툴루즈 백작 레몽의 신앙심을 만족시켜주는 것이기도 했다.

늙긴 했지만 그는 한번 결정하면 행동이 빨랐다. 기병 3백 명이라는 소규모 병력을 이끌고 힘차게 트리폴리로 향했다.

일이 이렇게 되자 트리폴리의 태수도 십자군과의 공존노선을 버리지 않을 수 없었다. 곧바로 다마스쿠스의 두카크와 홈스의 다울라에게 위급함을 알렸다. 이 두 이슬람 영주는 각각 2천 명의 기병을 이끌고 달려오겠다고 전해왔다.

트리폴리 교외에 도착한 레몽은 기다리고 있는 이슬람 대군을 보고도 눈 하나 깜짝하지 않았다. 어쩌면 배수진을 친 심정이었는지도 모른다. 그는 인솔해온 3백 명의 기병을 대군이라도 되는 양 넷으로 나누었다.

다마스쿠스의 두카크 쪽에 기병 백 명.

트리폴리의 태수 쪽에 백 명.

홈스의 다울라 쪽에 기병 오십 명.

자신의 친위대로 기병 오십 명.

맨 먼저 공격해온 것은 홈스의 기병 2천 명이었다. 50 대 2천의 전투였으므로 승부는 뻔해 보이겠지만 사실은 그렇지 않았다. 전투감각을 지닌 레몽은 지세를 감안해 오십 명의 기병을 배치했던 것이다. 홈스의 기병 2천은 좁은 전장에서 자기편끼리 부딪치는 혼란에 빠졌다. 같은 정황은 레몽의 기병 백 명을 향해 돌격해온 다마스쿠스의 기병 2천 명에게서도 똑같이 일어났다.

그것을 본 레몽은 공격으로 전환한다. 전장의 주도권을 잡은 것은 함성을 지르며 돌격하는 레몽의 기병 3백이었다. 밟히고 찔리고 베여 쓰러진 이슬람 병사들이 트리폴리 교외를 뒤덮었다. 이 전투를 기록한 이슬람교도에 따르면 7천 명을 잃었다고 하는데, 앞선 예를 보아 이것도 분명 과장된 숫자이겠지만, 이슬람측이 큰 피해를 입고 패한 것만은 분명했다.

툴루즈 백작 레몽으로서는 처음이라고 해도 좋은 쾌거였다. 크게 소리 내어 웃고도 남았을 텐데, 그런 까닭에 아무한테도 조력을 구하지 않고 이듬해에도 이 3백 명의 기병으로 트리폴리 공략을 계속하기로 마음먹는다.

이듬해 봄, 싸움이 재개되자 레몽은 전법을 바꾸었다. 3백 명의 기병으로 성채도시 트리폴리를 공략하는 것은 아무래도 무리였던 것이다. 그래서 트리폴리를 고립시키는 전략을 택한다. 트리폴리에 원군을 보낼 만한 모든 영지를 공격하는 작전을 펼친 것이다.

이 전법은 운이 따르기도 했지만 상당한 성공을 거두었다. 운이라고 함은 요격에 나서려 했던 홈스 태수 다울라가 예배를 마치고 모스크를 나오다 살해당한 사건이었다.

암살집단의 손에 걸린 것이다. 이 집단이 십자군과 관련을 맺은 것은 이때가 처음이었는데, 자신의 목숨은 도외시하고 오직 목표물을 거침없이 죽이는 그들의 방식은 이슬람교도들에게도 섬뜩하게 여겨지고 있었다. 다만 주의주장을 위해서가 아니라 돈을 위해서였다. 이 암살을 의뢰한 사람은 알레포의 영주 리드완으로, 홈스 태수 다울라의 친아들이었다. 암살집단이 가족 간의 싸움을 매듭지은 것에 지나지 않았다.

태수가 살해당한 홈스의 유력자들은 다마스쿠스의 영주 두카크에게 도움을 청한다. 두카크 역시 리드완과 형제지간이었으므로, 이 시기의 시리아 유력자들 사이에 일어난 내부 분쟁에 이슬람측 연대기 작가들이 절망한 것도 무리는 아니다.

어쨌거나 다마스쿠스의 군대는 집중적으로 레몽의 공격을 받고 있는 홈스를 도우러 와주었다. 다마스쿠스와 트리폴리 양군을 상대하려니 레몽의 공략도 속도가 떨어질 수밖에 없었다.

그때 당도한 것이 제노바 사람들의 공동전선 제의였다. 자기들은 40척의 배로 바다 쪽에서 트리폴리를 공격하고, 레몽은 육지 쪽에서 공격하자는 제안이었다. 레몽은 이에 응한다.

그러나 트리폴리 역시 만만치 않았다. 자금력이 있던 그들은 돈으로 고용한 이집트 선박으로 방해작전을 펼쳐 제노바 선단이 공격을 포기하게 만들었다.

결국 레몽은 또다시 혼자 힘으로 공격을 속행해야 했는데, 이때의 그는 예전과 전혀 다른 사람처럼 보일 정도로 집요했다. 1105년 봄, 끝내 트리폴리측에서 강화를 요청해온다. 레몽의 주권을 인정한 상태에서 트리폴리를 존속시킨다는 조건이었다.

이에 도장을 찍은 직후 툴루즈 백작 레몽은 쓰러졌다. 적군이 쏜 불화살에 불타오르던 본진에서 피신하지 않고 분투하다가 입은 화상이 악화된 것이다. 예순세 살의 죽음이었다. 오늘날 레바논의 절반 정도밖에 되지 않지만, 그리고 결국 샤이자르, 하마, 홈스, 다마스쿠스도 포함시키지 못했지만, 적어도 안티오키아 공작령과 예루살렘 왕령을 연결하는 트리폴리 백작령의 기반을 구축한 후 십자군 전사로서 죽음을 맞이한 것이다.

보에몬드, 유럽으로 가다

툴루즈 백작 레몽과는 사사건건 충돌하던 사이였지만, 이슬람측에는 그리스도교 최고의 용장으로 알려져 있던 이가 보에몬드였다.

탄크레디에게 뒤를 맡기고 바닷길을 통해 유럽으로 떠난 그가 가장 먼저 들른 곳은 이탈리아 남부였다. 원래 그는 장화 모양의 이탈리아 반도에서 발뒤꿈치 부분에 해당하는 풀리아 지방의 영주였다. 보에몬드는 그해 늦가을까지 그곳에 머문다. 9년 만에 돌아온 자신의 영지에서 해야 할 일은 적지 않았다. 그중에는 다시 오리엔트로 갈 때 이끌고 갈 병력을 편성하는 일도 포함되어 있었다.

남유럽의 날씨는 가을이 끝나갈 무렵이어도 여행하기에 불편하지 않다. 보에몬드는 육로를 통해 로마로 향한다. 교황 파스칼리스를 만나 새로운 십자군을 제창하게 할 목적이었다.

교황 파스칼리스는 전 교황 우르바누스와 같은 클뤼니 수도원 출신이었으므로 십자군에 관심이 많았지만, 온후한 성격 탓인지 우르바누스 같은 적극성은 없었다. 그래도 보에몬드가 프랑스 왕을 설득하러 갈 때 교황 대리인을 동행하도록 승낙했다.

봄을 기다려 파리로 가자, 프랑스 왕 필리프의 대환영이 기다리고 있었다. 제1차 십자군의 성공은 유럽 전역을 열광시켰기 때문에, 프랑스 왕의 궁정에서도 그 공로자 중 한 사람인 보에몬드에 대한 관심이 컸던 것이다. 필리프는 제1차 십자군에 종군한 위그의 형이다. 위그는 당시 팔레스티나로 다시 돌아가 전투중이었다. 프랑스 왕 필리프는, 프랑스 국내에서 십자군 병사를 모집하고 싶다는 보에몬드의 요청을 흔쾌히 들어주었다.

하지만 보에몬드가 프랑스에서 얻은, 가장 열렬하고 강력한 지지자는 여자였다.

블루아 백작부인 아델라는 이미 말했듯이 영국을 정복하고 노르만 왕조를 창설한 '정복왕 윌리엄'의 딸이다. 이 여인은 남편 블루아 백작을 질타하고 격려하여 두 번이나 오리엔트로 가게 했을 정도로, 십자군을 열렬히 지지하는 것이 삶의 보람인 듯한 여자였다. 또한 보에몬드도 이상하게 여자가 끼어들면 일이 잘 풀리는 남자였다.

블루아 백작부인은 아버지가 죽은 후 영국 왕위에 오른 오빠에게 보에몬드를 소개해주었다. 영국 왕은 보에몬드가 주장하는 새로운 십자군 원정에 전면적인 협력을 약속했다.

또한 블루아 백작부인 아델라는, 이번에는 여성다운 발상으로 십자군 원정을 지원하기로 했다. 새로운 십자군을 오리엔트로 인솔하는 보에몬드의 입지를 더욱 강화해주기로 마음먹은 것이다. 아직 홀몸인 보에몬드에게 적당한 여인을 짝지어준 것이 그것이다.

이듬해인 1106년 봄이 끝나갈 무렵, 쉰여섯 살의 보에몬드는 결혼을 했다. 아내가 된 여인의 이름은 콩스탕스. 샹파뉴 백작에게 시집갔다가 이혼했는데, 일설에 따르면 남편을 버리고 독신이 되었다는 그녀는 프랑스 왕 필리프의 딸, 즉 공주였다. 이 여인은 남편이 된 보에몬드를 따라 이탈리아 남부로 가서, 그후 남편을 덮친 운명에도 아랑곳 않고 해로했으며, 남편이 죽은 후에도 계속 이탈리아 남부에 머물렀다. 정략결혼일지라도 다른 선택지가 없는 시대에는 자연스럽게 사랑으로 변할 수도 있었던 것이다.

재미있는 것은 보에몬드가 탄크레디에게도 아내를 찾아주었다는 사실이다. 물론 이 일에도 블루아 백작부인이 힘을 써서, 세실리아라는 젊은 여자가 탄크레디의 아내로 정해졌다. 세실리아는 프랑스 왕 필리프와 연을 맺은 여인의 딸이므로 공주이기는 해도 서출이다. 세실리아와 탄크레디의 결혼식은 자리에 없는 신랑을 보에몬드가 대신하여 거행되었다.

세실리아는 보에몬드 부부를 따라 이탈리아 남부까지 갔다가, 남편 곁에 있는 것이 아내의 의무라며 그해 바닷길을 통해 혼자 오리엔트로 떠났다.

보에몬드가 자기 아내를 구해주었다는 사실은 편지를 통해 알고 있었지만, 갑작스럽게 안티오키아에 나타난 세실리아를 보고 탄크레디는 깜짝 놀랐다. 이 시기의 안티오키아는 우아한 오리엔트의 대도시가 아니라 거친 병마가 오가는 전선기지였다. 이런 곳에 신분 높은 젊은 여자가 있으면 당연히 사람들의 주목을 끌게 된다. 제1차 십자군에 참가한 제후 중 아내를 데리고 간 사람은 보두앵과 레몽 두 사람뿐이었다. 그런데 느닷없이 젊은 프랑스 여자가 나타난 것이다. 그날 이후 젊고 심지가 곧으며 미남이기도 했던 탄크레디 곁에는, 아름답고 강인한 젊은 아내가 붙어 있게 되었다.

보에몬드의 유럽행은 모든 면에서 좋은 성과를 냈다. 이제 새로운 십자군의 편성을 기다리는 일만 남았다. 또한 안티오키아 공작령을 맡은 탄크레디도 그 임무를 기대 이상으로 충실하게 수행하고 있었다. 쉰여섯이 된 보에몬드에게는 걱정할 것이 아무것도 없는 듯 보였다.

하지만 인생의 함정은 바로 이런 때에 모습을 드러낸다. 오리엔트에서, 그리고 로마와 프랑스에서도 늦추지 않았던 긴장이 문득 풀렸을 때. 1106년 가을, 보에몬드에게 그것이 덮쳐왔다.

함정

이탈리아 남부에서 새로운 십자군이 편성되는 것을 그대로 기다렸다가, 모여든 병사들과 함께 이탈리아 남부의 항구에서 바닷길을 통해 오리엔트로 떠났다면 보에몬드의 명성은 계속 올라갔을 것이다. 더구나 이번에는 보에몬드 혼자 이끌고 가는 십자군인 것이다.

하지만 이때 보에몬드의 머릿속은, 아드리아 해 건너에 있는 두러스를 공격하겠다는 생각으로 가득 차 있었다.

두러스는 고대에 에그나티아 가도의 출발점이었을 정도로 중요한 항구도시였지만, 중세로 접어든 후로는 비잔틴제국의 패권하에 놓여 있었다. 그런 두러스를 공격했으니 황제 알렉시우스가 화를 내는 것도 당연했다. 물론 황제는 곧바로 군대를 보냈다. 하지만 두러스 공략에는 또 하나의 적이 있었다.

보에몬드의 영지인 풀리아 지방은 아드리아 해 서쪽 연안에 있다. 두러스는 동쪽 연안이다. 한 사람이 양쪽 연안 모두를 점령하게 되면, 아드리아 해 안쪽에 위치한 베네치아는 독 안에 든 쥐가 된다. 그러한 사태가 벌어지는 것을 베네치아 공화국의 해군이 방관할 리 없었다.

1110년 봄, 휘하 병사들을 이끌고 아드리아 해를 건너 두러스를 공격한 보에몬드는, 육지 쪽에서는 비잔틴제국의 요격을 받고 바다 쪽도 베네치아 해군에 봉쇄되어 고립무원 상태에 빠지고 말았다. 분투했지만 여름날의 무더위와 끊어진 보급은 병사들에게 지옥이나 다름없었고, 게다가 역병까지 덮쳤다. 9월, 결국 보에몬드는 꺾이고 만다. 2년간의 이슬람 포로생활도 견뎌냈지만, 눈앞에서 죽어가는 병사들을 내버려둘 수가 없었던 것이다.

황제 알렉시우스가 보낸 사자와 성립한 강화조건은 다음 네 가지 항목이었다.

1. 보에몬드의 안티오키아 통치는 인정하지만, 그것은 어디까지나 비잔틴제국 황제의 신하로서다.

전문이 그리스어로 쓰인 것에 비해 신하를 의미하는 단어만은 중세 라틴어인 'vassallus'라고 쓰여 있다. 이것은 십자군 당사자는 물론 유럽의 왕과 제후들에게까지 사실을 확실히 알리려는 조치였다. 황제 알렉시우스의 복수심과 적의가 엿보이는 대목이다.

2. 안티오키아를 통치하는 탄크레디, 또 이후의 모든 통치자 역시

비잔틴제국 황제의 '신하'로서만 통치권을 인정한다.

3. 현재 안티오키아의 대주교는 가톨릭교도 프랑크인이지만, 그 후임부터는 그리스정교를 믿는 그리스인이 취임해야 한다.

4. 킬리키아 지방과 시리아의 모든 항구도시는 비잔틴제국 황제의 소유로 한다.

보에몬드는 이 강화조약에 도장을 찍고 나서야 비로소 살아남은 병사들을 이끌고 두러스를 떠날 수 있었다. 그러나 자기 영지로 돌아온 보에몬드는 더이상 예전의 그가 아니었다.

우선 유럽의 왕과 제후들의 신용을 잃고 말았다. 당시 유럽에서, 비잔틴제국의 황제는 십자군의 적이라는 의견이 지배적이었다. 그것은 비잔틴제국 황제가, 시리아는 비잔틴제국의 것이고 팔레스티나는 이집트의 것이라는 밀약을 이집트의 칼리프와 교환한 때문이었다. 그런 상황에서 이제 보에몬드는 십자군에 비협조적인 황제 알렉시우스의 뜻대로 움직이게 되었다는 인상을 안겨준 것이다.

당연히 그가 제안한 새로운 십자군에 협력할 마음도 언덕에서 굴러떨어지듯이 급락했다. 그가 제창한 새로운 십자군 원정에 협력할 열정이 사라져버린 것이다.

보에몬드에게 실망했다는 것이 유럽 왕과 제후들의 솔직한 심정이었을 것이다. 블루아 백작부인 아델라도 그런 사람들 중 하나였을 게 틀림없다.

그런 보에몬드의 입장에서는, 새로운 십자군도 안티오키아 공작령의 운명도 이제 알 바 아니었다. 모든 것이 될 대로 되라는 심정이었는 지도 모른다.

풀리아 공작 보에몬드는 두러스에서 돌아온 뒤로 바리의 성에 틀어박혀 있다가 1년 후에 죽었다. 그래도 아내와의 사이에 두 아이를 남겼다. 서기 1111년, 예순하나에 맞은 죽음이었다.

보에몬드는 끝내 알지 못한 채 죽었지만, 황제 알렉시우스의 계략은 또다시 실패로 끝났다.

보에몬드가 서명한 문서를 들고 안티오키아를 방문한 황제의 특사를 맞은 탄크레디는, 그것에 서명하기는커녕 일소에 부치고는 특사를 쫓아버렸다. 황제 알렉시우스는 예전 콘스탄티노플에서 제후들에게 서약서에 서명할 것을 강요할 때도 마지막까지 저항한 사람이 그 애송이였다는 것을 떠올릴 수밖에 없었다.

무례하다고도 할 수 있는 탄크레디의 이러한 행동이 십자군 국가를 구해주었다. 예루살렘의 방어벽이기도 한 안티오키아 공작령은 비잔틴제국에 속하지 않고, 이후에도 계속해서 십자군측에 속했기 때문이다.

강제된 약속이라며 일소에 부친 탄크레디는 단순한 호기로만 그런 것은 아니었다. 오른쪽으로는 이슬람 세력, 왼쪽으로는 비잔틴제국군에게 공격을 거듭해대는 탄크레디에게 셀주크투르크의 태수들도 쩔쩔맸지만, 비잔틴제국 황제도 공격을 시도할 때마다 퇴각할 수밖에 없었기 때문이다.

그러나 탄크레디도 어떻게 보면 전혀 성숙하지 못한 남자였다. 마치 머릿속에 액셀러레이터만 달려 있는 양, 브레이크의 존재는 아예 잊어버리는 것이다. 그래서 그에게는 항상 브레이크를 걸어줄 사람이 필요했다. 안티오키아 공략까지는 보에몬드, 예루살렘 공방전과 함락, 그리고 그후 갈릴리 지방을 정복할 때까지는 고드프루아 등, 항상 누군가가 이 준마의 고삐를 당기는 역할을 맡아왔다. 그런데 고드프루아는 죽고 보에몬드는 유럽으로 떠나버렸다. 제동을 걸어줄 사람이 없어지자 준마 탄크레디는 폭주하고 만다. 그 한 예가 이슬람측조차 '기묘한 전투'라고 부른 전쟁이었다.

기묘한 전투

고드프루아가 죽은 후 왕위에 오르기 위해 예루살렘으로 향한 보두앵은 사촌 보두앵에게 에데사 백작령의 통치를 맡겼는데, 앞서 말했듯이 그후 사촌 보두앵은 하란 전투에서 포로가 된다. 이후 지금의 이라크 국내인 모술까지 끌려가, 그곳에서 영주 자왈리 사와카의 포로로 잡혀 있었다.

그런 그를 구출한 것은 조슬랭 드 쿠르트네의 기사도 정신이었는데, 3만 디나르의 몸값만으로 석방된 것은 아니었다. 조슬랭이 다시 자유의 몸이 되었을 때 약속했던 것처럼, 적의 공격을 받았을 때 협력해 싸운다는 조건을 달고 석방되었던 것이다.

여러 번 반복하지만, 제1차 십자군 시대의 이슬람측은 십자군을 단순한 침략자로 생각했다. 따라서 이교도인 그리스도교도에게 조력을 구하는 것이 이슬람의 가르침에 반한다고 생각하지 않았던 것이다.

이미 에데사를 자기편으로 삼은 것이나 마찬가지라고 생각한 모술 영주 자왈리는 자신의 염원이던 알레포 공략에 나선다. 에데사로 돌아와 있던 보두앵과 그의 오른팔 조슬랭에게도 이를 알리고, 셀주크투르크와 베두인 병사들을 이끌고 서쪽으로 향한 것이다. 약속은 약속이니 보두앵과 조슬랭도 수백 명의 기병과 함께 그에 합류했다.

알레포 영주 리드완은 이 사실에 새파랗게 질렸다. 모술의 군대만으로도 만만치 않은데 에데사 백작령까지 가세한 것이다. 바보가 아니라면 자력으로는 도저히 무리라는 것을 알고도 남았을 것이다.

당연히 이 사람도 조력자를 구하게 되었는데, 다마스쿠스 영주 두카크는 친형제임에도 견원지간이었다. 결국 리드완은 지금까지도 줄곧 붙어 싸워온 사이인 탄크레디에게 조력을 요청한다.

연대기 작가들이 한탄하듯이, 시리아의 이슬람 영주들은 일치단결해 프랑크군에 대항하기는커녕 집안싸움을 일삼고 얼마 안 되는 영지를 서로 뺏고 뺏기느라 친족 간에도 적대관계를 유지해왔다.

태어났을 때부터 이러한 환경에 익숙한 사람은 타인 사이의 그러한 감정에도 민감한 법이다. 포로에서 풀려나 에데사로 돌아온 보두앵에게 탄크레디가 좋은 감정을 갖고 있지 않을 거라 생각한 것이다.

사실 탄크레디는 보두앵에게 석연치 않은 마음을 갖고 있었다. 보두앵이 잡혀 있는 동안 에데사 백작령을 통치했던 탄크레디는, 그사이 동쪽 남쪽으로 정복을 감행해 에데사 백작령의 영토를 확장했다.

그런데 석방된 보두앵이 돌아온 것이다. 그리고 당연하다는 듯이 탄크레디가 확장한 지역까지 포함한 에데사 백작령의 통치자로 복귀했다.

자신이 정복한 지역은 안티오키아 공작령에 속해야 한다는 탄크레디의 항의는 무시되었다. 에데사의 보두앵과 예루살렘 왕이 된 보두앵은 사촌지간이므로, 둘 다 로렌 일가에 속한다. 한편 탄크레디는 보에몬드가 우두머리인 노르만 일가에 속했다. 보에몬드가 유럽으로 떠나고 없는 지금, 발언권은 로렌 일가 쪽이 강했다.

탄크레디는 알레포 영주 리드완의 요청을 흔쾌히 수락한다. 조력자에 지나지 않음에도 리드완이 부탁한 것보다 두 배나 많은 병력을 이끌고 참전했다는 것을 보면 그의 마음이 어땠는지 알 수 있다. 필시 보두앵에 대한 반발이 깔려 있었을 것이다.

이리하여 일신교도의 눈에는 '기묘한 전투'이지만, 다른 시점에서 보면 '종교의 차이를 초월하여 서로의 이익만을 목적으로 한 전투'가 벌어지게 된 것이다. 때는 1108년 10월 초. 장소는 알레포와 에데사 중간에 있는 멘비즈 근처의 평원이었다.

모술 영주 자왈리는 고령이었으므로, 5백 명의 투르크 병사와 그보다 많은 베두인 병사로 구성된 모술군의 지휘는 자왈리의 아들이 맡았다. 조력자 보두앵과 조슬랭의 에데사 병력의 수는 알려져 있지 않지만 아마도 수백 명의 기병으로 참전한 듯하다. 이 연합군의 총수는 대략 2천여 명.

그들과 맞서는 알레포군은 리드완이 직접 이끄는 6백 명의 투르크 병사와 조력자인 탄크레디가 이끄는 1천 5백 명의 병사로, 총수 2천 1백 명이었다.

전투가 시작되고 한동안은 모술과 에데사측이 우세한 쪽으로 전개되었다. 하지만 모술군이 고용한 베두인 병사들이 자기 부대의 진지 뒤에 묶여 있던 수백 필에 이르는 근사한 아랍 말을 훔치기 위해 전장을 떠나버렸다. 훔친 말에 뛰어올라 도망치는 그들을 보고 모술군과 에데사군은 동요하기 시작했다. 그때를 놓치지 않고 탄크레디의 돌격 명령이 떨어졌다. 이것으로 승패가 갈렸다. 모술군은 모술로, 에데사에서 온 병사들은 에데사로 도망갔다. 승리한 탄크레디와 리드완도 각각 안티오키아와 알레포로 개선했다.

이슬람측 기록에 따르면 이 전투에서 죽은 그리스도교도 병사는 2천 명에 이른다고 하는데, 이것은 명백한 오류다. 적과 아군을 다 합쳐도 이 '기묘한 전투'에 참전한 그리스도교도 병사는 2천 명이 안 되었기 때문이다.

그러나 설사 그 10분의 1이라 해도, 이 전투에서 그리스도교도가 입은 손실은 엄연히 존재했다. 사실을 알게 된 예루살렘 왕 보두앵이 분노한 것도 당연했다. 예루살렘 왕이 된 이래, 아무리 무찔러도 끊임없이 새로운 병력을 투입하는 이집트를 상대하며, 계속해서 아군의 병력이 줄어드는 것에 고심하고 있었던 그였다.

보두앵은 즉시 두 사람을 불러들여 꾸짖었다. 기록에는 없지만 일갈 정도는 했음이 틀림없다. 앞으로 또다시 그런 짓을 한다면 너희 둘을 그리스도교도 전체의 적으로 간주하겠다고 했을 정도니까. 그래서 두 사람은 보두앵이 시키는 대로 화해했다.

이때의 화해가 진심이었는지 어땠는지는 알 수 없지만, 안티오키아와 에데사가 전장에서 대결하는 사태는 다시 일어나지 않았다. 예루살렘 왕 보두앵은 그만하면 됐다고 생각했을 것이다. 당시 그는 생전의 레몽이 시작했던 트리폴리 공략을 완성하는 것이 무엇보다 우선이었기 때문이다.

트리폴리를 공격하다 죽은 레몽에게는 베르트랑이라는 아들이 있었다. 이미 어엿한 성인이 된 베르트랑은 서출이었다. 중세 그리스도교 세계에서 서출은 적출 여자보다 불리한 입장이다. 하지만 정실이 낳은 적출 아들은 이미 죽었기에 베르트랑이 아버지의 뒤를 잇게 되었다.

베르트랑에게는 퐁스라는 아들이 있었는데, 이 부자가 레몽의 꿈을 실현하게 된다. 예루살렘 왕 보두앵이 적극적으로 협력했고, 또 제노바 선단이 바다 쪽에서 협공한 것도 효과가 있었다.

트리폴리 공략은 1109년 여름에 완료된다. 이리하여 십자군은 10년의 세월이 걸려 트리폴리에서 라말라까지 팔레스티나의 모든 항구도시를 손에 넣게 되었다. 유일하게 티루스 공략만 1124년까지 늦춰졌는데, 항구도시 티루스는 말 그대로 천연의 요충지에 있어서 알렉산드로스 대왕조차 함락하는 데 수개월이 걸렸을 정도였다.

또 하나 함락하지 못한 곳이 아스칼론이다. 이 항구도시는 이집트가 팔레스티나로 향하는 진군 기지로 삼고 있던 지역이어서, 십자군이 이곳을 공략할 때마다 기동이 늦은 이집트군답지 않게 빠른 속도로 반격해왔다.

이곳 아스칼론이 십자군 국가에 편입된 것은 1123년 이후다. 항구 도시를 공략할 때는 바다 쪽에서의 공격을 빼놓을 수 없다. 헝가리 왕과의 문제가 해결되어 20년 만에 오리엔트로 돌아온 베네치아 공화국과의 공동전선이 없었다면 불가능했다.

일단 마음먹으면 철저하게 임하는 것이 베네치아의 방식이다. 1123년, 베네치아 공화국 도제(Doge, 원수)가 직접 이끄는 베네치아 함대는 40척의 군용 갤리선, 28척의 수송용 범선, 4척의 대형 갤리 상선으로 구성된 대함대를 이끌고 팔레스티나의 해상에 나타났던 것이다.

피사와 제노바의 일개 선원일지라도, 그리고 조선술 하나만 봐도, 이탈리아 해양 도시국가의 해군은 이집트 해군보다 훨씬 뛰어났다. 게다가 베네치아는 일단 나서면 항상 대함대를 투입한다. 이집트 선박은 대부분 침몰했고, 해군의 도움을 받지 못한 아스칼론은 함락되었다. 그리고 이듬해 또다시 바다 쪽의 대공세를 받고, 난공불락을 자랑하던 티루스도 함락되었다.

이리하여 십자군 국가는 지금의 터키, 시리아, 레바논, 이스라엘로 이어지는 지중해 동쪽 연안 전부를 손에 넣게 되었다. 이 성과를 누구보다도 기뻐했을 예루살렘 왕 보두앵 1세는 그 6년 전에 세상을 뜨고 없었다.

그러나 보두앵보다 먼저, 탄크레디에게 죽음이 찾아왔다.

1112년 12월 여느 때와 다름없이 정복의 길을 나서던 탄크레디에게 병마가 덮쳤다. 역병에 의한 죽음이라고 한다. 병이 직접적인 원인이었다기보다 쉴새없이 이어진 15년간의 격무와 당시의 열악한 위생상태가 원인이었는지도 모른다. 아데마르 주교도, '성묘의 수호자'였던 고드프루아도, 문자로는 간단히 '역병(티푸스)'이라고 기록된 병으로 죽었다.

젊은 죽음

병을 모르고 살아온 사람이었는데, 처음 걸린 병이 중병이었다. 죽음을 감지한 탄크레디는 지금까지의 야생마와 같은 모습에서 일변해, 자신의 죽음 이후의 일을 정확하고 세세하게 기록한 지령서를 작성하고, 그것을 엄수할 것을 관계자 전원에게 서약하게 했다.

우선 기사 루지에로를 불렀다. 보에몬드가 포로생활을 할 때 함께 했던 살레르노의 기사 리카르도는 이미 세상을 떠났지만, 그의 아들 루지에로는 보에몬드의 충실한 부하였던 아버지처럼 지금껏 탄크레디를 도와온 젊은이였다.

탄크레디는 이 루지에로를, 이탈리아 남부에서 자라고 있는 보에몬드의 아들이 안티오키아에 와서 영주로 일을 할 수 있을 때까지 안티오키아 공작령의 통치를 맡는 섭정으로 임명했다.

탄크레디는 지금까지 자신이 통치해온 안티오키아를 자신의 혈통을 잇는 누군가가 아니라, 1년 전 세상을 떠난 백부의 아들에게 남긴 것이었다.

또한 루지에로에게 에데사 백작령의 통치자 보두앵의 딸과 결혼할 것도 명한다. 보에몬드의 아들에게 넘겨줄 때까지 임시로 맡는 역할이지만, 섭정으로서의 그의 입지를 강화해줄 아내가 필요하다고 생각했기 때문이다.

그리고 아내 세실리아에게는 자신이 죽은 후, 트리폴리 백작령의 주인이 된 베르트랑의 장성한 아들 퐁스와 재혼하라고 말한다.

탄크레디는 결국 자기 영지를 갖지 못한 채 죽게 되었지만, 아내 세실리아는 서출일지언정 프랑스 왕의 딸이다. 자신이 죽은 후에도 이 여인에게 신분에 어울리는 지위를 주고 싶었을 것이다. 그렇게 하면 가까운 시일 안에 트리폴리 백작부인이 될 테니까. 중세에 미망인이 된 여인은, 상당한 재산을 상속받은 몸이 아니라면 수녀원에 들어가는 길밖에 없었다.

그리고 큰 임무임에도 지위는 낮은 섭정 역할을 맡게 되는 루지에로에게는 또 하나의 선물을 준비해두었다. 루지에로에게는 마리아라는 여동생이 있었는데, 총독에 임명되어 갈릴리 지방에 부임해 있는 조슬랭 드 쿠르트네와 그녀를 결혼시키기로 한 것이다.

이렇게 모든 선후책을 마련한 뒤, 이들 전원에게 앞으로 절대 이 긴밀한 관계를 무너뜨리지 않겠다고 서약하도록 했다.

요컨대 탄크레디는 안티오키아 공작령, 에데사 백작령, 트리폴리 백작령, 그리고 갈릴리 지방 모두에 인척관계를 맺어둠으로써 십자군 국가 북부의 안정을 고려하고, 자신의 사후에도 그것이 제대로 기능할 수 있도록 적절히 조처한 것이다.

적극적인 활동가였으나 다소 다혈질이던 탄크레디도, 죽을 때는 풍부한 감수성과 먼 미래를 내다보는 눈을 갖춘 어른으로 성숙했던 것일까.

어쨌든 탄크레디는 예루살렘 왕 보두앵에게 최고의 선물을 남기고 죽었다. 이후 6년간 보두앵은 북쪽을 걱정할 필요가 없었고, 때문에 이집트와의 싸움에 집중할 수 있었다.

탄크레디는 서른여섯 살에 죽었다. 이 시대에는 결코 너무 이른 죽음은 아니다. 하지만 역사상의 탄크레디는 이상하게도 젊음의 상징처럼 간주되어왔다.

16세기 이탈리아 문인인 타소의 장편시 「해방된 예루살렘」에서 탄크레디는 청춘 그 자체의 모습으로 그려져 있다. 또한 19세기에는 조아키노 로시니가 오페라 〈탄크레디〉를 작곡해 젊음으로 인한 비극을 그려냈다.

그리고 20세기에는 루키노 비스콘티가 감독한 영화 〈레오파드 Il Gattopardo〉를 들 수 있다. 이 영화에서 알랭 들롱은 늙은 공작 살리나의 조카를 연기하는데, 영화의 원작을 쓴 시칠리아 작가 람페두사는 이 혈기왕성한 캐릭터에 탄크레디란 이름을 붙여주었다.

지금도 유럽인들, 특히 남유럽 사람들은 탄크레디라는 이름을 들으면 거의 자동적으로, 신의가 두텁고 생기 넘치는, 영원한 젊은이를 떠올린다.

예전에는 탄크레디와 함께 제1차 십자군 제후 가운데 두 애송이 중 하나라는 영예를 나눠 가졌던 보두앵은, 죽음을 앞두고서야 태도가 변한 탄크레디에 비해 예루살렘 왕위에 올랐을 때부터 이미 그런 모습을 보였다. 형 고드프루아가 죽은 뒤 에데사 백작령을 버리고 예루살렘으로 들어왔을 때부터 보두앵은 변했던 것이다.

이후 18년간 그는, 형이 시작했지만 1년이라는 짧은 기간 동안 채 달성하지 못했던 일, 즉 예루살렘 왕령을 강화하는 데 전념한다. 그것은 팔레스티나의 항구도시를 십자군의 세력 아래로 편입함과 동시에, 이 일대에 대한 이집트 파티마 왕조의 지배를 무너뜨리는 일이기도 했다.

이 사람이 원한이나 권위에 얽매이지 않는 성격이었다는 것은 이미 언급했지만, 그런 사람은 타자의 원한까지도 녹여버리는 것일까.

1110년, 이번에야말로 이집트 세력을 축출하고 아스칼론을 완전히 손에 넣겠다고 결심했을 때였다. 예루살렘 왕 휘하의 군대만으로는 도저히 부족했으므로 안티오키아와 에데사에도 원군을 요청한다. 일전에 보두앵의 따끔한 꾸중을 들었기 때문인지, 안티오키아의 탄크레디와 에데사의 보두앵 모두 군대를 이끌고 남하해왔다.

이 둘은 안티오키아 공작령과 에데사 백작령을 끝까지 지켜온 사람들이다. 이들은 예루살렘 왕 보두앵이 이번에는 꼭 함락하겠다고 결심한 아스칼론을 시외에서 시찰한 것만으로, 서로 싸우던 사람이 맞나 싶을 정도로 입을 모아 보두앵에게 철군을 권했던 것이다.

육지 쪽은 성채도시라 해도 좋을 정도로 수비가 튼튼하므로, 바다 쪽에서 함께 공격하지 않는 한 함락할 수 없다, 바다 쪽은 피사나 제노바에 의지할 수밖에 없는데 그들의 참전도 산발적이므로 완전히 믿을 수는 없다는 것이 두 사람이 든 이유였다.

보두앵은 순순히 그 의견에 따랐다. 얼마 전 이 둘에게 오리엔트 십자군 국가의 최종 결정권은 예루살렘 왕인 자신에게 있다고 일갈했음에도 그런 면모를 보이는 것을 보면, 보두앵은 사고가 유연하고 관대한 성품이었던 것 같다.

이 예루살렘 왕은 왕위에 오른 이후 18년 동안, 군사력만이 아니라 정치력도 함께 구사하며 정복과 통치를 수행해왔다.

그는 우선 교황의 대리인 다임베르트의 강한 반대에도 불구하고, 가톨릭교도만 허용하는 정책을 철폐했다. 그리스정교도나 아르메니아 종파 그리스도교도도 예루살렘에 살아도 된다고 한 것이다.

또한 군사력으로 공략한 다른 도시에서도, 원주민인 이슬람교도나 그리스정교도를 내쫓고 가톨릭교도만의 도시로 만들려는 시도를 하지 않았다. 그리스정교도는 물론이고 이슬람교도도 계속 거주하는 것을 인정했고, 모스크나 각종 시설도 파괴하지 않았으며, 모스크에서 기도하는 것도 인정했다.

그뿐 아니라 이슬람교도가 말하는 '프랑크인'과, 그리스도교도가 말하는 '불신자' 즉 이슬람교도와의 결혼까지 인정했다. 부하 병사들은 그것을 병력 증강책이라고 말했는데, 보두앵은 아마 그런 말로 이교도와의 공생노선을 정당화했을 것이다. 어쨌거나 순례자들은 계속 찾아왔지만 조직적인 병력은 여전히 도착하지 않고 있었으니까.

또한 그는 경제적인 면에서도 국력향상을 도모할 필요성이 있음을 알고 있었다. 이것은 제패한 도시에 사는 이슬람교도만이 아니라, 그 외의 도시에 있는 이슬람교도까지 끌어당기게 된다.

십자군이 공략한 항구도시에는 이탈리아 해양 도시국가의 상인들의 거주구역이 생겨나고 있었는데, 그곳이 중근동의 경제기지가 된 것이다. 여기서는 중근동의 토산품뿐만 아니라 멀리 중동이나 동양에서 실려오는 토산품까지 거래되었다. 십자군과 종종 적대하면서 끝내 굴복하지 않았던 샤이자르나 하마나 홈스에서도, 영주 일가에 속하는 사람들까지 교역을 위해 십자군측의 항구도시를 방문하게 되었다.

알레포와 다마스쿠스의 상인들도 프랑크 상인들과 거래하게 되었다. 그리스도교도의 도시가 되었음에도 터번을 두른 모습으로 기세등등하게 걸어가는 풍경은, 유럽에서 온 순례자들의 눈살을 찌푸리게 만들 정도였다.

▌ 보두앵의 죽음

▌그러나 예루살렘 왕 보두앵은 이집트의 위협을 잊을 수 없었다.

이집트에서 팔레스티나로 오는 길은 세 가지다. 첫번째는 바닷길을 통해 아스칼론에 상륙하는 길. 두번째는 시나이 반도를 통해 오는 육로인데, 꼭 사막지대를 가로지를 필요는 없다. 카이로에서 지중해로 빠져 해안을 따라가면 가자에 이른다. 가자에서 아스칼론은 아주 가까운 거리이고, 아스칼론에서 예루살렘까지는 70킬로미터밖에 떨어져 있지 않다.

그리고 세번째는, 홍해를 패권하에 둔 이집트이기에 가능한 길이다. 배로 시나이 반도를 돌아가면 아카바에 상륙한다. 아카바에서 북상해 사해로 나가 계속 전진하면 바로 예루살렘이다. 배와 사람을 고용할 자금이 부족하지 않은 이집트는, 마음만 먹으면 이 세 가지 길 모두를 동시에 사용할 수도 있었다.

십자군측의 유일한 위안은, 때때로 팔레스타나를 공격하는 족족 실패한 알 아흐달이 아직 이집트의 재상 자리에 있다는 사실이 보여주듯, 이집트는 십자군을 철저하게 격파하겠다는 강력한 의지가 없다는 것이었다. 하지만 그렇다고 보두앵의 걱정이 사라진 것은 아니었다.

아스칼론을 공격하는 것조차 애를 먹는 것이 당시 십자군의 전력이었다. 이집트의 카이로로 쳐들어가는 것은 미친 짓이다. 보두앵이 할 수 있는 일은, 종종 시나이 반도까지 군대를 이끌고 나가 꾸준히 이집트를 견제하는 것밖에 없었다.

대체 언제 자기 자리에 가만히 앉아 있으려나 싶을 정도로 여기저기 공격해댄 것은 탄크레디만이 아니었다. 예루살렘 왕 보두앵 역시 예루살렘에서 잠을 잔 게 며칠이나 될까 싶을 정도로 매일같이 군대를 이끌고 다녔다.

그 때문인지 아르메니아인이었던 두번째 부인과의 사이가 원만하지 못하여, 그리스도교 세계에서는 드물게 이혼까지 했다. 세번째로 맞이한 부인은 시칠리아 왕의 미망인이었는데, 이 결혼은 완전히 그녀가 가진 자산이 목적이었기에, 보두앵은 부인이 어디서 지내든 관심이 없었다. 첫번째 결혼에서 얻은 두 딸을 일찍 잃은 뒤, 두번째 부인과 세번째 부인과의 사이에서는 아이가 생기지 않았다.

서기 1118년 봄에도 보두앵은 여느 때처럼 군대를 이끌고 이집트를 견제하러 시나이 반도로 향하고 있었다. 그러나 엘 아리쉬까지 갔을 때 쓰러지고 만다. 들것에 실려가야 할 정도의 병세였기에 철수할 수밖에 없었다. 그러나 들것에 실려 돌아오는 길도 길지 않았다. 4월 5일,

보두앵은 세상을 떠났다. 유해는 예루살렘으로 옮겨져 성묘교회에 묻힌 형 고드프루아 옆에 매장되었다.

보두앵은 원래 성직의 세계에 있었으므로 태어난 해는 알려져 있지 않다. 성직의 세계에서는 지위가 모든 것을 말해주므로, 그 세계에 들어가자마자 나이는 '무(無)'가 되기 때문이다. 로마 교황의 경우에는 교황이 된 때에 태어난 해가 기록되는데, 그 이외의 성직자는 죽은 해밖에 기록되지 않는다. 그러므로 보두앵이 태어난 해도 분명하지 않지만 아마 1065년 전후에 태어났을 테니, 세상을 떠났을 때의 나이는 쉰세 살 전후였을 것이다.

십자군 제1세대의 퇴장

지금까지 말한 23년 동안 십자군 국가가 확립되었다. 에데사 백작령, 안티오키아 공작령, 트리폴리 백작령, 예루살렘 왕령 등, 말하자면 예루살렘을 중심으로 한 연방국가가 명확한 형태로 성립된 것이다.

탄크레디가 남긴 인척관계의 그물은 그후에도 계속해서 기능해, 에데사의 보두앵, 안티오키아의 루지에로, 트리폴리의 퐁스로 나뉘는 세 지도자는 서로 도와가며 영지를 지켜나가는 데 성공했다. 탄크레디는 종종 예루살렘 왕의 권위에 저항했었지만, 이 세 사람은 예루살렘 왕의 권위를 인정했기 때문에 에데사, 안티오키아, 트리폴리 모두 독자적으로 행동하는 영국(領國)이 아니라, 어디까지나 예루살렘 왕을 리더로 삼은 연방국가였다. 이 연방제가 십자군 국가의 수명을 늘려주었다.

하지만 보두앵의 죽음을 마지막으로, 제1차 십자군의 주역 전원이 세상을 떠났다.

교황의 대리인 자격으로 종군했던 아데마르 주교는 1098년 안티오키아 공방전 중에 세상을 떠났다.

예루살렘 함락 후 실질적인 왕이었던 로렌 공작 고드프루아는 1100년 예루살렘에서 삶을 마감했다.

도망쳐올 때마다 부인에게 야단을 맞고 다시 팔레스티나로 돌아온, 중세 기사로는 희귀한 예에 속한 블루아 백작 에티엔도 이슬람과의 전투중에 죽었다. 죽을 때만큼은 십자군 전사답게 전사한 것이다. 블루아 백작과 자주 행동을 같이했던 프랑스 왕의 동생 위그도 같은 시기에 죽었다.

노르망디 공작과 플랑드르 백작 두 사람은, 예루살렘을 함락한 후 신에 대한 서약을 지켰다며 유럽으로 돌아갔고, 유럽에서 죽음을 맞았다.

그리고 제후 중 가장 연장자이면서 툭하면 동료들과 다투었던 툴루즈 백작 레몽은 1105년, 최후의 순간만은 기사답게 이슬람을 상대로 용감하게 싸우다 죽었다. 예순셋의 나이였다. 그가 집착하던 트리폴리는 아들과 손자가 연달아 통치했으므로, 레몽도 아마 천국에서 여한이 없으리라.

프랑크측에는 보에몬드가 있다는 말이 돌 정도로 이슬람측에서도 유명했던 풀리아 공작 보에몬드는, 서로 다투기만 했던 레몽이 죽은지 6년 후 자기 영지인 풀리아의 성에서 예순하나를 일기로 삶을 마감

했다. 앞에서 말한 대로 쓸쓸한 죽음이었을 테지만, 신의를 중시한 탄크레디 덕에 안티오키아 공작령의 통치권은 언젠가 보에몬드의 아들에게 돌아가게 되어 있었다. 보에몬드의 대활약으로 공략에 성공한 안티오키아는 계속해서 노르만 일가가 영유하게 된다.

그리고 탄크레디. 그도 서른여섯이라는 젊은 나이로 1112년에 세상을 떠났다.

6년 후인 1118년, 마지막 남은 보두앵도 죽었다.

또한 같은 해, 십자군의 주역들과 시종일관 미묘한 관계를 유지하던 비잔틴제국 황제 알렉시우스도 죽음을 맞았다.

이 1118년을 마지막으로 십자군 역사의 제1세대 전원이 퇴장한 것이다.

죽어가는 예루살렘 왕 보두앵은, 에데사에 있는 사촌동생 보두앵을 부르라는 한 마디를 남겼다.

그 소식을 들은 보두앵은, 예전에 함께 포로생활을 했던 조슬랭 드 쿠르트네에게 에데사 백작령을 맡기고 급히 예루살렘으로 향한다. 이 사람이 보두앵 2세라는 이름으로 예루살렘의 2대 왕위에 오르게 된다. 실질적인 왕이었던 고드프루아 때부터, 성도 예루살렘의 '수호자'는 변함없이 로렌 일가가 차지하게 된 것이다.

보두앵 2세의 나이도 확실히는 알려져 있지 않다. 아마 사촌이었던 보두앵 1세보다는 조금 어리고 탄크레디보다는 조금 많지 않았을까 생각된다. 그렇다면 왕위에 올랐을 때의 나이는 사십대 후반쯤이었을 것이다.

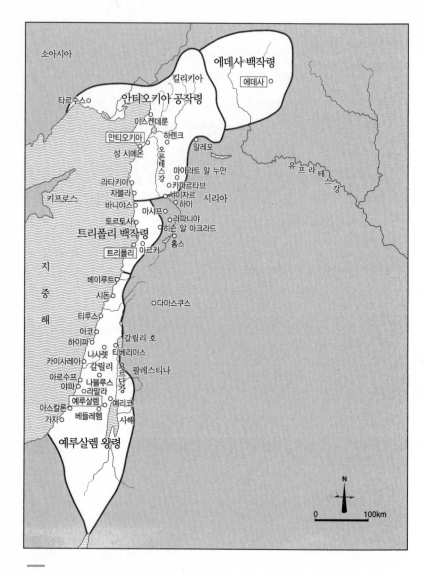

소아시아

에데사 백작령

킬리키아

에데사

타르수스

안티오키아 공작령

이스켄데룬

안티오키아

히렌크

성 시메온

알레포

오론테스강

마아라트 알 누만

라타키아

카파르타브

유프라테스강

샤이자르

자블라

하마

시리아

바니야스

마샤프

토르토사

라파니야

트리폴리 백작령

히슨 알 아크라드

트리폴리 아르카

홈스

키프로스

베이루트

시돈

다마스쿠스

티루스

지중해

아코

하이파

갈릴리 호

나사렛 티베리아스

카이사레아

갈릴리

아르수프

팔레스티나

야파 나블루스

요르단강

라밀라

예루살렘 예리코

아스칼론 베들레헴

가자 사해

예루살렘 왕령

N

0 100km

제1차 십자군이 이룬 중근동의 십자군 국가

344

제1차 십자군에 의해 시리아와 팔레스티나 땅에 수립된 십자군 국가는 이들 제1세대가 만들어냈다. 유럽을 뒤로한 1096년부터 예루살렘을 함락할 때까지 3년 동안 정복하고, 그후 18년을 들여 확립해나간 것이다.

　황제도 왕도 참전하지 않은 제1차 십자군의 주역들은 유럽 각지에 영지를 가진 제후들이었다. 그들은 때때로, 아니 자주 이기적으로 행동하고 분열을 반복했지만, 최종 목표 앞에서는 언제나 단결했다.

　이 점이 이기적이고 분열을 반복했다는 점에서는 마찬가지였던 이슬람측 영주들과의 차이였다. 그리고 그것이 바로 제1차 십자군이 성공한 주된 요인이었다.

　이어지는 이야기는 십자군의 제1세대가 만들어내고 확립한 십자군 국가를 그후의 사람들이 어떻게 지켜내는가 하는 것이다. 하지만 십자군이 왜 굳이 이 멀리까지 온 것인지 이해하지 못해 허를 찔리기 일쑤였던 이슬람측이 조금씩 태세를 정비해갔으므로, 이것이 쉽지 않은 일이라는 것은 누구나 예상할 수 있으리라.

　그러나 예상하는 것과 행동으로 옮기는 것은 다르다.

　그리고 먼저 행동한 것은, 십자군 제1세대의 퇴장으로 생긴 공백을 유럽에 있는 사람들보다 더 강하게 느끼고 있던 현지 사람들이었다.

(2권으로 이어집니다)

| 도판 출처 |

표지, 속표지 그림 : Gustave Doré

14쪽, 43쪽, 164쪽, 232쪽 그림 : 畠山モグ

135쪽 그림 : Alphonse de Neuville 作 ⓒ AKG-images

211쪽 그림 : ⓒ 2011, 김시영

지도 제작 : 종합정도연구소(綜合精図研究所, JAPAN)

옮긴이 **송태욱**
연세대학교 국문과를 졸업하고 같은 대학 대학원에서 문학박사 학위를 받았다. 도쿄외국어대학교
연구원을 지냈다. 지은 책으로 『르네상스인 김승옥』(공저)이 있고, 옮긴 책으로 『사랑의 갈증』 『세
설』 『만년』 『환상의 빛』 『형태의 탄생』 『천천히 읽기를 권함』 『번역과 번역가들』 등이 있다.

감수자 **차용구**
고려대학교 사학과를 졸업하고, 독일 파사우대학교에서 서양 중세사 연구로 석사와 박사 학위를 받
았다. 현재 중앙대학교 인문대학 역사학과 교수로 재임하고 있다. 지은 책으로 『로마제국 사라지고
마르탱 게르 귀향하다』 『중세 유럽 여성의 발견』이, 옮긴 책으로 『중세의 빛과 그림자』가 있다.

십자군 이야기 1

1판 1쇄 2011년 7월 7일
1판 3쇄 2011년 7월 27일

지은이 시오노 나나미
옮긴이 송태욱
감수자 차용구
펴낸이 강병선

기획 강명효 | 책임편집 양수현 | 편집 강명효 염현숙
독자 모니터 김경범 노영식 이성호(전국역사교사모임 세계사분과)
디자인 윤종윤 유현아 | 저작권 김미정 한문숙
마케팅 정민호 김도윤 박보람 정진아 | 온라인 마케팅 이상혁 한민아 장선아
제작 안정숙 서동관 김애진 | 제작처 영신사

펴낸곳 (주)문학동네
출판등록 1993년 10월 22일 제406-2003-000045호
주소 413-756 경기도 파주시 교하읍 문발리 파주출판도시 513-8
전자우편 editor@munhak.com | 대표전화 031) 955-8888 | 팩스 031) 955-8855
문의전화 031) 955-3576(마케팅) 031) 955-2680(편집)
문학동네카페 http://cafe.naver.com/mhdn
문학동네트위터 http://twitter.com/munhakdongne

ISBN 978-89-546-1520-4 04920
     978-89-546-1523-5 (세트)

www.munhak.com